土生说字

养生之道

李土生 著

中央文献出版社

目　录

保养 ┄┄┄┄┄┄┄┄┄ 001

命运 ┄┄┄┄┄┄┄┄┄ 007

健康 ┄┄┄┄┄┄┄┄┄ 011

疾病 ┄┄┄┄┄┄┄┄┄ 016

医药 ┄┄┄┄┄┄┄┄┄ 020

气血 ┄┄┄┄┄┄┄┄┄ 026

精神 ┄┄┄┄┄┄┄┄┄ 033

阴阳 ┄┄┄┄┄┄┄┄┄ 037

时空 ┄┄┄┄┄┄┄┄┄ 042

营卫 ┄┄┄┄┄┄┄┄┄ 047

身体 ┄┄┄┄┄┄┄┄┄ 050

补泻 ┄┄┄┄┄┄┄┄┄ 055

针灸 ┄┄┄┄┄┄┄┄┄ 059

诊断 ┄┄┄┄┄┄┄┄┄ 063

寒热 ┄┄┄┄┄┄┄┄┄ 067

疔疮 ┄┄┄┄┄┄┄┄┄ 071

疼痛 ┄┄┄┄┄┄┄┄┄ 074

经络 ┄┄┄┄┄┄┄┄┄ 077

肠胃 ┄┄┄┄┄┄┄┄┄ 081

肝胆 ┄┄┄┄┄┄┄┄┄ 084

肾脏 ┄┄┄┄┄┄┄┄┄ 088

瘦弱 ┄┄┄┄┄┄┄┄┄ 091

肥胖 ┄┄┄┄┄┄┄┄┄ 094

季节 ┄┄┄┄┄┄┄┄┄ 098

辨症 ┄┄┄┄┄┄┄┄┄ 102

喜怒 ┄┄┄┄┄┄┄┄┄ 105

哀乐 ┄┄┄┄┄┄┄┄┄ 109

爱恨 ┄┄┄┄┄┄┄┄┄ 112

恐惧 ┄┄┄┄┄┄┄┄┄ 116

舒适 ┄┄┄┄┄┄┄┄┄ 119

悲愁 ┄┄┄┄┄┄┄┄┄ 123

烦恼 ┄┄┄┄┄┄┄┄┄ 127

忧虑 ┄┄┄┄┄┄┄┄┄ 130

心情 ┄┄┄┄┄┄┄┄┄ 134

豁达 ┄┄┄┄┄┄┄┄┄ 139

包容 ┄┄┄┄┄┄┄┄┄ 142

吃喝 ┄┄┄┄┄┄┄┄┄ 146

苦甜 ┄┄┄┄┄┄┄┄┄ 149

咸辣 ┄┄┄┄┄┄┄┄┄ 153

梦寐 ┄┄┄┄┄┄┄┄┄ 157

睡眠 ┄┄┄┄┄┄┄┄┄ 161

疲惫 ┄┄┄┄┄┄┄┄┄ 165

休息 ┄┄┄┄┄┄┄┄┄ 167

安逸 ┄┄┄┄┄┄┄┄┄ 171

清爽 ┄┄┄┄┄┄┄┄┄ 175

享受 ┄┄┄┄┄┄┄┄┄ 179

欲望 …………………… 182
劳动 …………………… 187
滋润 …………………… 192
保护 …………………… 195
呼吸 …………………… 199
松静 …………………… 203
意念 …………………… 206
锻炼 …………………… 209

脉搏 …………………… 212
饮食 …………………… 217
冷暖 …………………… 221
畅怀 …………………… 225
看开 …………………… 228
匀调 …………………… 232
生活 …………………… 236

保养

养生八字诀：起早，睡好，多笑，常跑。

保 bǎo

 甲骨文　　　金文　　　小篆

"保"，会意字，金文从人负子。

"保"的金文像大人背负小孩的形状，同时反手回抱，防止下坠。"保"的本义为负幼儿于背。《说文》："保，养也。"唐兰《殷墟文字记》："负子于背谓之保，引申之，则负之者为保；更引申之，则有保养之义。然则保本象负子于背之义，许君误以为形声，遂取养之义当之耳。"后"保"中之反手简化为两点，隶变后字形讹为"保"，从"亻"，从"呆"。

"亻"为人，是成人、站立的人、有自理能力的人；"呆"为发呆、不灵活和痴傻之人，是弱者。"保"字左"人"右"呆"，表示"呆"者受"人"保护，每个人都有权利和义务保护"呆"人。保护他人的人，需要有保护的意识和保护的能力，是站立的人；危险事件发生时，脑筋与行动不灵活的人、痴傻的人和孱弱的人都缺乏自我保护意识或能力，需要得到他人的保护；人们往往更倾向于保护那些行为或思想不灵活的人。

"呆"又为暂时处于某地，有临时性、稳定、安全、可靠的意思。保卫者以及被保卫者要待在一个相对固定的地方。保护是为了让人得到稳定、安全，要找可靠的人担当保护的工作。担保、保持、保护是暂时的。为他人担保、负责是暂时的，事物原状的保持也具有时限性；谁都不能保护他人一辈子，也不能一辈子让人保护，当脱离危险或有了自我保护能力后便不需要倚仗他人，故"保"从"呆"。

"保"有保卫、守卫之意，保卫国家、保卫领地的人待在一个相对固定的、局部的范围之内履行其职责，使负责保卫的区域稳定安全。"保安"是保一方平安的人，也指保障施工安全，使不发生工伤事故。古代镖局接受客商委托，派遣有武艺的镖师，保护行旅安全，称为保镖。今称受雇为别人保护财物或人身安全的人为保镖。人都有保护自己的本能，但在关键之时，也总有人为了保护他人而奋不顾己，这是见义勇为，是人人敬仰的行为。相反，有的人则毫无正义感，不要说舍生取义，为了明哲保身，有时连一句公道话都不敢说。

成语"明哲保身"出自《诗·大雅·烝民》："既明且哲，以保其身，夙夜匪懈，以事一人。"聪明智慧懂事理，高风亮节万年长。昼夜操劳不懈怠，竭诚辅佐我周王。这首诗是周朝的尹吉甫写给仲山甫的，诗中赞美了仲山甫的品德和才能，当然也对周宣王任贤使能，使周朝得以中兴作了一番歌颂。所以"既明且哲，以保其身"这两句诗是表达着赞美之意的。后来人们用"明哲保身"指因怕连累自己而回避原则斗争的处世态度。

把孩子背在背上为"保"，引申为抚育、养育孩子。背负的人担当保护的角色，引申开来，婴儿又需要大人的爱护，故"保"又有保护之意。《荀子·议兵》："长之养之，如保赤子。""如保赤子"的意思是如同保护养育一个婴儿一样。这里是用人们精心保护、培育自己的亲骨肉的心情来比拟保护、爱护心爱之物时的心态。

"保"引申指保养，好好调养。"保养"首先是对人自己身体的保护调养。为人父母者，在担负抚养孩子之责任的同时，也要懂得保养自己。在今天，随着生活水平的提高，人们养生保健的意识也越来越强了，已经越来越注重身体的保养，人们开始注意科学合理的饮食，开始注意健康的生活方式。

父母对孩子有责任，才会极力去保护，使之不受伤害，故"保"有负责之意。"保险"是指按约定的条件或按给定的费率，对有可能发生的事件（如死亡、火灾、水灾、事故或疾病）所引起的损失或破坏提供补偿。"保修"是商店或工厂对售出的某些商品在规定期限内免费修理。

不论是人、物，还是思想，应该保护的，我们都要努力保护，善视珍重。"保"有维持原状，使不消失和减弱的意思。保护文物，就是保护我们祖先留下的文化艺术遗产，以尽后人的传承之责。保护资源，是为了制止无度开采、滥用资源，是从长计议。但在社会发展过程中，总会有陈旧过时的东西,需要剔除、淘汰或改进,这时就要锐意革新,不能思想保守。梁启超《饮冰室合集·文集》:"惟留恋也故保守。"不能适时的跟进发展,就会落伍。保残守缺,指保存收藏残缺不全的文物,也形容思想保守,不肯接受新事物。亦作"抱残守缺"。长江后浪推前浪,大浪淘沙是必然趋势,有些东西是保不住也守不住的。

"保"还是古代户口的一种编制,可能因为这种编制可以使统治者更加稳固地保持自己的地位吧!宋代王安石始创保甲制度,这是一种户籍编制制度。若干家编作一甲,设甲长;若干甲编作一保,设保长。这种制度一直沿用至解放前才被废除。

养 【養】
yǎng

金文　小篆

"养",繁体为"養"。会意兼形声字,从食,从羊,羊亦声。

"养"本与"牧"同义。甲骨文的"养"是执鞭牧羊之形,金文大致相同,为放牧、饲养之意。小篆为"養",上"羊"下"食",突出喂食饲养之意。《说文·食部》:"養,供养也。"本义为饲养。养的对象是禽畜或小动物时,称饲养、豢养、驯养、放养;对人而言,对长者之养称供养、赡养、奉养;对幼者之养称哺养、抚养、养育、教养、培养;对身心之养,则是保养、滋养、补养、调养、静养、休养、涵养、修养。

"养生"之"养",侧重于身心之养。"羊"是性情温顺的食草动物,是吉祥之物;不与同类相残,不与他类争斗,是善良之表率;羊有跪乳之恩,其叫声咩咩唤母,为孝道之楷模;羊吃的是草,挤出来的是奶,全身都是宝,乃奉献之榜样。羊可谓集善、孝、美、祥等种种美德于一身。"食"从人,从良。"良"可视为"粮"省,人食以粮为主;粮要精良,才宜养人之身。"食"又为饮食,意为养生要注意饮食习惯,不暴饮暴食。

"羊""食"为"養"，强调人的内外兼修——既要养身，又要养心。"羊"为善良、为心理、为伦理；"食"为饮食、为生活习惯、为生理。"養"从羊，从食，意为养生应从生理、心理、伦理三个方面着手：在心理和伦理上像羊一样，积善、孝、美、祥于一体；同时，还要注意食物的搭配，养成良好的饮食习惯。"羊"在上，表明养生之道注重心身，并以养心为上。

简化的"养"字从羊，从介。羊是善良的象征，"介"为介入、介意。"养"揭示出"养"首要介意的是以善为本，引申为心理养生应放在首位。

"养"有养活之意。"养家糊口"指提供生活的基础，供养家庭成员。为人父母有扶养子女的义务，要生而养之。故"养"由养活引申为生育。《红楼梦》里贾环和丫鬟赌钱耍赖，丫鬟说他不如宝玉大方。贾环赌气说："我拿什么比宝玉呢。你们怕他，都和他好，都欺负我不是太太养的。""养"还指父母子女间非亲生的领养关系。"养女"指被收养而非亲生的女儿。如果"养"的对象是植物，"养"则有培植之意。"养花草"指种植花草。管仲治理齐国时所提出的"养桑麻，育六畜"的经济发展政策使齐国很快富强起来。"养"用于精神品质则有培养之意。"养气"指培养品德，涵养意志。儒家的"养气"指修养心中的正气；道家的"养气"指炼气，即培养先天的元气。

生理养生是最基本的养生。《黄帝内经》："五谷为养，五果为助，五畜为益，五菜为充。""五谷肉蔬菜，无使为过。"这段话强调谷肉果蔬等食物要均衡摄入。生理养生首先要养成良好的饮食习惯，平时食物，病则食药。药补不如食补，食补不如气补。俗话说：是药三分毒。养生不能一味依赖保健药品。

养生乃保养生命以达长寿之意，是一种通过各种方法颐养生命、增强体质、预防疾病，从而达到益寿延年的活动。中国的养生理论与实践以古代哲学和中医基本理论为基础，融合了儒、道、佛及诸子百家的思想精华，博大精深，承先启后，堪称一株充满勃勃生机和神秘色彩的智慧树。

《老子》："深根固蒂，长生久视之道。""盖闻善摄生者，陆行不避兕虎，入军不被甲兵，兕无所投其角，虎无所措其爪，兵无所容其刃。夫何故哉？以其无死地。"善于养身修炼的人，身上没有可以致命的地方，以至兕角、虎爪、兵刃都无法伤害他，所以走路时不怕遇见兕虎，打仗时不用甲胄护身。老子提出的"无为"、"清静"、"守一"学说,成为道家修炼的"根"。儒家创始人孔子对养生不但有研究,而且躬身力行。他主张"仁德润身",认为只有道德高尚的人,才会心理安定,意志不乱,得以高寿。鲁哀公曾问孔子:"知者寿乎?仁者寿乎?"孔子回答道:"然,知者乐,仁者寿。"孔子又指出"大德必得其寿",强调道德高尚的人才会健康长寿。西汉哲学家董仲舒说:"外无贪而内清净,心和平而不失中正,取天地之美以养其身。"这正是"仁者寿"的原因。孔子更对老年人谆谆告诫说:"……及其老也,血气既衰,戒之在得。"老年人血气已经衰弱,要避免追名逐利。孔子情趣高雅,精通诗书礼乐,喜欢运动,爱好骑射狩猎、驾驭马车、登山,善于调养起居,讲究饮食卫生等,可谓内外兼修的高手,孔子的养生之言可谓经验之谈。

养生贵养心。古人总结出养心四法。一是要心存善良。心存善良,就会与人为善,乐于友好相处,心中常有愉悦之感;心存善良,就会光明磊落,乐于对人敞开心扉,心中常有轻松之感。二是要宽容。在社会交往中,吃亏、被误解、受委屈在所难免,面对这些不愉快,最明智的选择就是宽容。三是要乐观。乐观是一种积极向上的性格和心境,它可以激发人的活力和潜能。四是要淡泊。恬淡寡欲,不追名逐利。有了淡泊的心态,就不会在世俗中随波逐流,就不会对身外之物得而大喜、失而大悲。

"养生"可以强身健体,开发智力,激发潜能。养生的基本目标是通过德智体的自我修习锻炼,达到心灵净化、气血通和、养生开慧之目的。养生可分为道家养生、儒家养生、佛家养生、医家养生、武术养生和民间养生等多种类型。

"道家养生"以人与自然为核心,以无为、虚静、自然为主旨,注重人与天的和谐,最终返璞归真。按照道家养生的理论,动为阳,静为阴。练功要求动静相兼,阴阳互根,动中有静,静中有动。动功是外动内静(思想专一);静功是外静内动(气机运行)。按道家养生锻炼的着重点和倾向性特征来看,大体上可分为导引术、行气术、存思术、内丹术等四大类。"儒家养生"是以人与社会为核心,以礼制心,注重内心修养和社会实践。"佛家养生"要求的是明心见性,即要求在思想和精神上下功夫。练功是领悟佛法、破除妄念、显发自身的佛性的阶梯,练功的最高境界是大彻大悟，六尘不染，六根清净，由定生慧，照见四大皆无，五蕴皆空，而成正觉。因此，佛家养生着重心性的修炼，以"悟"为核心，为要领。"医家养生"主张以自身身体为核心，以生命运动为宗旨，以保持健康的体魄为最高目标。中医学认为，气是构成人体的最基本元素，又是维持人的生命活动的最基本物质，因而医家均以气的运动变化来阐释人体的生命活动。"武术养生"是以阴阳、五行、八卦、太极等原理为指导，以修炼为手段，结合武术的格斗套路而形成的一种技艺。"民间养生"主要是注重饮食的调节和搭配以及日常行为的禁忌，这从民间长期流传的偏方、秘方和房事禁忌等内容中可见一斑。

以形神兼顾、顺应自然、平和适中、顺时调神、以物养性、预防为主、以情制情、清静养神为主要内容的传统养生思想虽然已经延续了数千年，但其中所蕴含的合理的养生观念和思想仍然受到现代人的青睐。尤其是它的精神内涵不仅没有过时，反而经久不衰，历久弥新。

命运

在这个喧嚣浮华的世界上，要给自己筑起一处心灵的舞台。

命 mìng

甲骨文　金文　小篆

"命"，会意字，从口，从令。

"命"从"口"表示与人的言语有关；"令"为集聚众人跪地听令之意。"口""令"为"命"，可理解为一尊者向众人发号施令。"命"做名词，引申为差遣人做某事的话，即命令。《说文·口部》："命，使也。""使"为命令。本义为指派。言者为"命"，听者为"令"，故有遵命、受命、待命等词语。"命"又可视为从亼，从叩。"亼"的甲骨文像大木铃，意为首领摇铃聚众；"叩"为跪地叩头下拜。"亼""叩"为"命"，即众人集合而叩，听受命令。

从"命"字的结构看，还可解释为以下几层意思：首先，"命"由"合""令"两字重叠组合。"合"为阴阳交合；"令"为美好、美善之意。"合""令"为"命"，意味着异性交合、母体受孕时，生命也就从此开始，这是一件美善之事。故"命"有生命、性命之意。其次，"命"从人，从一，从叩。说明谈命是谈人之命；而人从母体中出来，头一落地，就要认命；且人命只有一条，一而贯之，不能往返。再次，"命"从人，从一，从口，从卩。"卩"为"节"省，为气节、竹节、关节。这种组合又可看成一人一张口，一人代表一代人，意为人的生命就像竹节一样有规律，从小到大，经老到死，不能改变。因此，一个人在人生的道路上要像竹子那样高风亮节，按照生命的规律抓住每个关节，使人生意义节节提升，积极地走完人生的旅途。同时传宗接代如雨后春笋般延续不穷。综上所述，人既有无法改变的一"命"，又有自己手上掌握的一"命"。

"命"是生命。人的生命来之不易，从精子与卵子的偶然结合，到十月怀胎，呱呱坠地；从无知幼年、懵懂少年，到迷乱青年、成熟中年，直至耄耋老年，每一步都充满艰辛，每一处都遍布暗礁。生命只有一次，虽然其始端不由我们做主，但是"身体发肤，受之父母"，生命既已获得，就应该珍惜。

生命只是一个词语，而运势使之丰富；生命只是过程，而运势是生命的生命。"命"可指命运、天命。"命里注定"、"福大命大"、"命薄福浅"、"听天由命"、"乐天知命"中的"命"，说的都是命运、天命的意思。"命路"指人生的路途；"命途多舛"指平生的遭遇坎坷多难。

"命"常与"运"结合在一起，称为"命运"，伴随人的一生。关于命与运的关系，在我国的传统文化中早有定论。吕蒙正《论时·命·运》："天有不测风云，人有旦夕祸福。蜈蚣百足行不如蛇，家鸡翼大飞不如鸟；马有千里之程，无人不能自往；人有凌云之志，非运不能腾达……天不得时，日月无光；地不得时，草木不长；水不得时，风浪不平；人不得时，利运不通。"人的一生总会有起有落，若毫无波澜，生命也就显得毫无光彩。而波澜看似天命，实际却与人的后天努力密切相关。没有努力的人生往往没有起落，因为它一直处于谷底。"命"是既定的，"时"是随机的，"运"是变化的。命里注定，但时机未到，利运当然不通；时机来临，没有捕捉到，运道必然丧失。由此看来，人生的运势多有变数，运势的变化取决于时机，时机的把握对于命运的改变至关重要。因此，对于命运，我们所要做的，就是具备时机到来时能够牢牢抓住的能力。

运【運】
yùn

小篆

"运"，繁体为"運"。会意字，从辵，军声。

"辵"为行走，"军"为军队。军队以服从命令为天职，哪里需要就往哪里转移，徙移不定。故"運"以军队的转移会移动、转动之意。《说文·辵部》："運，移徙也。"本义为转动、运转、运动、运行，可引申指搬送、移送之意，如运输、运送、运货等；又引申表示使用，如运用、运算、运筹。"軍""辵"为"運"，强调了军事活动出其不意、攻其不备的特性。军队的一切行动都变化无常，充满着不可预知的神秘性，这种特性与不可捉摸的命运相似，故"運"有命运、气数之意，如国运、幸运、运气。

简化字"运"从辵，从云。"云"为云彩，随风而动，飘忽不定，变化多端，无定时，无定相，无定位。"运"从云，意为命运与云彩一样，即使是一时风向的变动也会改变命运的走势。命运永远是变幻莫测的，非人力所能掌控和左右。"运"字的繁简体分别从军，从云，都说明了命运变化多端无规律，神秘无常有玄机。

"运"的本义为动词，可以用来描绘事物所做的不同运动。天体的运动是"运行"；心思的运动是"运思"；策略的谋划是"运筹"；规划的实施是"运作"；机器的工作是"运转"等。《易·系辞》中的"日月运行"，指日升月落交替运动；《方言》中的"日运为躔，月运为逡"，是说日月自转、公转运动有规律。

"辵""云"为"运"，非常形象地说明了人生运势变化无常的特征。一个人一生中的一切发展变化都可以用"运"来概括，如运道、运势、运气、运程等。"运程"指的是事情预先注定的进程。人之生死、贫富等经历叫作"命运"。

命运，是由命和运组成。命，是一个人先天的禀赋；运，是人生所经历的各种环境或历程。因此，人依据命运可以分成四种：一种是有命有运的人，一种是有命无运的人，一种是有运无命的人，一种是无命无运的人。佛家认为，一切都是有因缘关系的。善因结善果，恶因结恶果。因缘会聚，人生命中的各种事情就发生了，这就是命运。

命是定的，运是变的。也正因为其具有可变性，所以也就具备了可扭转性。人不可能改变自己的命，但是却可以通过努力改善甚至彻底改变自己的运。人走的路各不相同，运也就有了千差万别。运势是动态的，改变自己的运势，最重要的是要把握好时机。军队作战把握好作战时机，就有克敌制胜的可能。人的命运也是如此，云永远飘在天上，而好运其实存在于生活中的时时处处。能不能掌握好，就要看个人的智慧和努力了。好运要靠自己去争取，去赢得，等待只能坐失良机。勤奋的人处处有好运，懒惰的人眼前的机会也会与之擦肩而过。

健康

快乐挂在嘴上，微笑挂在脸上，健康放在心上。

健 jiàn

健 小篆

"健"，形声字，从人，建声。

"健"从"人"表示与人的行为有关；"建"为树立、成立，也为建设、建造，在这里可代指行为、活动。《说文·人部》："健，伉也。"本义为身体健康、健壮。"健"为"人""建"，可理解为"健"是"建人"，建完善之人。故身体强壮、心理健康才是一个健全的人。健全的人聪颖智慧，做事精力充沛。"健"又表示善于、敏捷、高明、有才能等。

"健"中之"廴"为"延"字旁，是延长。健者可以延长寿命，乐享天年；寿而健者不仅可以提高生命质量，还可以减轻社会负担。"健"中之"聿"可视为"律"省，寓意衣食住行有规律（即衣要洁、食要净、居要静、行要当）是健康的保证。"药王"孙思邈是重视生活规律的一个典范。数十年里，他每天坚持做好三件事：打两遍拳，做一次按摩，练一遍气功。孙思邈活了101岁，90岁以后，仍然耳不聋，眼不花，精神矍铄。医学巨著《千金翼方》就是他在百岁高龄时写成的。

白居易《同友人寻涧花》："且作来岁期，不知身健否。"等到明年相见，不知道身体是否还健康。这说的是生理上的强健。《易·乾》："天行健，君子以自强不息。"天的运行，表现为刚健的属性，君子应效法天，自强不息，奋发有为，积极向上，不断努力。这说的是心理上的健全。《论语·学而》："弟子入则孝，出则弟（悌）。"这说的是伦理上的健康。三者合一，才是一个真正拥有健康的人。

一个人拥有健壮的体魄，才会对生活充满希望，对事业才会有所追求。

"健"引申为敏捷、高明、有才能。《战国策·秦策》:"楚客来使者多健,与寡人争辞,寡人数穷焉。"秦王发牢骚说,楚国派来的使者都很有才干,和我争论时,好几次我都无言以对。《三国志·吴志·甘宁传》:"能厚养健儿,健儿亦乐为用命。"若能厚待军士,他们一定愿意效命。"健儿"亦指壮士、勇士。如今常以"健儿"一词形容强健敏捷的青壮年,如"体操健儿"等。

身体强壮,精力充沛,精神饱满,是事业成功的前提。"健"表示善于、擅长。口若悬河的苏秦、张仪"健谈",力开强弓的"飞将军"李广"健射";勇猛善战的将领为"健将"。"健"由善于引申为非常。"健仰"指非常羡慕、非常仰慕;"健黠"指非常狡猾。

司空图《漫题三首》:"齿落伤情久,心惊健忘频。""健忘"为容易忘记,形容人的记性不好。健忘是衰老的一个特征,人到老年,记忆力就会衰退,记性变差。"健"也表示使之健康,使之精力充沛,如健身、健美等。"健身"指通过体育锻炼使身体健康强壮;"健美"指通过训练使形体更具美感。使人体器官的功能增强也称为"健",如"健胃"、"健脾"等。

在现代社会中,人们的压力很大,如果一味拼搏,就会带来生理和心理上的种种疾患,如颈椎病、高血压、抑郁症、强迫症、过劳死等。要保持身心健康,生活必须有规律,工作必须劳逸结合。适度的放松不但有益于身心健康,还可以提高工作效率。春秋时的鲁哀公曾问孔子,怎样才能长寿?孔子说:"寝处不时,饮食不节,佚(逸)劳过度者,疾共杀之。"孔子认为,生活没有规律,饮食没有节制,不注意劳逸结合的人,久之必然会积病而死。这是从反面论证了长寿之道。

俗话说,健身先健心。重视生理健康的同时,更要重视心理的健康。"健"中之"聿"为"律"省,"律"也有约束之意。心理健康有一定标准,如具有自我控制的能力和良好的自我意识;能正确对待身外之物;能适应周围的环境与人;能在困难与荣誉面前泰然处之等。做到这些,须严以律己,宽以待人,少私寡欲,养心敛思,处世达观,消除嫉妒,精神乐观,性格开朗。

谈到健康,就免不了说到保健。保健即保护健康,是养生的重要原则。概言之,最基础的保健要做到顺从四时,劳逸适度,稳定情志,舒展胸怀，调剂膳食，勤于锻炼。中医认为，适度的脑力劳动能使智力发达，适度的体力劳动能使肌骨强健。稳定情志是指要合理节制欲念，保持情绪相对稳定。舒展胸怀是调整心理状况的重要方法，主要有美景畅怀、书画养神、读书怡情、乐而忘忧等方式。调剂膳食对人的保健亦有重要的作用。食物搭配得当，按食物性味进食，对强身健体大有裨益。勤于锻炼有益于维护和增进身体健康。适当方式、适当强度的体育运动，有利于经脉顺畅，精气流通，促进机体生理功能正常运转。

不同的年龄阶段，保健的概念与内容也不尽相同。儿童保健的关键是均衡饮食，保证体格正常发育。青年期是精力最旺盛、工作效率最高、最能发挥才能的时期。这个时期要注意不要操劳过度或者生活放纵，防止埋下疾病隐患。中年期要为长寿打好基础，如防止过度劳累，加强营养调剂，注重脑力和心理维护，注意情绪的稳定等。老年人保健要避免以下做法：吃饭多肉少菜；烹调多盐少醋；点心多糖少果；起居多衣少浴；出门多车少步；祛疾多药少练等。

人的强壮包括生理、心理、伦理三个方面。一个人不仅要有生理上的强健和心理上的健全，更要有伦理上的健康。即身体没有疾病和虚弱症状，各系统功能正常；具有稳定的心理状态；具有稳定正常的自控能力和社会适应能力。一个人来到世上，既是自然人，更是社会人。如果不能进行良好的人际交往，不能用社会规范约束自己的言行，那么就不能算是一个真正既"健"又"康"的人。

康

kāng

萧 金文　萧 小篆

"康"，会意字，从广，从隶。

《说文》："康，谷皮也。""康"的本义同"糠"，为谷皮、米糠。"康"的金文上为"庚"下为"灬"；"庚"为一种摇铃，"灬"会意阵阵铃声。

故"康"会以铃声示天下安宁康乐之意。后演变为从广，从隶。"广"是大屋宇；"隶"为附属、隶属，指从属于某一事物。一个人有房子住，又有属于自己的财产，不再露宿漂泊，平平安安，过着安定的生活，就是"康"。"康"是安康，是平安、太平、安宁。"隶"又可视为"逮"的省字，表示逮捕、追击。"广"又指广大、众多、所有。将所有的坏人都逮住了，社会岂有不安康之理？天下安宁，百姓安居乐业，自然会生产出更多的财富，所以"康"引申出丰盛之意。《淮南子·天文》："故三岁而一饥，六岁而一衰，十二岁一康。"农业生产的丰收年岁大概十二年会有一次，叫作"康年"。

"康"从广，"广"为大、宽、远大、广阔，由此引申，"康"又可表示广大、平坦、通达之意。《尔雅·释宫》："五达谓之康，六达谓之庄。"（"五达"指五路通达的大路，泛指大路）。成语"康庄大道"就是指畅达、平坦、四通八达的大路。前程之路四通八达，自然充满着美好的希望，因此"康庄大道"也用来比喻美好的、光明的未来。"康"与"健"组成"健康"，表示人的一切生理机能处于良好的运行状态。"康"与"健"不同。"健"是躯体的强健、强壮，"康"是心理的宁静、祥和。生活安宁，心里踏实平和，身心得到颐养，人当然健康。"康"字说明，要拥有健康，心里的安宁十分重要。就身体健康而言，"康"以"健"为前提，没有"健"就无以为"康"；"健"是"康"的基础；"康"是"健"的目标。因此所谓身体健康，指的是生理机能健全，没有缺陷和疾病；心理状态正常，没有反常和扭曲。

健康是身心康泰，阴阳和谐。心情愉快舒畅，生活才能康乐融融；人人身心康泰，才能享受小康生活。"小康"源自《诗·大雅·民劳》："民亦劳止，汔可小康。"百姓终日劳作不止，最大的希望就是过上小康的生活。千百年来，中国的百姓一直都向往过上衣食无忧、富足康宁的生活。如今，国家对实现小康社会进行了总体的规划，这一宏伟蓝图既秉承了中国传统文化的思想渊源，又同我国的现代化建设紧密地联系在一起，成为未来中国富国强民的发展目标。

高质量的生活条件，除了身体强壮无恙外，还需要一个安全稳定的社会环境，一个和谐轻松的生活环境，一个幸福温馨的家庭环境，一个融洽舒心的工作环境，还要有一个平和乐观的心理环境。对于个人来说，身体无病无疾谓之"康"；事业无祸无灾谓之"康"；生活无殃无患谓之"康"。对于国家和民族来说，外无侵犯之敌寇，内有勤恳之民众；国能安邦，民能乐业，都可谓之"康"。一言以蔽之，"康"是生理的康宁，是心理的康乐，是伦理的康顺，是国家的康泰。

"康"在养生中更注重人的生理、心理的安康。身体是人最大的本钱，只有保证一切生理机能都能良好地运行，人才能创造出更多的财富。精神是人类活动的调速器，只有在乐观开朗的心理状态下，人才能创造出美好的未来。心理健康能使患病之躯较快康复，而心理不健康则可能会使疾病加剧。另一方面，身体健康能帮助人摆脱焦虑、烦恼和抑郁；而身体的疾病则会影响到人的情感和意志等心理活动，又会阻碍个性和谐发展和良好的人际关系的建立，导致心理不健康。生理健康和心理健康就好像一张纸的两面，失去任何一面，另一面也将不复存在。现代人的工作和生活节奏越来越快，两眼一睁，忙到熄灯，甚至没有空闲去考虑"康"的深层含义。不安何为"康"？于是越来越多的人身体处于亚健康状态或者不健康状态。富足的生活、愉悦的人生要用健康的身心去享受、去品味。健康的乞丐要比疾病缠身的富翁幸福得多。因此一个不注重身心调节，没有平和乐观心态的人，即使身体再怎么强健，生活再怎么富足，也不会有真正意义上的健康。

疾病

今天人找病，明天病找人。

疾 jí

| 甲骨文 | 金文 | 小篆 |

"疾"，形声字，从疒，矢声。

"疾"的甲骨文、金文字形均像人腋下中箭，表示受了箭伤。"疒"为病；"矢"为箭。"疾"表示因"矢"而患"疒"，是因为被箭矢所伤而得的病。"疾"的本义为外伤，后用以泛指疾病。《说文·疒部》："疾，病也。"古人认为外伤为疾，内伤为病；轻者为疾，重者为病。后来"疾"与"病"通用，如"积劳成疾"。"疾"从疒，从矢。"矢"，直也。箭具有方向性，有直、快的特点。"矢"在"疒"内，意为"疾"虽为小病，但若不及时医治就可能迅速加重病情。故"疾"还有迅速、猛烈之意。段玉裁《说文解字注》："疾，经传多训为急也，速也。此引申之义，如病之来多无期无迹也。"

疾为小病，是大病之前奏。《礼记·乐记》："强者胁弱，众者暴寡，知者诈愚，勇者苦怯，疾病不养，老幼孤独不得其所，此大乱之道也。"意思是说，如果社会上强者胁迫弱者，多数欺压少数，聪明人诈骗老实人，胆大的人坑害怯懦的人，有病的人得不到疗养，老幼孤寡得不到应有的照顾，这是大乱的形势呀！人有了小疾应该及时治疗，否则小疾就会酿成大病，危及生命。同样，社会上出现了一些不良现象，也须要引起人们的高度重视，否则就会积重难返，危及国家安危。

"疾"还可以指患病、生病，多指患一般的小病。"疾色"是指患病时的脸色；"疾耗"是指患病的坏消息。"疾"也有厌恶、憎恨的意思，如疾恶、疾心等。"疾恶如仇"指憎恨邪恶就同憎恨仇人一样；"疾恶好善"指憎恨恶，喜好善，形容是非界限清楚分明。

"疾"从矢，"矢"为箭。箭速快才能伤及目标。由此"疾"表示快、急速、猛烈。成语"奋笔疾书"指非常快地书写，进而又引申为敏捷、轻快。王维《观猎》："草枯鹰眼疾，雪尽马蹄轻。"野草枯萎，因而鹰眼格外敏锐；积雪融化，因而马蹄更加轻快。"疾"亦有急剧而猛烈之意。唐太宗李世民在《赐萧瑀》中写道："疾风知劲草，板荡识诚臣。"在狂风中才能看出草的坚韧，在乱世中才能识别出人的忠奸。后人用"疾风知劲草"来形容在危难时才能显出谁的意志坚强，谁是经得起考验的人。

很多疾病的病因都与不良的生活习惯有关。如抽烟成癖容易伤及肺部；嗜酒如命容易伤及肝脏和肾脏；吸毒成瘾会导致慢性中毒、病菌感染、心力衰竭乃至性命不保。所以，养成良好的习惯对于正在成长的青少年尤为重要。好的习惯能使青少年获得友谊、情爱、健康、奋进、成功，受益终身。而坏的习惯则会使人自私、无情、堕落、犯罪，甚至毁掉自己的人生。现代社会日趋严重的心理疾病，已经使很多人走上疯狂、自杀、暴力和犯罪的歧途，这也为青少年教育敲响了警钟。学校里的孩子需要的绝不仅是知识和能力的传授，重要的是要培养他们良好的习惯、积极的心态、健康的志趣、完善的人格、远大的理想，尤其是自身抵抗不良习气的能力。青少年大部分时间在学校中度过，这就对教育工作者提出了更高的要求。

病 bìng

病 小篆

"病"，形声字，从疒，丙声。

"疒"俗称"病"字头，其甲骨文字形像一人因病而卧床不起，为"病"的本字。"丙"于五行属火，为阳火；因此，"丙"象征生命之火。中医认为百病皆生于火。火盛阳亢，无水即济，故伤身致病。"丙"由

"一""内"组成:"一"在《易》中为阳,又为整体;"内"为内部、体内。病生于体内,内火旺则百病生。身体内部的阳气太足,阴阳失衡,导致上火,从而出现一系列不适症状,即生病。"一"又为一直,一以贯之。大部分的病通常都是由小毛病一拖再拖,或者长期以来不良的生活习惯所致。《说文·疒部》:"病,疾加也。"古时病轻者为疾,重者为病。也可将"病"字看成从内,"内"与"外"相对。"病"是生理和心理内在不正常状态的外在反应。

"病"是大疾,是小疾加重。韩非子在《扁鹊见蔡桓公》中讲了这样一个故事:扁鹊第一次见到蔡桓公,说他有疾,不治的话恐怕要严重,蔡桓公不相信;隔了十日,第二次见到桓公时,扁鹊说他的病比上次加深了,不治的话将会更严重,桓公还是不听。最后当病情恶化至极的时候才想起找扁鹊,可这时扁鹊也已无力回天了。人得了病一定要及时治疗,不能麻痹大意,否则就会像蔡桓公一样,将微不足道的小病拖成了连妙手回春的神医也医不好的绝症。

"病"还可以表示患、得。《篇海类编·人事类》:"病,患也。"柳宗元的《捕蛇者说》中有"向吾不为斯役,则久已病矣"的句子。患病是很折磨人的,损害人的身心,故"病"还有损害之意。"祸国殃民"亦称"病国殃民",指使国家遭受损害,百姓遭受苦难。

有病的人是很痛苦的,他们要忍受生理或心理上的痛苦与不适。"病"又引申指人间的疾苦、痛苦。《国语·吴语》:"疾者吾问之,死者吾葬之,老其老,慈其幼,长其孤,问其病。"对有病的人我就去慰问他,死了人我就帮着埋葬,像尊敬自己的长辈一样尊敬所有的老人,像爱护自己的孩子一样爱护所有的孩子,养育孤儿,关心民间的疾苦。

"病"为疾病。疾病是由内火过盛而引起的,有了病心里就会烦躁、焦虑,盼着病早点好起来,或者担心自己的病治不好等。因此,对待病人要悉心照料,尤其要注意他们的情绪,给予积极的鼓励、安慰,使之能够顽强地与病魔抗争,对早日康复充满信心。而惹病人生气或增加精神压力,无异于火上浇油,不利于病人健康的恢复。对患重病的人,则要非常谨慎,有时还要对他们隐瞒病情,这种情况下善意的谎言胜过百味灵丹妙药。当然,最为重要的是要以防病为主,养成良好的生活习惯。"上工不治已病治未病，圣人不治已乱治未乱"，说的就是这个道理。"上工"指医术高明的大夫。医术高明的大夫常常主张防患于未然。

病不仅包括生理上的疾病，也包括心理上的疾病。俗话说得好，万病由心生。内心苦恼长期无法宣泄，遭遇重大变故或沉重打击，造成心理崩溃或精神失常，即通常所说的心理或精神疾病。

身病好治，心病难医。精神疾病不像生理疾病那样能望、能闻、能问、能切、能手术，只能综合其致病原因、心理状态、言语行为、情绪变化等各个方面，进行诊断；采取思想引导、心理调节、情绪控制等措施，解开其思想症结，消除其心理压力，愉悦其心情，稳定其情绪；通过消除致病因素，缓解患者的各种症状，使他们能够正确地面对生活中的压力、不幸、变故，像正常人一样去思维、去交际、去生活，最终完全康复，拥有一个健康、幸福、成功的人生。

医药

上医治国，治好了整个社会；中医治人，治好了人的心灵；下医治病，治好了人的身体。

医 【醫毉】
yī

醫（醫）小篆

"医"，繁体为"醫"，异体为"毉"。汉字简化前，"医"、"醫"、"毉"三字的意义不同。"医"为形声字，从匚，矢声。

"匚"为"区"省，为区域范围，寓指躯体；"矢"为箭矢，引申泛指医疗器械。"匚""矢"为"医"，首先指盛装箭矢的器具。《说文·匚部》："医，盛弓弩矢器也。"本义为盛箭的器物。"医"又表示借助器械治疗身体疾病。"醫"简化为"医"，指医疗、治疗、医治。从矢，说明从医应该有的放矢，对症下药；"矢"可视为"疾"省，强调有了小病应该及时医治。有道是："小疾不治成大病，小病不治吃大苦。"

繁体"醫"从殳，从酉；异体"毉"字从殳，从巫。"殳"是治病时的扣击声，"殳"中有"殳"，为敲打，代指调药用的木棒或拍打、敲击、点穴、推拿、按摩等动作，表明"醫"、"毉"离不开这些治疗手法。"酉"本义为酒坛子，代指熬药或酿药酒用的罐子。"酉"也可视为"酒"省，表示酒。因酒常用作中药的药引或针灸消毒的酒精，故而"醫"从酉。"殳""酉"为"醫"，指通过推拿或用酒作药引的辅助方法给人治病的人。《说文·酉部》："醫，治病工也。""醫"的本义是医生、大夫。"巫"为巫医、巫术，古时医巫不分家。"毉"从巫，因为医与巫初期是合二为一的。《广雅·释诂》："医，巫也。""医"后来用作"醫"的简体字。"医"、"醫"、"毉"三个字分别反映了中国传统医学和现代医学治病的不同方法和形式。

上古先有巫，然后巫医混同。那时候，人类的认识水平有限，认为一切灾祸和疾病都是由鬼神操纵的，巫师即应运而生。巫师的职责就是以歌舞娱神灵，用魔法咒语唤神降临，以驱除疾病，消除灾祸。传说中的巫彭、巫抵、巫阳、巫履、巫凡、巫相等，既是巫师，也是神医。《黄帝内经》里说："古之治病，可祝由也已。""祝由"就是用祈祷、符咒来治病求福。至周代，可能才出现专门的行医之人，但是巫、医并没有完全地分离。此后，随着时代的变迁，巫、医才逐渐分离。

"醫"中有酒，自古酒就与医术密不可分。酒的药用，使远古人类医术前进了一大步。人们发现酒不仅具有特殊的香味，而且还有助于消化食物，祛除寒气，活血化瘀，酒还有麻醉止痛的作用。周代人们就已经知道用酒给伤口消毒了。另外，酒能促进血液循环，使药物迅速发散到全身，于是人们又在酒中加入中草药，制成药酒。大约在商代，医师们就知道把酒和中药结合使用了。所谓"无酒不成医"就是对"醫"最好的解释。

医者为治病之人，如医生、医师等。《周礼·天官·医师》："凡邦之有疾病者，疕疡者造焉，则使医分而治之。"是说凡国中有患疾病的人，有头上长疮或身受创伤的，都到医师的官府来看病，医师派医者对他们分别进行治疗。

医者有"上工"和"下工"之分，也就是我们所说的良医和庸医。所谓庸医是指医术差劲、误人性命的那种人。而良医则是指治病救人、妙手回春的人。如扁鹊、华佗、张仲景、李时珍等，都是名垂千古的名医、明医。俗话说："救人一命，胜造七级浮屠。"救人性命如同行善修佛、修造七级浮屠那么高的德行。医者除了具备高超的医术外，还要有一颗正直、善良的心。那些见钱眼开、无钱不给治病的人称不上医者。只有心怀慈爱、医术精湛的人才是真正的医者。医疗事业是救死扶伤的人道主义事业，是造福于社会、造福于百姓的高尚事业。所以，一个好的医务工作者，不仅是为他人，也是为自己和子孙后代修福。

《广韵·之韵》："医，医疗也。""医"用作动词，为治疗、治理。《墨子·号令》："伤甚者令归治，病家善养，予医给药。"是说伤情严重的就让他们回家去根治，有病的人在家里好好养病，大夫要发给他们治病的药。"医"是祛疾除病，也包括防止疾病产生。现代医疗卫生事业，很重要的一项任务就是健康保健。有很多医务工作者从事的就是医疗保健工作。

行医治病是一门学问，即"医学"。医学有"中医"和"西医"之分。中医治病讲究望闻问切，强调"急则治其标，缓则治其本"，力求标本兼治，辨证施治，对症用药。且用药以天然草药为主，毒副作用小。西医治病一般是通过仪器检测、化验等手段对疾病作出诊断，然后对症治疗。虽然西药对于止痛、消炎、抗病毒病菌的感染有较好的疗效，但由于西药主要是化学合成，有较大毒副作用。

"医"从繁体到简体的演变，其实就是中医在发展过程中尤其是在近现代不断受到西医影响的一个折射。它的简化意味着现代中医逐渐弱化了传统中医"望、闻、问、切、针灸、按摩、推拿、砭石"等整体诊疗医治的方法，有意无意地实践了"西医是治人的病"的局部诊治理念，远离了"中医是治有病的人"的全局诊疗的优良传统。所以，简化后的"医"更多地体现了中国医学的现状。

中医为中华民族的繁荣昌盛作出了突出的贡献，并以显著的疗效、浓郁的民族特色、独特的诊疗方法、系统的理论体系和浩瀚的文献资料，在世界医学界占有重要的地位，成为人类医学宝库中一份不可多得的财富。我们相信，在未来，中医事业必将大放异彩。

药 【藥】
yào

篆 小篆

"药"，繁体为"藥"。形声字，从艸，樂声。

"艸"为草木、植物；中药多取自于植物，故从"艸"；"樂"为音乐、乐曲。"樂"又为愉快、快乐。笑一笑，十年少。保持快乐、愉悦的心情是养生疗疾的良方，故"藥"中有"樂"。《说文·艸部》："藥，治病草也。"本义为治病之物，是药物、药材。

简化字"药"从艸，从约。"约"的本义为绳索。《说文·糸部》："约，缠束也。"中药按药方配药，配置好的草药要用纸包起来，而后用绳子捆绑，故"药"中有丝绳。"勺"是一种盛器，示意草药煎熬后要放在盛器中服用。"约"有约束、束缚之意。是药三分毒，故草药不可滥用。只有用药合理，才能药到病除。另外，"约"又为约会，表示事先定好。"艸"、"约"为"药"；首先表明是按方抓药，同时又示意是各种草的约集。因此，"药"是按事先写好的药方，根据不同的药量、药性等将各种草药相合，才能起到防病治病的功用。"约"也为大约、估计之意。中草药药方的搭配不是一成不变的，剂量的多少也不是很精确的，每一副方剂的组合都是依具体病情而定。"糸"、"勺"都有小、少的意味。"艸"、"糸"、"勺"为"药"，可视为中药治病，只要配方合理，一根草，一勺药，即可药到病除，同时也说明草药不可乱吃。药虽可治病，但药量少则无用，多则有害，故"药"有毒、杀之意。

中药的发现可以追溯到旧石器时代。中国自古有"神农尝百草"而发现中药的传说。当时人们以采集野果、挖取植物根茎为主要生存方式之一。在此过程中，人们会因误食某些有毒植物而出现呕吐、腹泻的症状，甚至引起昏迷或死亡。通过长时间的观察和实际体验，人们逐渐掌握了一些辨识草药的方法。人们了解到，一些植物对人体有益或有治疗作用，于是有意识地加以利用，这就是中药发现之初的情形。

中药能够增进人体健康，防治疾病，其主要依据是中医药学理论。中医药学认为，人体是一个平衡体系，人体处于平衡状态则为健康。但人体总会受到外界"六淫"（风、寒、暑、湿、燥、火）的影响，继而导致内伤"七情"（喜、怒、忧、思、悲、恐、惊），致使人体平衡不断被打破。中药可以调节体内平衡，靠的是药之气。用药之气去平身体之气，最终达到理气、平气的治病目的。

中药有"四气五味"之说，一般认为指药的特性，实际是指药气的特性。所谓"四气"又称四性，为寒、热、温、凉四种药性。寒、凉与热、温分别属同一性，只不过程度上有所差异。人之气本趋于平衡，但如果得了病，气就有所偏差而失去平衡，继而会有两种情况出现：一是功能亢进或发热的症状；二是功能减退或畏寒的情况，中医上称为热症和寒症。具有寒凉药气的药物，用以治疗热症；具有温热药气的药物用以治疗寒症，从而使身体之气恢复平衡。在中国最早的药物学专著《神农本草经》中写到："疗寒以热药，疗热以寒药。"热症用寒凉药，寒症用温热药，这是一条治疗常规。

所谓"五味"是指药味的辛、甘、酸、苦、咸。五味对应五行之气。根据五行生克制化的特性，不同的味有不同的作用。而其味相同的中药，作用上有共同之处。如辛味五行属金，五脏之一的肺五行也属金，因此辛味之药能入肺。也就是说，可以通过特定的经络渠道来治疗肺部疾病，这就是药物的归经。同理，酸味可以入肝，苦味可以入心，甘味可以入脾，咸味可以入肾。这些不同的作用，实际上是这五种不同的气流动和作用的方式不同引起的。追溯人类用药的历史，是以用单味药开始的。随着人们对药物认识的不断深化以及对病因病症理解的逐步加深，才逐渐学会将药物配伍使用。由于疾病的发生有时会寒热交错，虚实并见，一时一身数病相兼，因此只凭单味药难以照顾全面，故须将多味药物合理搭配，利用其相互间的协同或拮抗作用，提高疗效或减少不良反应，以适应复杂病情的治疗。

中药还有"升、降、浮、沉"之说，是针对药物作用于肌体上下表里的作用趋势而言。升是上升，降是下降，浮是外行发散，沉是内行泻利。升与浮，沉与降，其趋向类似。升浮药物一般主上升和向外，有升阳、发表、散寒、涌吐等作用；沉降药物一般主下行和向内，有潜阳、降逆、清热、渗湿、泻下等作用。药物的这种升降沉浮的性质是与临床病变的部位和病势的趋向相对应的。

一般说来是同病位而逆病势，凡病变部位在上在表的，宜升浮而不宜沉降，如外感风寒的表症，就当用麻黄、桂枝等升浮药来治疗；病变部位在下在里的，宜沉降而不宜升浮，如肠燥便秘的里症，就当用枳实、大黄等沉降药来治疗。同时，升降浮沉与药物的气味、质地的轻重也有一定的关系。一般来说，凡味属辛、甘，气属温热的药物，大都具有升浮的作用；凡味苦、酸、咸，性属寒凉的药物，则大都具有沉降的作用。凡质轻的药物，如薄荷、辛荑等花叶类药材，大都能够升浮；质重的药物，如根茎类、果实种子类、矿物类及介壳类药材，大都能够沉降。由于升降浮沉的主要依据与药物的味有关，所以升降浮沉的不同作用实际上隶属于四气五味的作用之中。因此，就每种药物的药性来说，都有升降浮沉。但在临床应用中，除部分药物须注意其升降浮沉的特性外，多数药物的应用还是以性味功效为主。

中医与西医在用药、治病上存在着明显区别。中药及中医药学，以宏观知识为基础而形成，保证对病情整体认识的准确性，其优势在于能够整体地治疗疾病，针对有病的人，将人放在第一位；西医药学和西药，以微观知识为基础而建立，其优势在于能够保证疾病局部治疗的精确性，将病放到第一位。从宏观和微观的关系上，宏观包含并统帅微观，微观用来阐述宏观和加深对宏观的认识，但决不能包含和统帅宏观。中医药学将人体、药物及二者的关系，放到宇宙大环境中来考虑和对待人体平衡，不仅包括生物学，而且涉及自然科学、社会学和心理学等其他领域，故所涉及的可变因素多，是符合客观实际的，由此而反映在临床用药方面，具有极强的准确性、安全性。

气血

面色是人体五脏气血的外荣。气血旺盛，则面色荣润；若气血衰减，则色泽枯槁。

气 【氣】
qì

三 甲骨文　气 金文　气 （气）小篆　氣 （氣）小篆

"气"，繁体为"氣"，"气"为象形字。

"气"的甲骨文、小篆字形均像云气蒸腾、上升的样子，本义为云气。《说文·气部》云："氣，云气也。"今体"气"的三条横线，上为天之气，下为地之气，中为人与万物之气。天、地、人、万物皆由气聚散生化，这是古人对气的哲学理念，也是古人对自然之气的见解。

繁体"氣"为形声字，从米，气声。"气"为日月之气、天地之气、山川花草之气，即自然之气；"米"乃五谷之精华，是五谷在体内运化而来的营卫之气。故"氣"为呼吸吐纳、养天地自然日精月华之精气；为吃饭饮水、纳五谷粮食之营气，为精气与营气所涵养的人体之元气。元气可使"正气存内，邪不可干"。

古时"气"还同"炁"。"旡""灬"为"炁"。《说文·旡部》："旡，饮食气逆不得息曰旡。"在古代，"炁"专指炼丹之气，是取其气逆之意。内丹术认为，逆行成仙，导引逆行、呼吸逆转，自能打通三关。

"气"大体上分为四个层面。首先为物理层面，如云气、天气、空气、节气、气象、气味、气体、气温等，为自然界物理变化所形成的现象；其次为生理层面，有先天之气、后天之气、五脏之气、元气、精气、气血、呼气、吸气、生气、闷气等；再次是精神层面，如正气、邪气、志气、气概、气质、气势、气节、骨气等；最后是哲学层面，如阴气、阳气。气生万物，气聚而生，气散则亡。以下重点介绍这几种"气"，尤其是养生之"气"。

古时有以云气预示吉凶的说法。《史记·高祖本纪》："秦始皇帝尝曰：东南有天子气。"此"气"带有神秘色彩。传说天子气"团团如盖"，呈圆形，而且青、黄、赤、白、黑五色皆备，或呈龙纹，或现凤彩。谁有帝王之命，头上就会氤氲着"天子气"。此外还有宰相气、将军气以及瑞气、喜气、胜气、妖气、尸气、剑气、蜃气等，不同的"气"代表着各种命运或者吉凶的征兆，因此望气之术是一门高深的学问。据传老子骑青牛西去，函谷关的令尹看见有紫气东来，知道老子将至，便到路上迎接，请他写下《道德经》一书。

"气"泛指一切气体。《列子·天瑞》："虹霓也，云雾也，风雨也，四时也，此积气之成乎天者也。"天地间充塞着各种气体，气体的变幻形成了各种气象和节候。气体既没有不变的形态，又没有固定的体积，以趋向无限膨胀的分子形式存在，如煤气、天然气、水蒸气等。"气"还特指空气。宋应星《论气·形气二》："鱼无息而不食水，人无息而不食气。"人活着就要与空气打交道。五脏里，肺是气体的交换站。如果生命终止，那么这个交换站也就停止运作，不再呼吸。"气"由空气引申，指自然界冷热阴晴等现象。如天气、气候、气象等。《左传·昭公元年》："天有六气……六气曰阴、阳、风、雨、晦、明也。"王羲之《兰亭集序》："是日也，天朗气清，惠风和畅。"那天，天气晴朗，微风习习，令人觉得舒畅。这里的"气"均指天气。"气"还专指节气、气候。《玉篇·气部》："气，候也……又年有二十四气。"《黄帝内经·素问·六节藏象论》："五日谓之候，三候谓之气，六气谓之时，四时谓之岁。"就是说一年有365日，每5日为一候，15天为一气，即一个月有两个气（第一个是节气，第二个为中气），六气为一季，四季为一年。"气"还指气味。《礼记·四代》："食为味，味为气。"气，有芝兰芬芳之气，也有腥骚腐膻之气。自然界中恢弘而博大的气象、景象也为"气"，如气象万千。杜甫《秋兴八首》："玉露凋伤枫林树，巫山巫峡气萧森。"

人或物的某种属性和特点亦称之为"气"。个人所表现出来的较为稳定而突出的风格、秉性、态度和作风等也常用"气"来表达，如气质、气度、气魄、气概、气派等；"气"也是中国古代文艺批评术语。"气韵"指文章或书法绘画的意境或韵味；"气格"指诗文的气韵和风格；"气习"

指诗文的风格。"气"还有气焰、权势的意思。如盛气凌人、颐指气使等。逼人的气焰会给人的心理造成压力，是为"气势汹汹"；凶狠残忍之人浑身都是狠戾之气，是为"杀气腾腾"。"气"又指精神状态和情绪，如气壮山河、气冲霄汉等。辛弃疾《永遇乐·京口北固亭怀古》："想当年，金戈铁马，气吞万里如虎。"《左传·庄公十年》："一鼓作气，再而衰，三而竭。"这里的"气"指的就是一种气势。"气"还指社会风气和习俗。王安石《理乐篇》："理乐者，先王所以养人之神，正人气而归正性也。"

中国古代哲学将气看作是世界的本原，认为气是万物产生及运行变化的根源。《道德经》说："道生一，一生二，二生三，三生万物。"《易经》则说："是故易有太极，太极生两仪，两仪生四象，四象生八卦……"这里说的是，道是无，无极而太极，宇宙起源于"无"。"一"便是有，是太极，太极惟有气，气含阴阳，太极是充满阴阳未分的混沌之气的统一体。阴阳两分，天为阳，地为阴，天地交感，产生雷、火、风、泽、水、山，这八种自然物，是自然界一切的总根源。五行学说认为：阴阳生五行。五行金、木、水、火、土是形成万物的物质元素，又是气的五种功能属性。既然五行、八卦皆由气而生，可见气是组成万物并推动一切物体运行的最基本的物质基础和更深层次的原因。"万物负阴而抱阳，冲气以为和"，"气聚而形成，气散而形足"（《易经》）。万物由气的运动变化而产生，又融合于气，气的聚散决定了万物的生灭。万物有气，又在气中，万物生于气，又复归于气。

气是推动人体功能的流动着的精微物质，也是人类生命之源。"人之气，气之聚也，聚则为生，散则为死。"（庄子）"人之有生，全赖此气。"（张景岳）"有气则生，无气则死。"（管子）在长期的实践中，我们的祖先对人体中的气进行了深入的研究，气有正邪之分：邪之所凑，其气心虚，正气存内，邪不可干。气又可分内外：内气是体内之气，外气便是天地之气。内外之气相联相通，相辅相成，又可以相互转化。中医将人体中的气分为两大类：一是先天之气：禀受于父母，为先天精气，称"元气"，亦称"真气"；二是后天之气：源于五谷饮食的营卫之气，源于自然之清气的呼吸之气，两者共同涵养先天之气。惟有如此，人才可以强身壮体、百病难侵、心宽体健。养生贵养气，三调形意息。

气足神自足，气顺人自吉。"气"与"血"相对，气为阳，为动力；血为阴，是物质基础，二者协同运作，共同维持人体机能的平衡。"气为血帅，血为气母，血随气行。"气在全身运行，人体内血的循环运行，津的输布排泄，脏腑器官的功能活动，无不依赖于气与力的激发与推动。人体的新陈代谢、生长发育，无不与气的运行息息相关。人食五谷杂粮之后，经过脾胃消化所产生的水谷营卫之气，中医称为"水谷之气"。人生活于世上，既要呼吸外在的空气，又要吸收内在的精气，外气与内气结合，二者缺一不可，所以"气""米"为"氣"。王充《论衡·气寿》："人之禀气，或充实而坚强，或虚劣而缓弱。"

据现代学者研究，中医之"气"又指脏腑组织的活动能力。如五脏之气、六腑之气、经脉之气等。《黄帝内经·素问·刺志论》："气实形实，气虚形虚。"王冰注："气谓脉气，形谓身形也。"

"气"还指某种病象，如湿气。人在恼怒时产生的气是一种对身体有害的内在之气。有一个著名的实验：取一鼻管放在鼻子上让人喘气，然后再把鼻管在雪地里放上10分钟。如果冰雪不改变颜色，说明你心平气和；如果冰雪变紫了，说明你很生气。把那紫色的冰雪抽出一二毫升注射给老鼠，不到两分钟老鼠就死了，可见生气对身体有害的说法是有一定根据的。心理学家提出了5个避免生气的方法：躲避、转移、释放、升华、深化，如果用中国传统的说法来解释，就是修身养性、平心静气。

修持所炼之气是"真气"，是锻炼真气、培养元气、扶植正气。练气时，收真气积蓄于丹田，运行于经络，释放于体外。古人练气，有内外之分，内炼精气神，外炼筋骨皮，天地人相应。天有三宝：日、月、星，地有三宝：水、火、风，人有三宝：精、气、神。气的修炼要求练精化气，练气化神，练神还虚，练虚合道。精气神三位一体，相互联系，相互作用，相互转化。

"积神生气，积气生精"是气与人体生理、心理联系的一条基本规律。"练精化气，练气化神"是气与生理、心理联系的又一条基本规律。"练神化气，练气合道"是用人的意念控制气，采纳、调运、发放外气，此乃人体与外界环境通过气相联系的规律。

气，具有物质性，这一点已被现代科学证明。神，是否也具有物质性呢？这尚待科学的验证。通过气，精与神相联、相通，互为因果，相互作用，相互转化。对生命而言，精、气、神是一个不可分的整体。"血者，神气也。""神者，水谷之精气也。"精气神本为一体。《黄帝内经·灵枢·本脏篇》说："人之血气精神者，所以奉生而周于性命者也。"精、气、神共同维持着生命，乃为性命之本，故保精、益气、养神可使精神不散，四体长青，乐享天年。相反，精耗、气衰、神伤则是人衰老、死亡的原因。

气的修炼正是通过聚精会神、锻意练气，又通过练气养生、积精全神，使精气神三者皆得到保养与锻炼，人体自然健康长寿。这种修炼理念不仅表明灵与肉、精神与物质、生理与心理本来就是圆融一体，而不是分裂的。

同时表明人与自然界本来就是和谐统一，而不是对立的。此外，它还提供了人类克服异化、寻求精神与物质的统一、达到天人合一的具体方法。其基本原理有待于进一步的探索，其深刻的人生奥秘，则有待哲学和文化的归纳和总结。

对气的修炼主张可分为儒家、释家、道家、医家、武术和民间流传六个门派：儒家对气的修炼以摄生养生为主，讲正心、诚意、修身，要求达到正、定、静；释家对气的修炼主张以悟性、明心、见性为主，修炼的原则是心外无佛，法外无心，法无定法，是法非法，非法是法，色空不二，要求破人我执，彻悟空净，返照本心，见性成佛；道家对气的修炼思想主要是清静无为，道法自然，修炼与养性并重，一切顺其自然，而不是人为强求。既不通过药物，也不用人为手段，而是充分利用人体内外的自然之力，"人法地，地法天，天法道，道法自然。"身心兼顾，强调性命双修；医家对气的修炼以防病治病为主，通过意念、形体、呼吸、导引、平衡阴阳、外气内收、内气外放达到治病养生的目的；武术练气以表演为主，兼治伤病，修炼则重于强身防身，制敌御侮；民间修炼的方法很多，主要以强身治病为主。

xuè xiě

甲骨文　　　　小篆

"血",指事字,从丿,从皿。

"血"的甲骨文、金文皆从皿,"皿"内有圆点,似凝血之形。《说文·血部》:"血,祭所荐牲血也。"本义为用作祭品的牲畜血。"丿"为刀形;"皿"为器皿。宰杀牲畜,刀、皿为必备用具。也可认为"血"字形似刀搁在器皿上,体现了在宰杀牲畜过程中的一个随意的动作。以牲血祭祀叫"血祭",是上古时期非常普遍的一种祭祀礼仪。血祭社稷的方式有三种:一是将血直接滴入土中;二是涂血于社稷神主之上;三是供血于神位之前。"血"由本义引申泛指血液,读"xuè",口语中读作"xiě"。"血"由血液之意引申指人类繁衍进程中自然形成的亲属关系,如血统、血缘。

扬雄《法言》:"原野厌人之肉,川谷流人之血。"荒野上堆满了人尸,河道里流的都是人血。战争残酷,百姓惨遭涂炭。"血流成河"形容被杀的人非常多,流出的血都要汇聚成河了;"血流漂杵"指血流成河,都可以漂得起木杵了。"血"有时还用作动词,指用鲜血涂沾。《荀子·议兵》:"故近者亲其善,远方慕其德,兵不血刃,远迩来服。"离他们近的因其睦邻友好而亲近他们,远方的人景仰他们的仁德,未经血战就很快取得了胜利,不论远近都前来归服。由于血液呈现出红色,故"血"可代指红色。白居易《琵琶行》:"五陵年少争缠头,一曲红绡不知数。钿头云篦击节碎,血色罗裙翻酒污。"其中的"血色"即为红色。

结婚生子是人类社会赖以繁衍、延续的根本。子女是父母精血的结晶。所以"血胄"指后裔,"血胤"指同一血统的子孙后代,"血嗣"指子孙,"血属"指有血缘关系的亲属。现代遗传学证明,血型、基因具有遗传性,这是古代"滴血认子"和现代"亲子鉴定"技术的依据。血液流动是生命存活的标志,"血"被视为是刚性与热烈的象征。"血性"指刚强正直、忠义赤诚的气质,如满腔热血、血性男儿。"血气方刚"形容年轻气盛,感情容易冲动。《论语·季氏》:"及其壮也,血气方刚,戒之在斗。"人到了壮年，容易感情用事，要注意不要与人争斗，以免惹出不必要的麻烦而后悔莫及。

中医养生非常讲究气血流通。中医理论认为，气为阳，血为阴；气为血帅，血为气母；在生理上气能生血、行血、摄血，故称"气为血之帅"。而血能为气的活动提供物质基础，具有运载水谷之精气、自然之清气的功能。也就是说，血能载气，并给气以充分的营养，故而"血为气之母"。气与血各有功能，又相互为用。气无血不在。脏腑经络之气的生成以及维持其充足和调和，除与先天之气有关外，还依赖于后天之气地不断充养，而后天之气流布于脏腑经络，主要靠血液的运输作用；血无气不行。气能生血，气旺则血生，气虚生血不足，可致血虚，或气血两虚。当气血相互为用、相互促进的关系失常时，就会出现各种气血失调病症。调理气血关系的原则为"有余泻之，不足补之"，只有泻余补亏，气通血畅，才能保证肌体运行正常，身体健康。

血液是人类生命的重要源泉，是人体重要的组成部分。人体所需的氧气、水、养分通过血液输送到全身每个细胞，细胞新陈代谢所产生的废物又通过血液送出体外。人体血液不够或循环受阻，细胞组织便会养分不足，有毒代谢物不能及时排出体外，病菌便会乘虚而入，导致机体病变。所以当人呈现面色苍白或萎黄、头昏眼花、心悸失眠、手足麻木、舌淡、脉细无力等血虚不足症状时，应食用补血类食物，如胡萝卜、葡萄、龙眼肉、猪肝、羊肝、牛肝、兔肝、鸡肝、猪心、牛筋、羊胫骨和脊骨、黄豆等。

精神

养生都是从养心开始，平常心，欢乐心，清静心，恭敬心，随缘心，宽容心，感恩心，忏悔心，慈悲心，忍让心，恻隐心，是非心，羞恶心，关爱心，心不静，身不宁。

精 jīng

精 小篆

"精"，形声字，从米，青声。

"米"是谷物和其他植物子实去壳后的部分，可食用，泛指五谷，是人类生存必不可少的粮食；"青"为青色。"米""青"为"精"，稻米白中泛青色，为精良之米。"精"的本义指挑选过的上等好米。《说文·米部》："精，择也。""精"是在众多事物中择优之结果。在五行之中，"青"主木，表示植物生长茂盛；古人以青色配东方，"青"是五方之首；又以青色配春天，"青"是四季之始。人生的春天是青春韶华，是生命力最旺盛的时期。春天、青春处在节候和生命的上升时期，象征着朝气蓬勃、神采奕奕，所以"精"还可引申为精神、精气、精力等。"精"又表示物质中最纯粹、最美好的部分，引申为完美、优秀，如"精华"、"精粹"、"精美"、"精彩"等。

五谷杂粮，需要经过精细加工，才能成为人们餐桌上的食物。人们食取五谷中的精华，通过消化器官的加工分解，使之成为滋养人生命的物质基础。《黄帝内经》中有"精生于谷"、"精不足者，补之以味"等说法。五谷之味是补精的正味，最能滋养体内精气，因此饮食要精。正如孔子所说的"食不厌精，脍不厌细"。

经过挑选的优质米是最好的米，故"精"由本义引申为精华、最纯粹的部分，如"精英"、"精粹"等。苏轼《答谢民师书》："文章如精金美玉，市有定价，非人所能以口舌定贵贱也。"好文章如同纯金美玉，就像市场上商品一样有固定的价格，不是某一个人能够随口评定优劣的。"精"又可引申为精良。贾谊《过秦论》："良将劲弩守要害之处，信臣精卒陈利兵而谁何？""兵精粮足"的"精"，就是精良之意。

五谷是庄稼汲取日月精华后长出来的子实。人食入后，通过体内器官的吸收而转化为一种能量，从而获得精力。因此，"精"也表示精力，指人的活力与生气。《黄帝内经·灵枢》："生来谓之精，此先天元生之精也；食气入胃，散精于五藏，此水谷日生之精也。"王充《论衡·论死》："夫生人之精，在于身中。""精"含聚在人的身体之中，没有了它，就只剩下空的躯壳。

传统中医学认为，人始成，先生精。精者，身之本也。传说山林中的精灵常常在深夜的时候把自己的精气吐出，凝聚成一个圆球，对它进行吐纳修炼。如果谁乘机把它拿走，就能够益寿延年，而那精灵就呜呼哀哉了。可见在古人眼中，"精"是一切生命活动的主宰，是生命存在的根本。古人认为，天有三宝：日月星；地有三宝：水风火；人有三宝：精气神。精充、气足、神全是健康长寿的根本。"精"是生命的物质精华，包括精、血、津、液。

《红楼梦》里贾瑞被凤姐捉弄，相思成疾，着凉得病。道士给他一面镜子，让他只看反面别看正面。但是他却偏偏看了正面，结果精竭而死。精的盛衰关系到人的生长、发育、衰老、死亡。精气充盈，人体抵抗力强，则能免于疾病。精能生髓，而骨髓是造血器官，有造血功能，所以精髓为化血之源。传统中医学认为：精满气足，气足则神定。相反，精不满则气不足，气不足则神不定。精、气、神三者是有机的统一体，保精、养气、安神是中医的养生之本。只有修精固本，才能清心益智，心安神怡。

神　shén

祁　金文　褆　小篆

"神"，会意字，从示，从申兼声。

"神"从"示"表示与祈祷祭祀有关；"申"小篆的甲骨文为雷电形。远古时期人们视闪电为天神之鞭、神灵之光，因此古人以此代表"神"。《说文·示部》："神，天神也，引出万物者也。"神，天神，引发出万事万物的神，本义为神灵。

将"申"视为"伸"省字，意为延伸、伸展，又为伸缩，由此强调"神"具有超能力，灵活多变，高深莫测。"申"字以"丨"贯穿"日"之中央，示闪电之光发于天而承于地。所以"示""申"为"神"，意指世人祈求"神"之光源于天，而"灵"之光显于地，而后作用于人，以达到人心与神灵的契合。体现了古人天、地、人合一的哲学观点。人们认为"神"的力量是超乎自然的，是世间稀有的。所以，"神"又引申为神奇、神通。《礼记·祭法》："山陵川谷丘陵能出云为风雨，皆曰神。"在山岭山川丘陵峡谷中能腾云驾雾呼风唤雨者都为神灵。天地万物有神灵，人身亦有神，这个"神"就是人体生命活动的表现。即人的精神、意念，包括神、魂、魄、意、志及思、愿、智等。如同天地神灵主宰世间一切，人之神灵也是人的主宰。

人之面部神情可以显示出其内在之神的状况。所以"神"也指神情、神态、精神面貌。"神色怡然"指心情愉快，面色安详；"神色自若"指神态从容自然，遇事不惊；"神采奕奕"指精神饱满及容光焕发的样子；"聚精会神"用来形容专心致志，注意力非常集中；"神魂颠倒"指心意迷乱、神情恍惚、失去常态；"神不守舍"指人的精神分散或心神不安。

道教信仰的神仙，既有最高尊神元始天尊、灵宝天尊、道德天尊，又有玉皇大帝、真武大帝、雷声普化天尊等神明；还有张天师、三茅真君、五祖七真等仙真。元始天尊既是道教信仰的最高神尊，也是"道"的形象体现，为宇宙万物的本原，生化了宇宙万物。如今道教宫观的三清殿中供奉的元始天尊，左手虚拈，右手虚捧，象征"天地未形，万物未生"的混沌状态；其左为灵宝天尊，双手捧着一个半黑半白，黑中有白点，白中有黑点的圆形"阴阳镜"，象征着从混沌状态中衍生出来的阴阳状态；其右为道德天尊，又名太上老君，手拿一把画有阴阳镜的扇子，象征着由阴阳而化生万物。道教不但认为神尊创造了宇宙万物，而且明确提出宇宙间还有一个神仙世界，是人类的理想世界。

　　道教认为神无所不在，无所不存。统管三界的有玉皇大帝，掌管仙籍的有东王公、西王母。此外，自然界万事万物各有其主宰和执掌之神。如星有星神——北斗真君、南极星翁、三十六天将等；山有山神——五岳大帝等；河有河神——四渎神（江、河、淮、济神）；土有土地神——蒋子文；门有门神——神荼、郁垒等；灶有灶神——种火老母元君等；就连人身中亦有神——三尸神等。神仙思想对中华传统文化有着深远的影响。

阴阳

有了酸甜苦辣咸，才有五味调和的美食；有了宫商角徵羽，才有五音调和的音乐；有了金木水火土，才有五行调和的自然；有了心肝脾肺肾，才有五脏调和的身体。

阴 【陰隂】
yīn

金文　 小篆

"阴"，繁体为"陰"，异体为"隂"。形声字，从阜，侌声。

"陰"的金文从阜，从山，从水："阜"为土山，指地面高起的部分。山在上，水在下，中间有"一"隔开。中国河流的走向多为由西向东流入大海，水的南岸难有阳光照射；中国山脉的走向大都由东向西，山的北面少有阳光。故《说文·阜部》曰："陰，暗也。山之北，水之南也。"其意义与"阳"相对。繁体"陰"由"阜"、"今"、"云"组成："今"为今天、现在；"云"为云彩。今天（现在）山坡、山峰被云雾遮住了太阳或月亮，显然是阴天。

简化字"阴"从阜，从月，属会意字。月相对日，日为白天，属阳；月为晚上，属阴。站在山坡见到月亮的时候是晚上，所以属阴。异体字"隂"从阜，从人，从长："人"像覆盖物；"长"为时间久。山坡长时间被云雾覆盖，显然是"隂"。

山的北面、水的南面皆背阳，"阴"又引申为背阴的部分、不见阳光的地方。"阴干"指放在背阳处吹干；"阴地"指背阳地。阳光不及之处就会出现物体的阴影，"阴"还可以指太阳的影子及其他阴影。如《吕氏春秋》："故审堂下之阴，而知日月之行，阴阳之变。"是说观察房屋下太阳和月亮的影子，从而知道日月运行、阴阳变化的情况。阴阳的强弱变化，其实是太阳运行反映出的时间变化，由此"阴"又引申为时间，如"光阴似箭"形容时间过的非常快。凹进的东西是不容易被阳光照射到的，"阴"

又指凹下或凹下的东西。由此延伸，"阴"还指隐藏的、不露在外面的、暗地里的。"阴谋诡计"就是指为达到某种不可告人的目的而设的计谋和策略。古人认为，阳光普照的世界为阳间，而人死后就要到暗无天日的阴间去了，所以"阴"还指冥间。如"阴山"指世俗所谓的阴间山名，如果鬼魂被打入此处则不得超生；"阴灵儿"指人死后的灵魂；"阴阳两宅"旧指人住的阳宅和停放灵柩的处所或墓地；"阴钱"也称"冥钱"，供人死之后在阴间使用。

阴阳观念最初来自先民们对自然现象的直接观察和初步认识。商代人以日出为阳，日落为阴；向日为阳，背日为阴；山南为阳，山北为阴。所以，《说文》注释说："阴，闇（"闇"即暗的意思）也。""阳，高明也。"

后来，周朝人用阴阳概念解释自然现象。如伯阳父将地震成因归于"阳伏而不能出，阴迫而不能蒸。"《国语·周语》说："阴阳分布，震雷出滞。"是说宇宙自然界阴阳两种物质力量的分化布散的变化产生了雷电现象，其中震响之雷声出于密滞的乌云。并认为"阴阳次序，风雨时至"：即自然界的气候之所以有时令、节气的正常变化，就在于阴阳的物质运动具有一定的规律和秩序。可以看出，阴阳概念至此已经超出了朴素的理解，而发展到认为阴阳本身实际代表着两种相反的物质力量，并且彼此之间发生着作用，从而导致了自然变化的产生。同时，认识到自然界的阴阳运动都有着一定的秩序和规律，当其规律发生紊乱，就会发生某些变异或灾害。

《周易》把阴阳思想上升为哲学理论，概指自然界一切具有相互对立又相互联系的两个方面，并用以阐释事物运动变化的规律。后来这种思想逐渐系统化并衍变为阴阳学说。阴阳学说是对世界认识的一种二分法，是对事物本质的高度抽象与概括。正如老子在《道德经》中所说："道生一，一生二，二生三，三生万物。万物负阴而抱阳，冲气以为和。"老子认为天地万物是阴阳两种对立势力的统一体，从而揭示了一分为二和对立统一规律的内涵。

阴阳这对哲学范畴在古代被广泛运用于自然、人生、社会的各个方面。表现于天地，则乾为阳，坤为阴；表现于人类，则男为阳，女为阴。天干中，乙、丁、己、辛、癸属阴；地支中，丑、卯、巳、未、酉、亥属阴，

18 时到 24 时属阴中之阴，24 时到 6 时属阳中之阴等。可以说，所有现象都是建立在阴阳关系的基础上的。王朝的更替、天道的运行、男女的尊卑、社会的秩序、中医的辨症，一切动静、刚柔、虚实、奇偶、盛衰、消长、张弛、进退等等，都是阴阳的不同体现。如《黄帝内经·阴阳应象大论篇》中说："阴阳者，天地之道也，万物之纲也，变化之父母，生杀之本始，神明之府也，治病必求于本。"意思是说阴阳是宇宙间的规律，是一切事物的纲领，是万物发展变化的起源，是生长、毁灭的根本。阴阳是中国传统文化中一对至关重要的范畴，它集中地体现了中国传统文化的精神实质。

阳 【陽】
yáng

陽 金文　　陽 小篆

"阳"，繁体为"陽"。形声字，从阜，易声。

"陽"从阜，从易。"阜"为山丘、山坡，"陽"从阜，表示其意义与山有关；甲骨文的"易"字下面是一个表示日光下泄的符号，金文则添了二三道斜撇，用来强调阳光的照射。"易"上"日"下"月"，中为"一"："日"为太阳，为白天；"月"为月亮，为晚上；"一"为白天与晚上的分界线。"陽"从阜，从日，从一，从月，意为白天有太阳、晚上有月亮能照到的地方为阳。《说文·阜部》："阳，高明也。""阳"的本义是山的南面，水的北面。

远古的时候，日升日落的自然现象启发了人们的方位意识。人们总是看到太阳照在南面的山坡上，所以山的南面叫作"阳"；人们总是看见太阳照在河的北岸，因此河的北岸称作"阳"。《谷梁传·僖公二十八年》："山南为阳，水北为阳。"《尔雅》："山东曰朝阳，山西曰夕阳。"中国的山大都是东西走向，所以山的东面是太阳升起后照射的地方，山的西面是太阳落下的方向。

阳面因正对着太阳而得名，故"阳"又有太阳的意思。《诗·小雅·湛露》："湛湛露斯，匪阳不晞。"意思是早晨露水很浓重，太阳不出来就晒不干。宋朝辛弃疾《永遇乐·京口北固亭怀古》："斜阳草树。"此处"阳"也是太阳的意思。

"阳"还泛指物体的正面、前面。清代顾炎武《日知录·钱面》："自昔以钱之有字处为阴，无字处为阳。"意思是自古一来，钱币都是有字的一面为反面，无字的一面为正面。显露的、凸出的部分，容易被阳光照射，故而"阳"又引申为显露的、凸出之意。

显露出来的必然表现于外，所以"阳"又表示外部的意思，与表示内部的"阴"相对。就人体而言，外部为阳，内部为阴。单就躯干来说，背部为阳，腹部为阴。就内脏来说，肝、心、脾、肺、肾五脏都属阴，而胆、胃、大肠、小肠、三焦、膀胱都属阳。

太阳每天都会升起，普照着人间的万物，是世界赖以生存的必须，没有阳光就没有这个世界。因此"阳"又有阳间、人世间的意思，与阴间相对。

"阳"与"阴"在中国古代哲学中是一对很重要的概念。先哲们认为：任何事物都包含着两个方面，有南就有北；有温软就有冷硬；有正面就有反面……自然，有阴就有阳。如天为阳，地为阴；天干中，甲、丙、戊、庚、壬为阳；地支中，子、寅、辰、午、申、戌为阳；上阳下阴，左阳右阴，前阳后阴；6时到12时属阳中之阳，12时到18时属阴中之阳。一般地说，凡是运动的、向外的、高大的、正面的、上升的、明亮的、温暖的、自信的、乐观的、刚强的都为"阳"，反之则为"阴"。

"孤阴不生，独阳不长。""阴"与"阳"既相互对立，又相互依存，阳中有阴，阴中有阳，阴阳相抱，相互转化，彼消此长。

"阴"与"阳"的最初涵义是很朴素的，仅指日光的向背，后来逐渐延伸至日与月、晴与雨、寒与热、天与地、静与动、上与下、内与外、气与形、男与女、君与臣等。"阴"与"阳"代表着相互对立的两个事物：如天为阳，地为阴；热为阳，寒为阴；动为阳，静为阴等。"阴"与"阳"又代表同一事物内部相互对立的两个方面：如人体气为阳，血为阴；药物的性属阳，味属阴等。阴阳属性的相对性，是指对于具体事物或现象来说，其阴阳属性又不是绝对的、不可变的，而是相对的、可变的。

　　在阴阳理论中，以阴为本，阳为阴之动。在阳刚和阴柔之间，古人对阴柔的重视远胜于阳刚。因为在他们看来，阴柔有似天道的无为却又包容万有，所以柔能克刚，水滴石穿。但是，在以儒家思想为主干构建起来的伦理社会里，却又不是以女性为主体，而是以男性为主体。这看似矛盾的地方，其实最可见中国传统文化的精髓：古人对事物的认识，从未作静止的审视，而是将所有认识的对象置于运动变化的过程之中。这种动静阴阳的哲学思想，对中国文化的发展产生了极大的影响。

时空　　白天少做梦，晚上睡得安。

时【時旹】
shí

旹　甲骨文　　時　小篆

"时"，繁体为"時"，异体为"旹"。

"旹"为形声字，甲骨文从日，止声。"止"是脚的象形，意为行动、运行；"日"为太阳。人类自古就以太阳的运行规律来确定季节、时间，从而指导耕作和生活，故"旹"以运行之日会季度、季节之意。《说文•日部》："時，四時也。"四时即春、夏、秋、冬四个季节。又，"止"在"日"上，表示"旹"是一切事物不断运行、发展、变化所经历的过程，实时间。"止"后引申指停止、中断进程之意。"日""止"，即太阳走到这一刻停止，强调的是这一刻，意谓时间分段、分点。

繁体"時"从日，寺声。"日"为太阳；"寺"本义为古代官署的名称。"日""寺"为"時"，表示时间是由太阳决定的。也可以将"時"视为从"日"，从"土"，从"寸"："土"为土地、大地；"寸"为长度单位。人们根据太阳在大地上一寸一寸移动的距离来标识时间，自古便以"寸阴"形容时间，故以三者相合表示时间。

人类在作物特性与太阳运行之间寻找到最恰当的结合点，将一年分成四季，按季进行耕种。"日"是太阳；"時"中之"土"可视为耕种之田，"時"从"土"表明与土地及农耕等有关；"寸"为分寸、规律，是农耕所依据的时间规律，意为季度、季节。耕种要把握四时。祖先根据太阳在春夏秋冬时在黄道上的不同位置，区分二十四节气，一方面用于计时，一方面指导农耕。

简化字"时"为会意字，从"日"，从"寸"。"寸"表示极小、极短。"日""寸"，即把一日分成若干个时段，亦取寸阴、寸时之意。

　　"时"的本义是季度、季节。汉代王充《论衡》："积日为月，积月为时，积时为岁。"可见，"时"是由月累积而成的，而时本身又可组成年岁。一年有四个季节，春、夏、秋、冬，不可倒转，并且在一年之中不可重复。因此，人们常常用季节来作为纪年的方式。"时"由本义引申可作为计时单位，表示时辰，也可表示小时。我国古代把一昼夜分为12个时辰，每一时辰又分为初、正，合为24小时。清代吴敬梓《儒林外史》第十回："天生一对好夫妻，年月日时无一不相合。"这里的"时"是仅次于日的时间概念，即时辰。"小时"即小于时辰，它是一昼夜的1/24。古人常用时辰作为计时单位，而现代人则多用小时。

　　无论季节还是计时单位，均为或长或短的一段时间，由此，"时"可表示光阴、岁月之意。"光阴"本指明亮与阴暗、白昼与黑夜所组成的日月推移，现在常常用来表示时间。《吕氏春秋》中有"时不久留"，此"时"即指光阴、岁月。每个人的一生，光阴都是有限的，所谓"一寸光阴一寸金"，抓住了时间，才有可能抓住机遇，抓住财富，抓住人生。

　　由时间之意引申，"时"又可指具体规定的时候，如"按时上班"、"准时到站"等。"时"又引申表示及时。宋代朱熹《答杨宋卿》："吏事匆匆，报谢不时，足下勿过。""不时"有两个含意，一是间或，如"不时有信件来往"；二是无规律的，如"不时之需"。由时间之意引申，"时"又可指现在或过去的某个时候，如今时、当时、那时等。《尹文子·大道下》："心不畏时之禁，行不轨时之法。"意思是，做事情审时度势，从实际情况出发，不被时下的禁令所阻挡，也不一定要依照法令一板一眼地做。

　　由今时、当时之意扩展，"时"可表示时代、时世，进一步引申表示时代的时势、时局。三国魏曹植《送应氏二首》："清时难屡得，嘉会不可常。"这里的"时"为时代。一个时代的社会情势或趋势即称为这个时代的时势、时局。《孟子·公孙丑下》："以其时考之，则可矣。"意思是，可以用现在的时势来考察这个人的才华。

　　小篆的"时"从"寸"。"寸"即手，示意人们要努力地抓住时间，不让它白白地溜走。"寸"又为分寸，即是说人们在把握时间、时势的时候，要懂得拿捏分寸，浪费时间等于谋财害命，所谓"时不我待"，就是这个意思。但是若一味紧抓不放，斤斤计较，则可能过犹不及。时间前进的步伐之从容与无休止，是不以人的意志为转移的，现代社会中人们的焦虑症，就是对待时间太过紧张，不懂得调节、放松而导致的。由此，"时"又有适时、合时宜的意思，亦可表示时机、时运之意。"安分随时"意思是安守本分，顺随时俗，指处在各种环境中都能安然自得，满足现状。清代曹雪芹《红楼梦》第八回："罕言寡语，人谓装愚，安分随时，自云'守拙'。""不合时宜"指不适合时代形势的需要，也指不合世俗习尚。"时宜"指当时的需要和潮流。东汉班固《汉书·袁帝纪》："皆违经背古，不合时宜。""安时处顺"意思是安于常分，顺其自然，形容满足于现状。《庄子·养生主》："安时而处顺，哀乐不能入也。""藏器待时"比喻学好本领，等待施展的机会。《周易·系辞下》："君子藏器于身，待时而动。"《孟子·万章句下》："伯夷，圣之清者也；伊尹，圣之任者也；柳下惠，圣之和者也；孔子，圣之时者也。孔子之谓集大成。集大成也者，金声而玉振之也。""圣之时"意思是应运而生的圣人。机会来了，运气来了，要及时地抓住，并加以合理的利用，才能时来运转。元末罗贯中《三国演义》第七回："今不乘时报恨，更待何年！"现在不乘机报仇，还等什么！当中的"时"，即指时机。《商君书·壹言》："制度时，则国俗可化，而民从制。"制度合乎时宜，就能与国家的风俗相适宜，同时人民也就能遵照制度的规定了。其中的"时"为合时宜。

"时"又有与潮流相贴合的意思，如人们常说的时尚、时髦等等。"时"中有"寸"，在对待时尚的态度中，"寸"显得更为重要。谁都说不清时尚到底是什么。对于时尚，越是追赶，就越迷失方向。

"时"也可作姓氏。《水浒传》中的"鼓上蚤"就姓时。

空　kōng kòng

金文　小篆

"空"，形声字，从穴，工声。

"穴"为洞、坑、孔，表示范围；"工"为人工、小篆做工、工夫。人工挖地而成穴，其中有一定的空间，因此"空"最基本的含义即为空间，读为"kōng"。

有一定空间的洞穴之中往往空虚无物，故"空"表示里面没有东西或内容，表示空虚、空洞、没有。《说文·穴部》："空，窍也。""窍"为孔洞，其中虚空。

"工"字上下两横为天地，指一定的范围，一竖为上下之间如穴，内无物，如虚空、空洞。空是指一定范围之内没有内容，一无所有。又是由于鬼斧神工或人工的开凿，再加以一定的工夫、时间形成的。

"空"中有"工"，表示空或者是人工而成，是于实物之上凿雕刻镂所出；又或者是自然而生，但要人来体会和感受才能得知它的存在；还可以是人对事物道理的认识进入一定境界之后领悟而得，如佛家所讲的"空"。所有这些，都说明"空"并非完全等同于"无"，与"穴"一样，它也是一种存在的实体，而若想体悟到空的存在，则只有通过身心智慧之"工"。"穴"是不被占用的空间；"工"为工夫、时间。则"空"为不被占用的工夫，意即空闲、闲暇，读作"kòng"。

"空"的本义为内有一定空间的洞穴。洞穴中没有任何实体填充其中，因此"空"由本义引申为倾尽、空其所有、没有。《尔雅》："空，尽也。""空手"指身上没有武器或没有携带某种必要的物件；"空腹"指肚子空着，没有吃东西。《诗·小雅·大东》："小东大东，杼柚其空。"在东方远近的诸侯国里，织成的布帛已被搜空了。"空城计"典出《三国志·蜀书·诸葛亮传》。写蜀将马谡因刚愎自用而失守街亭，司马懿乘胜率兵直逼西城，诸葛亮无兵将可遣，遂定空城之计，大开城门，自坐城楼中抚琴饮酒以待，司马懿疑有埋伏，引兵而退。"空"在此意义上有使动用法，为使城空。王充《论衡·薄葬》："世俗轻愚信祸福者，畏死不畏义，重死不顾生，竭财以事神，空家以送终。"这是批评那些举行奢侈葬礼的人，不重视人的生前，却在人死了之后大肆铺张，办葬礼所花的费用甚至使家里的财物都倾空了。

"空"为空旷、广大，又指上天、天空。因为在古人看来，在天和地之间是没有物体阻隔的。范仲淹《岳阳楼记》："阴风怒号，浊浪排空。"阴森森的风愤怒地号叫着，浑浊的浪头翻滚着直扑到天空。"空中花园"又称"悬园"，是公元前6世纪巴比伦国王为其妃所造。据说是在20多米高的平台之上，栽植各种树木和花卉，远看犹如花园悬于空中。"空中楼阁"指悬于半空之中的亭台楼阁，比喻虚构的事物或不现实的理论、方案等。

"空"做副词，有徒然地、白白地之意。崔颢《黄鹤楼》："黄鹤一去不复返，白云千载空悠悠。"黄鹤飞去再也没有返回，千年来只有白云徒然地在空中悠悠漂浮。"空忙"指徒劳的忙活；"空劳"指徒劳、白费。

"空"也为虚构、不切实际。刘勰《文心雕龙·神思》："意翻空而易奇，言征实而难巧。"意思是文学作品中虚构、假想的东西容易写得奇异，而那些实际的、可以证实的内容则很难写得巧妙。"空泛"指不切实际、空虚；"空想"是一种不具有现实意义的想法。

用于佛家语，"空"指事物的虚幻不实。佛教认为一切事物和现象都由因缘和合而成，刹那生灭，没有质的规定性和独立性，假而不实，是名为"空"，亦称"空空"。《维摩经·弟子品》："诸法究竟无所有，是空义。"佛学中的各种法门说到底最终都是在求一个"空"字。"空"与"有"相对，就是否认世间万物的实体存在，无论是人自身还是自身之外的各种事物，都是虚空的幻象。如禅宗六祖慧能的著名偈子："菩提本无树，明镜亦非台，本来无一物，何处惹尘埃。"其含义也正在于此，是佛家最根本、最本体的认识。所以五祖弘忍法师才认为他悟到了真正的禅机，从而授以衣钵。佛学中还有"四大皆空"之说，有两种解释。第一种解释："四大"，指地、水、火、风，也就是组成宇宙的四种物质要素。大乘空宗教义认为它们都是空虚的、非实在的，因此世界上由它们构成的万事万物也都是虚幻不实的。正如《心经》里所说的："色即是空，空即是色，色不异空，空不异色。"意思是：物质世界就是"空"，"空"就是物质世界。第二种解释出自《圆觉经》里的"四大轮劫"说。大轮劫指的是"土劫"（地震等灾害）、"金劫"（刀兵之灾）、"风劫"（风火之灾，也叫"火劫"）、"水劫"（雨涝水溢）。大乘空宗认为，如果把这四大轮劫看破了，视作空洞无物，它们也就不成其为灾害了。大乘佛教传入我国以后，空宗的理论对中国人的思想意识产生了很大的影响。"四大皆空"这一佛教用语也就成为一条成语，用来形容一切都是空无的。

营卫

营气是与血共行于脉中之气，卫气是运行于脉外之气。

营 【營】
yíng

小篆

　　"营"，繁体为"營"。形声字，从宫，熒省声。

　　繁体"營"从宫，从炏。"宫"为原始环形穴居房屋；"炏"为火。远古之人，掘洞穴为居住之所，后来便采土盖房。盖完以后，要用火烧烤土墙，使之更为牢固。"營"字表现了烧烤房子之土墙的含义，因此"營"的本义为四周垒土而居。《说文·宫部》："營，市居也。""营"还指军队驻扎的地方，也有经营的意思。"營"上为"炏"，"炏"（kài）也谓火在燃烧，寓意军营里操练得热火朝天，店铺经营得红红火火。又，"營"上之"熒"是"萤"的省字，寓意经营事业有风险，如萤火忽明忽暗，不可能总是一帆风顺，要注意把握时机，掌握火候。"营"从宫，又说明经营事业要有一定的处所或店铺。"宫"中之"冖"为深奥难测，暗寓"營"的活动中蕴藏着无限玄机。

　　简体"营"从艸，从宫。"艸"为草木；"宫"指场所，即营房、营地等。上"艸"下"宫"为"营"，会意部队行军演习或作战时的驻地常用草木将其伪装掩蔽起来。

　　"营"由本义引申为运作、营造。《礼记·曲礼下》："君子将营宫室，宗庙为先。"要建造宫室，必须先建造宗庙。《诗·大雅·灵台》："经始灵台，经之营之。"灵台是早期类似天文观测站的建筑。营建灵台，须要好好地谋划。既然营造，则必是有所求，因此，"营"又有谋取之意，如营救、营生。《尚书·商书·说命上》："高宗梦得说，使百工营求诸野，得诸傅岩"。商王武丁夜梦得圣人，名叫"说"。于是让人到处去找，终于在傅岩这个地方找到了。

"营取"谓谋取，一般指通过不正当手段而获得，营的是私益，取的是私利。如营私舞弊、营营小利等。"营"中的"宫"为宫廷，寓指勾心斗角，明争暗斗。如"蝇营狗苟"指像苍蝇那样追逐脏东西，像狗那样苟且偷生，比喻为了追求名利，不顾羞耻、投机钻营。

"营"谓经营，身体须要经营。"营"从宫，对于人体而言，身体就是人的灵魂、精神、思维的"居住地"。没有身体灵魂无所皈依，理想也无从实现。《老子·道德经》："载营魄抱一，能无离乎？"精神与形体不离散，是长生之道。"营"又指营养。人体之营养，主要来源于精气，而精气来源于先天和后天的不断补给。

商场犹如战场，在当今世界经济竞争异常激烈的形势下，经济竞争犹如军事战争。市场信息的收集与研究、市场发展趋势的准确预测和把握、用户消费需求的调查与分析、企业的经营与管理等，都与治军作战的道理相类。虽然商场就如"营"中的"冖"所寓指的那样，暗礁无数，危险重重，成败盈亏玄奥难测，但若能够透过复杂、多变的表象，发现潜藏其中的规律，就能在充满残酷竞争的经营中，如鱼得水，风风火火，蒸蒸日上。正是在这个意义上，古代兵法中很多精华为现代经营提供了重要的参考和借鉴价值，成为企业经营与谋划取之不竭的理论宝库。将中国古代兵法应用于现代经营与管理，以古典智慧解决现代经营难题，将军事文化与商业文化结合起来已经成为现代企业经营管理的一股潮流。

卫 【衛衞】

wèi

甲骨文　 金文　 小篆

"卫"，繁体为"衞"，异体为"衞"。会意字，从行，从韦。

"行"为"彳""亍"，即慢步行走；"韦"为"圍"（围）的本字，意为围绕一定的区域慢步行走，保护区域安全。将"韦"置于"行"中，更强调了巡护之意。"衛"的本义指防守。《玉篇·行部》："衞，护也。"本义为守护、保护之意。如保卫、捍卫、防卫。简化的"卫"字从卩，从一。"卩"似人持兵械站立形，"一"表示范围。"卫"为人站立，在所属范围内行保护、防护之职。"卫"后来引申指防护人员，如警卫、后卫。

重地、险关、要塞有人专门把守，故"卫"由本义引申为担任防御守护之职的人。《说文·彳部》："衛，宿卫也。""门卫"指专门看守门口的人，"侍卫"指在帝王左右卫护的武官、侍从或护卫。魏了翁《后殿侍立三首》："奏事臣寮下玉阶，舍人承旨殿东来。一声门外无公事，皇帝还宫侍卫回。"在古代，"卫"也为护卫编制之一。如明代军队屯田驻防编制中，五千六百人为一卫，一般以驻地冠名，后只用于地名，如天津卫、威海卫。

"卫"是周朝国名，在今河北南部和河南北部一带。公元前十一世纪，周武王平定武庚叛乱以后，将原来商都地区和殷民七族分封给他的同母弟康叔，建立卫国，取护卫藩屏周王朝之意。"卫"也是"卫生"的简称。"卫生"为"护卫生命"之简称，即防止疾病，保护生命健康。生命如一座城池，时刻需要保卫，防止外来病邪之敌入侵身体。"卫生"二字表明古人对护卫生命健康的重视，这是养生的基础。中国养生学说注重未病先防，防患于未然，由此发展出一套完整的卫生理论。后来"卫"又引申指干净、不肮脏，合乎健康标准的情况。

"卫"也是中医名词"卫气"的简称。《灵极经·营卫生会》："人受气于谷，谷入于胃，以传与肺，五脏六腑皆以受气，其清者为营，浊者为卫。营在脉中，卫在脉外。"人体之气来自五谷杂粮。五谷杂粮经过胃的消化，精华传入胃中，五脏六腑吸收了消化过的谷物之气，其中清者为营气，浊者为卫气。营气在脉中，卫气在脉外。营卫之气实质上是水谷之气的清、浊两部分，经心肺宣通于经络内外而构成。《黄帝内经·痹论》对卫气有更具体的描述："卫者，水谷之悍气也。其气慓疾滑利，不能入于脉也。故循皮肤之中，分肉之间，熏于肓膜，散于胸腹。"顾名思义，卫气是具有保护作用的气，有护卫肌表，防御外邪入侵，驱邪外出；温养脏腑、肌肉、皮毛，保持体温；调节肌腠的开合、汗液的排泄等作用。因此，当卫气不足时，人体抵抗能力低下，容易患出汗、怕风、外感等症。

身体

人生健康最重要，别拿身体开玩笑。

身 shēn

甲骨文　　金文　　小篆

"身"，象形字。

"身"的甲骨文似怀孕之人侧身而立，本义为怀孕之体，也指怀孕。如"有身"即有孕在身。"身"的字形突出肚腹，以示躯体之意。简体"身"字看似一个人的身体：上面一横撇似人之头颈；中间是人体的躯干部分，下边则像前行的两腿。《说文·身部》："身，躬也。象人之形。"本义为人的躯体，后泛指人、动物的躯体或物体的主要部分。后引申指人的生命或一生，如身世、献身；统指人的地位、品德，如出身、身份。

《诗·小雅·何人斯》："我闻其声，不见其身。"我只听到人说话的声音，却始终没有看见他的身子。"身"在这里指有血有肉骨架子支撑起来的躯体。任何生命形式的存在必须有躯体作为依托，因此"身"字的意义延伸泛指动植物的躯体乃至事物的主体部分，如身躯、身材、身段、船身、树身、车身、机身等。

因为"身"的字形突出了肚子部分，故也有解释说"身"是指除头颅和四肢外的躯干部分。王述之《经义述闻》："人自项以下，踵以上，总谓之身。颈以下，股以上，亦谓之身。"人的身体自脖颈以下，脚以上，总称为身。或者说是脖颈以下，大腿以上也称为"身"。《史记·项羽本纪》："项伯亦拔剑起舞，常以身翼蔽沛公，庄不得击。"项伯拔剑起舞，常常用躯体遮蔽沛公，以防他行刺，项庄得不到下手的机会。这便是有名的"项庄舞剑，意在沛公"的典故，比喻以做某事为幌子，实际上却怀有其他的目的。人与人相距很近自然会身体相触，因此人们也常以"贴身"、"近身"来形容关系密切，如身边人、贴身保镖等。

　　身体是生命存在的外在表现形式，因此，人们在提到"身"时，也暗喻生命。如"亡身"指死亡，丧失生命。儒家提倡"舍身取义，杀身成仁"，这句话历来被为道义、苍生而奋斗终身，不惜抛头颅洒热血之仁人义士终身遵循。"粉身碎骨"是指为了达到某个理想可以竭尽全力，不惜代价。于谦《石灰吟》："粉骨碎身浑不怕，要留清白在人间。""身"指生命，生命之初，孕育生命的过程也被称为"身"，此即"身孕"、"有身"。生命的概念是一个时间段，一个过程。"终身大事"就是通常所说的婚姻大事。

　　"身"亦作自称，相当于自身、自己。如"身不由己"说的是有不能言的苦衷，不得不去做。"身临其境"指仿佛亲身到过那个地方。旧时，年老的妇人称自己为"老身"。王建《田家行》："田家衣食无厚薄，不见县门身即乐。"农家粗茶淡饭平静的生活，不会令人产生攀比之念，远离名利场上的纠纷，我自己就感到非常快乐。

　　"身"从自身、自己之意也可引申指体验、实行。《孟子》："尧、舜性之也；汤、武身之也；五霸，假之也。"尧舜之贤明乃是天性，商汤和周武王亲身试验和推行那些政策，而春秋五霸只是假借贤良的名义去达到他们私人的目的罢了。体验、实行也可以理解为亲身实践，若是挺身而出，主动承担责任，"身"即为担当、担任。李贽《战国论》："中有贤子自为家督，遂起而身父母之任焉。"其中有贤良者，脱颖而出，愿意承当其父母的责任来管理家事、抚养兄妹。

　　佛家认为人生在世，身体不过是一具臭皮囊，一间旅舍，乃是"四大五蕴"之组合。然四大皆空，五蕴无我，何来自我？因而身体并非真是自我的。所以佛家认为，求得身体的永久是没有意义的，是为"寿相"。中国神话故事中有一个英雄名为哪吒，因杀了龙太子闯下大祸，当四海龙王来寻仇时，为了不连累父母，他便将身体上的肉一块一块地剜下来，还给父母，名为偿债。后来他的师父用莲叶和藕为他造了一个身躯。荷藕乃是出淤泥而不染——"清"的象征。人们之所以有这样的臆想，是为了赋予这位英雄以正义清明的象征。因为血肉之身亦是欲望的宿主，既无欲望之累，自然也就不会有诸多烦恼。而这也正是养生所强调的，养生是养身与调心的统一。其中的养身是针对人的生理因素对人的身体要求所提出的标准。具体的养身方法要遵循几个方面，如运动养身、饮食养身、房事养身等。

运动对全身组织器官有非常好的保健作用，故而我们提倡运动养身。当然，也不能一味强调动，而是要"动静结合"，正所谓"静以修身，俭以养德"，"非淡泊无以明志，非宁静无以致远"。"静"应身静、神静、心静。不争名利，恬淡虚无，乐观豁达，善与人交，虽老而不觉老已至，此为养生一大要决。饮食营养是关乎人的身体健康的大事。人类生命的延续就在于"吃"。吃供给生命以不可缺少的能源，所以饮食养身也是养身之关键。

所谓"药补不如食补"，合理营养最好的办法是掌握和遵守合理营养及平衡膳食的原则。养身的这些方法与人的年龄、体质、四时起居以及四季、场所等各方面因素息息相关。这就要求人要视具体情况而定，灵活地遵守这些养生原则，以达到强身健体之功效。

体 【體軆躰】
tǐ tī

骨豊 （體）小篆

"体"，繁体为"體"，异体为"軆"、"躰"。在古代，"体"与繁体"體"是两个字，意义并不同。小篆"體"为形声字，从骨，豊声。

"骨"为骨头，脊椎动物身体里面支持身體的坚硬组织。"豊"字上"曲"下"豆"："曲"表示曲伸，"豆"的甲骨文为盛器形，表示支撑、支柱。故而，"豊"为能屈能伸、可转折、可支撑的部位。"骨""豊"为"體"，意为身体中起支撑以及做各种动作的部位。《说文·人部》："體，总十二属也。"段玉裁注："首之属（有）三：曰顶、曰面、曰颐；身之属三：曰肩、曰脊、曰臀；手之属三：曰肱、曰臂、曰手；足之属三：曰股、曰胫、曰足。"《广雅》："體，身也。"本义为身体。

"骨"是支撑人身体的物质基础，是本体；"豊"为"礼"的古字，是知事达礼、通情达礼，亦是伦理。"豊"是支撑人身体的精神基础，如果无礼，则只剩骨，人则为行尸走肉。所以有"骨"有"豊"方为"體"。

异体字"軆"从身，从豊。"豊"指盛放祭品的礼器，是"礼"的本字；"身"指身体。"體"为人站在盛放着祭品的礼器前弯曲身体行礼；"軆"为人们相见曲身行礼，表示对人有礼节，能伸能屈，举止得体，体态大方，行为规范。异体"躰"从身从本。"本"为根本、基本。"身""本"为"躰"，意为身体的根本。

简化字"体"从人，从本。"人"由头、躯干、四肢组成；"本"是根本。"人""本"为"体"，表示"体"是人之根本，是人的魂魄、活力所托付之所。人体是由功能各不相同的多个部分构成的，故"体"为肢体，是身体的某一部分。《集韵·止部》："体，四支也。"典故"四体不勤，五谷不分"出自《论语·微子》：春秋时，孔子六十多岁了，还在同子路等几个弟子周游列国，希望得到某一国君的聘请，但迟迟没有着落。有一天，子路跟随孔子外出，落在了后面。正着急时，看到一位在田间除草的老者。于是上前问道："您看到我的老师了吗？"老者没好气地答道："四体不勤，五谷不分，孰为夫子（既不劳动，又无生产知识，哪里配称什么老师）！"说着自顾锄起草来，不再理会子路。子路也觉得冒失，就在田边恭敬地站着。后来，老者觉得子路谦恭有礼，就邀请他到家里做客，竭诚款待。第二天，子路赶上孔子说了这件事情，孔子说这一定是个有修养的隐士，返回去想与之攀谈，但未找到。"四体"指人的四肢，"五谷"为黍、稷、麦、菽、稻。"黍"即糜子，北方谓之黄米，可酿酒；"稷"即粟，一说是高粱；"麦"有小麦大麦之分；"菽"为豆类作物总称；"稻"为水稻；"籽实"俗称大米。这五种是古代最常耕种的粮食，泛指百谷。"四体不勤，五谷不分"指手脚不劳动，连五谷都区分不清楚。原为讥笑读书人的话，后形容人懒惰，不爱劳动，脱离实际。

《国语·晋语》："夫君子以目定远，足以从之，是以观其容而知其心矣。木目以处义，族以步目，今晋侯视远而足高，目不在体，而足不步目，其心必异矣。目体不相从，何以能久？"从一个人的目光和脚步是否和谐一致，即可看出他的内心。晋侯恰恰因为他的目足不一暴露了他的异心。成语"五体投地"指两肘、两膝和头着地，是佛教、道教最恭敬的礼节，比喻敬佩到了极点。

人和动物的身体都是有一定形态的，故"体"由身体引申为事物形体。《玉篇·骨部》："体，形体也。"如液体、长方体。形体是物质存在及其特征、属性的外在证明和表现，故"体"有体现、表现之意。《易·系辞下》："阴阳合德，而刚柔有体。以体天地之撰。"孔颖达注曰："天地之内，万物之象，非刚则柔，或以刚柔，体像天地之数也。"在天地之间的万事万物之象，不是刚强的、坚硬的，就是柔弱的、柔软的，或是刚柔相济的，这些特征体现了万物的"数。"

"体"还指文字的书写形式、文章的体裁风格等。字体有篆体、隶体、楷体等。文体有古体、近体，有骈体、散体等。"体"为人之本，也可引申为事物的本质、本性。《古今韵会举要·齐韵》："体，质也。"《吕氏春秋·情欲》："万物之形虽异，其情一体也。"万物虽然外形、情状各不相同，但它们的本质是一样的。"体"还指亲身经验、体察。"身体力行"指亲自勉力实践；"体认"指体察认识。由此引申为体贴、体谅，设身处地为人着想之意。《篇海类编·身体类·骨部》："体，体贴。""体国"指关心国家；"体悉"指体谅了解。

"体"的另一个读音为"tī"，指亲近的、贴心的。如"体己话"指贴心话；"体己人"指亲近、可靠的人；"体己钱"指家庭成员个人的积蓄。

"人是铁，饭是钢，一顿不吃饿得慌"。语虽俚俗，却道破养生真谛，是以体为本、保本固精的哲明之言。"人""本"为"体"，拥有健康的体魄是事业成功、生活幸福、国家昌盛的基础。因此每个人都关注自己的健康，每一个国家都很重视发展体育运动、增强国民体质。国内、国际上经常组织不同规模的体育竞赛。体育竞赛的宗旨不仅仅是推动体育事业的发展，更是为了弘扬优良的体育精神和体育道德。在某种程度上，努力拼搏、坚韧不拔、友好合作、公平公正的体育精神比体育成绩更重要。

补泻

补是补不足，泻是泻有余，补泻也要遵守阴阳之道。

补 【補】
bǔ

补 小篆

"补"，繁体为"補"。形声字，从衣，甫声。

"衣"指衣服；"甫"可视为"辅"的省字，指辅助。"衣""甫"为"補"，是说衣服破损后须要用其他辅助材料进行修补，使其完整，从而延长衣服的使用寿命。《说文·衣部》："補，完衣也"。本义为补衣服使其完好。

简化字"补"从衣，从卜。"卜"是古时占卜用的兽骨，火烧后出现裂纹。将衣服的破损之处缝补后，都会留下一些纹路或痕迹，所以"衣""卜"为"补"。《吕氏春秋·顺说》："田赞衣补衣。"第一个"衣"是动词，指穿着。田赞穿着打补丁的衣服。

"补"由本义引申，指把破损的东西修整好，如补锅、修补等；又指把不足或者缺少的部分填充齐全，如补丁、补充、补课等。旧时官有缺位，朝廷要选员补充，所以"补"也指补充官场上的缺漏，即就职、任职之意。如"补外"指京官调外地就职；"补官"指补授官职。"补"还指抽象意义上的修补，如成语"补天济世"，意为修补天道，救济世人。中国古代神话中有"女娲补天"的传说：传说黄帝之子颛顼与炎帝之子共工为夺帝位发生争战。共工败后怒触不周山（今昆仑山，传说中的擎天石）。不周山轰然断裂，天塌西北，地陷东南，穹顶裂开一个口子。于是女娲氏炼五色石以补苍天。后来用"补天"比喻挽回时运。将原本已经破损的衣服修补完整，使破衣服能再度使用，同时也挽回了穿衣人的颜面，所以"补"还有帮助、救助之意。

《荀子·王制》："收孤寡，补贫穷。"收留孤寡无依的人，救助贫穷的人。衣服破损，须要修补；人有缺陷，也要善"补"，即"取人之长，补己之短"。只要善于向别人学习，自身就能得到不断地完善和提高。所以"补"又有补充、完善和提高之意。做错一些事情，造成了损失，就要尽力弥补，以使损失减小到最低的程度，这就是补过，所谓"亡羊补牢，为时未晚"。然而不是所有的过失都能弥补，所以做事要深思熟虑，三思而后行，避免事后补过。

"补"对于人的身体而言，就是补充营养，使体魄健壮。如补充水分、补充维生素、补充钙质等。所谓"实则泻之，虚则补之"。"补"还是中医学里的专有名词。中医认为，虚症和实症可以互相转化，所以中医治病，一般在开始时都要以甘味使病人健脾胃，以补充其身体的能量，然后再根据具体病情进行治疗。同时，传统医学保健观认为药食同源。因此，古人对食补的研究也甚为深奥完备，如春季补肝、夏季补心、秋季补肺、冬季补肾等。古人认为，不同的食物所补的方向与内容各有不同：有的食物可以补气，有的食物可以补血，另有一些食物则可以滋阴或壮阳。比如，人出现食欲不振、食后腹胀或腹溏、容易感冒、脉虚无力等气虚不足的症状时，须食用补气类食物，如红枣、鸡肉、猪肚、桂鱼等；当人呈现面色苍白或萎黄、头昏眼花、心悸失眠、手足麻木、舌淡、脉细无力等血虚不足症状时，应食用补血类食物，如胡萝卜、荔枝、桂圆、花生等；当人呈现形体消瘦、口燥咽干、午后潮热、低热、盗汗、两目干涩、眩晕失眠、大便秘结、苔少舌红、脉细等阴虚不足的症状时，应食用补阴类食物，如燕窝、龟肉、猪蹄、银耳等。

现在很多人都有认识上的误区，觉得补充营养必须服用补药。其实食物中的营养更容易被人体吸收，所以食补才是根本。一般说来，人想吃什么往往就是身体缺什么，自然就该补什么。比如胖人爱吃肉，是因为肥胖的人需要的能量比一般人要多，而肉可提供丰富的能量。不过，我们也应注意不能补自己想补的，而是要补自己该补的，否则营养过剩，进补不当，反而适得其反。

泻 【瀉】

xiè

"泻",繁体为"瀉"。形声字,从水,写声。

水具有流动性,"泻"从"水",表示与水的特性相关;"写"为书写,古时书写自上而下,纵书成行。"泻"的字形为水自上而下地流、急速地流,意即倾泻。《玉篇·水部》:"泻,倾也。""写"有倾诉、倾吐、抒发之意。"水""写"为"泻",即水流自然而然、不受控制地倾情而出。"写"与"水"相合,又可意为自然地抒发、排遣,像水流一样随其所欲,意求舒畅。故而"泻"既有抒发之意,也有消散、排泄之意。

只有从高处急速流下的水,才能称之为"泻",在比较平缓的坡度上流动的水,只能称之为"流"。南宋陆游《雨夜》:"急雨如河泻瓦沟,空堂卧对一灯幽。"下雨的时候,雨水落在瓦片上,汇聚成一条条小溪顺着屋檐流下来;若是雨势很大,檐前的水流就好像悬垂着一幅幅的瀑布,因此诗人形容其为"急雨如河",仿佛千万条河流从瓦沟上面倾泻而下。"泻"可以用来泛指液体或气体快速倾泻,如"泻泪"形容泪流如注,"泻溜"指泻下小股水流,"泻月"形容泉水如月光倾洒。"泻润"谓雨水倾泻滋润,旧时也用以盛赞帝王对臣下所施的恩泽。"泻水著地"意思是水倾泻在地上,随地势而流注,比喻只能任其自然。南朝宋刘义庆《世说新语·文学》:"譬如写水著地,正自纵横漫流,略无正方圆者。"其中"写"即"泻"。"悬河泻水"指河水直往下泻,形容说话滔滔不绝或文辞流畅奔放。唐代房玄龄《晋书·郭象传》:"听象语,如悬河泻水,注而不竭。""银河倒泻"意思是像银河里的水倒泻下来,形容雨下得极大,像泻下来的一样。唐代李白《庐山谣寄卢侍御虚舟》:"金阙前开二峰长,银河倒挂三石梁。"

"泻"是一种强度非常大的动作,水一滴不剩地倾泻下来,用于人即可形容倾其所有,没有丝毫保留。"泻囊"即倾囊,指拿出所有的钱。清代蒲松龄《聊斋志异·王六郎》:"竭力办装,奔涉千里,殊失所望;泻囊货骑,始得归。"竭尽全力置办行装,奔波千里之遥,然而事情终究不如意,财物也所剩不多,只好倾囊所有,买得一匹马,这才赶了回来。

"泻"还有腹泻之意思，俗称拉肚子。腹泻原因有很多种，如肝气乘脾泄泻、脾虚泄泻、肾虚泄泻、水饮留肠泄泻及瘀阻肠络泄泻等。一般的腹泻吃点药就会好了，但是如果不及时医治，形成久泻，则将导致脾胃益虚，日久损及肾，脾肾同病。若肾虚进一步发展，既不能温煦于脾，又不能固涩于下，致使泄泻无度，那病情就相当严重了。"七情泻"为病症名，指因情志刺激过度而致泄泻。《医学入门》："七情泻，腹常虚痞，欲去不去，去不通泰。"《景岳全书·杂证谟》："凡遇怒气便作泄泻者，必先以怒时挟食，致伤脾胃，故但有所犯即随触而发，此肝脾二脏之病也，盖以肝木克土，脾气受伤而然。"

中医云："虚则补之，实则泻之。"此处的"泻"指引导、疏泄，是用来治病的一种方法。补或泻，是中医学施治的原则。很多人以为，补或泻只是药物治疗的法则，其实针灸也是可以通过针刺的手法来达到补虚泻实目的的。《灵枢·九针十二原》："虚实之要，九针最妙，补泻之时，以针为之。"古代医家在长期的医疗实践中，创造和总结出了不少的针刺补泻手法。"泻"有时是人体自身一种自我调节排毒的表现，所以并不是所有的"泻"都要用止泻药来治疗。

日常生活中，有很多人上火之后，自己随便吃点下火药，意图用泻火的方法来治疗。但是并不是所有的火都能通过泻药治愈的。具有清热泻火功效的中药性寒味苦，用其治疗实热火证效果颇佳，若用其治疗因阴虚而致的虚火，则不但达不到治疗目的，反因为苦寒易化燥伤阴而使阴虚更盛，虚火更重。"泻"即是病，又是治病的方法。但无论是作为病症，还是作为治疗的方法，都必须谨慎对待，不可掉以轻心。

针灸

上功剌未病，中功剌已成，下功剌已衰。

针 【針鍼】
zhēn

鍼 （鍼）小篆

"针"，繁体为"針"，异体为"鍼"。形声字，从金，咸声。

"鍼"从"金"，表示针是由金属制作而成；"咸"为协、同之意，意为针需与线共同使用方可缝织衣物。针是缝织衣物引线用的工具，其形修长尖锐，尾部开小口，线由以贯穿。《说文·金部》："鍼，所以缝也。"

针又用于医疗，即针灸疗法所用的针。针灸所用之针数量较多，每根针刺于不同的穴位上，从而疏通经脉。因其是多针协同使用，使经脉流转协调，同时亦是针与艾草相协作的结果，故"针"字从"咸"。

古代最初以石、骨、竹、木为针，尤以竹制为多，故"针"字初写为"箴"；后随着冶炼技术的提高，金属针出现并广泛应用，故又从"金"，写为"鍼"。"針"是"鍼"的俗写。

简化字"针"为会意字，从"金"，从"十"。"十"像交叉的线脚之形，"针"为引线成"十"字形的金属用具，即缝衣之针。数满于十，"十"为数之成，无针则衣不可成，故"针"从"十"，表示针是制衣必有之物。"十"为十全十美、完美，针的发明使古人得以拥有完整的衣服。

"十"为大数，代表多，与针灸疗法多针齐刺的现象相合。"十"字只有一个交叉点，针灸是将针刺入人体穴位进行疏阻的治疗方法，刺穴时不仅深浅有别，更不容有丝毫偏差，好坏只在毫厘之间，故"针"从"十"，表示刺穴需准。

成语"穿针引线"、"见缝插针"等都是在缝纫工作中总结出来的。随着技术的进步，针越来越细。我国传统的刺绣，便是用各种型号的细针所为。"暗度金针"用于比喻传授秘诀，又借指幕后交易。"金针"比喻秘法、诀窍；"度"通"渡"，指越过，引申为传授。《桂苑丛谈·史遗》中记载了一个传说，有位叫郑采珠的姑娘，七夕祭织女，织女送她一根金针，从此她刺绣的技能更为精巧。"暗度金针"的典故由此而来，或作"金针度人"。金代元好问《论诗》："鸳鸯绣出从教看，莫把金针度与人。"

"大海捞针"指在大海里捞一根针，形容极难找到。元代柯丹丘《荆钗记·误讣》："儿，此生休想同衾枕，要相逢除非东海捞针。""绵里藏针"意思是棉絮里面藏着针，比喻外貌和善，内心刻毒，也比喻柔中有刚。清代西周生《醒世姻缘传》："当日说知心，绵里藏针。"或作"绵里针"。元代王实甫《西厢记》第三本第四折："笑你个风魔的翰林，无处问佳音，向简帖儿上计禀。得了个纸条儿恁般绵里针，若见玉天仙怎生软厮禁？俺那小姐忘恩，赤紧的偻人负心。"

"只要功夫深，铁杵磨成针"。这句谚语的意思是只要有决心，肯下功夫，多么难的事也能做成功。这个谚语与李白有关。据宋代祝穆《方舆胜览》记载，李白在象耳山中读书，学业未成，即弃去。一天，他在山下小溪旁边遇见一位白发婆婆在那里磨铁杵，李白问她在干什么，她说要磨一根针。李白表示很不理解，老婆婆说："只要功夫深，铁杵也可以磨成针。"李白顿时领悟，从此刻苦读书，终于成才。

"针"为针灸。针灸所用之针是中医特制的金属针。针灸是我国传统医学的组成部分。从狭义上说，是通过针刺与艾灸调整脏腑经络气血的功能，以达到防治疾病的目的。从广义上说，则可以用来表示整个针灸学科，包括经络、腧穴、针灸方法及临床治疗等内容。针灸在我国有着古老的历史，可以追溯到原始社会。早在新石器时代，人们就利用锐利的小石片砭刺人体的某一部位来治疗疾病。伴随着火的使用，人们逐渐发现身体的某一部位受到火的烤灼，可以减轻病痛或有舒适感觉，这是早期的针灸术。战国时期，随着铁器的推广应用，砭石逐渐被金属制造的九针所取代。金属针的使用带来了针灸术的飞跃发展。晋代医学家皇甫谧把《黄帝内经》、《明堂孔穴针灸治要》等书的针灸内容汇集整理为《针灸甲乙经》。这是一部体系完整的针灸专著，对后世针灸学的发展产生了不可估量的影响。隋唐的针灸学已经成为专门的学科。到宋朝，医官撰述了《新铸铜人腧穴针灸图经》，并广泛发行，而且制造出了最早的针灸模型。明代产生了大量的针灸学著作，其中最有代表性的是《针灸大成》。随着西医进入我国，到了重药轻针的清朝，针灸逐渐被冷落。新中国成立后，针灸重新受到重视。"短针攻疽"意思是用短针治疗毒疮，形容措施不当，难以奏效。汉代桓宽《盐铁论·大论》："设礼修文，有似穷医，欲以短针而攻疽。"

"针"由本义引申，指细长像针的东西，比如钟表上的时针和分针，还有医院中注射用的针头等。又如我国的四大发明之一"指南针"。最初的指南针是用天然磁石制成的，古人称之为"司南"。后来人们掌握了人工磁化技术，指南针应运而生。再后来，指南针被运用于航海，发挥出巨大的作用。

"针"作名词，还指针剂，例如"打针"、"防疫针"、"预防针"等。注射防疫针是指向机体内注射抗原，通过抗原的刺激作用促使抗体产生，从而对某些传染病产生免疫力。防疫针并非多多益善。过多地注射疫苗，有时反而会使免疫力降低，甚至无法产生免疫力，这在医学上叫"免疫麻痹"。另外，注射疫苗类似于以毒攻毒，各种疫苗都是用病菌、病毒或它们产生的毒素制成的，尽管经过杀灭和减毒处理，但仍有一定毒性，接种后可引起一些不良反应。所以对待疾病，最根本的方法还是在于日常的锻炼、饮食和保健。

"顶针"是中国常用的民间缝纫用品，箍形，用于增强进针的力量。"顶针"又为一种修辞格，又称"顶真"、"联珠"或"蝉联"，指用前一句结尾之字作为后一句开头之字，使相邻分句蝉联。这是一种比较常见的对联手法，也很能体现汉字的特色。还有一种比较特殊也不太常见的顶针格式，叫连环格，全联相邻的分句全都顶针，且联首与联脚也顶针。"顶针续麻"是首尾相连、循环往复的一种文字游戏，宋、元以来十分流行。一人说一条成语或诗文，下一个人以其尾字为首字，接着再说，说不出者为负，罚饮酒或其他。

炙 zhì

炙 小篆

"炙"，会意字，从肉，从火。

"炙"的小篆字形，上为肉，下为火，会肉在火上烤之意。《说文》："炙，炮肉也。从肉，在火上。""炙"的本义为烤、烧烤，将肉放在火上熏烤；引申作名词，表示烤肉；"炙"还引申为烧灼、烘烤、烘干、曝晒以及熏陶等。

"炙肉"即烤肉。"炙手可热"指手摸上去感到热得烫人，比喻权势大，气焰盛，使人不敢接近。杜甫《丽人行》："炙手可热势绝伦，慎莫近前丞相嗔。"唐代郑綮《开天传信记》："安乐公主，上之季妹也。附会韦氏，热可炙手，道路惧焉。"

"炙"作名词，表示烤肉。"脍炙人口"指美味人人爱吃，比喻好的诗文受到人们的称赞和传诵。"弹求鸮炙"意思是看到弹丸，就想得到吃到美味的烤鸮肉，比喻过早估计实效。《庄子·齐物论》："且女亦大早计，见卵而求时夜，见弹而求鸮炙。"

"炙"由本义引申，有烧灼之意。《汉书·戾太子传》："炙胡巫上林中。"又有曝晒之意。晋代嵇康《与山巨源绝交书》："野人有快炙背而美芹子者，欲献之至尊。"还有受熏陶之意。"亲炙"比喻直接得到某人的教诲或传授。《红楼梦》："久仰芳名，无由亲炙。""炙"还是中药炮制法之一，指把药材与液汁辅料同炒，使辅料渗入药材之内。

诊断

健康涉及生理、心理和伦理，而不只是身强力壮。

诊 【診】
zhěn

小篆

"诊"，繁体为"診"。形声字，从言，珍省声。

"言"为语言，表示说话，用于询问或解答；右半部从人，从彡。"人"是"诊"的参与者，这里指医生；"彡"本义为细密柔软的毛发，引申为细密，说明诊的过程要详细、认真。

"诊"是医生为确定病症而察看患者的身体症状，并向患者或陪同家属询问相关病症的过程。《说文·言部》："诊，视也。"本义是看病，如诊断、诊脉等。"彡"也有理顺、梳理之意，诊断要对人进行全面的检查，根据具体的症状加以综合分析，得出结论，从而理清头绪，对症下药。

中医诊病的传统方法讲求"四诊"，即望、闻、问、切。"望"是根据病人的神、色、形及排泄物进行观察和诊断。"闻"是听病人的声音或嗅气味推测病因，具体是闻声音、呼吸、呕吐或病气等。"问"指对病人或陪同者进行一些询问，比如病人的生活习惯、发病及治疗经过、以前的病史或有无家族病史等。"切"是指为病人号脉，从脉象上了解病情。这四种方法是中医行医的法宝。

"诊"中之"彡"为梳理、理顺、疏通。气不顺则淤于胸，血不通则经络阻，外邪侵则内气怠。所以中医诊治的一切手段如药物调理、点穴推拿、针灸拔罐等，都是为了把原来不顺之处理顺，不通之处疏通，达到通经络、活气血的效果，而血活气通自然疾病痊愈。

"诊脉"是中医学专门分列出来的一门学科。长期以来，中医积累了丰富的诊脉经验。《黄帝内经·素问·脉要精微论》中的内容，经过人们不断地补充和完善，逐渐形成了中医独具一格的脉象诊断理论。诊脉的要领在于诊察病人脉搏的动静，同时细心观察其两目瞳神、面部色泽，分辨五脏是有余还是不足，六腑是强还是弱，形体是盛还是衰。诊脉最好是在天刚亮阴气尚未扰动、阳气还没有散尽之时进行，即老人常说的少阳。因为此时人没有用过餐，经脉之气不会亢盛，络脉之气很调和，气血没有被扰乱，这时候的脉象最准确。

《西游记》中齐天大圣诊脉手段堪称一绝，唤作"悬丝诊脉"，即将丝线一端绕在病人脉口上，一端连在自己的手指上，以此来号脉断病。在我国传统小说和戏剧里，也常有太医为皇后、皇妃悬丝诊脉的描述。历史上，悬丝诊脉确有其事。然事实上，在悬丝之前太医已经通过太监和侍从之口充分了解皇妃的病情，悬丝诊脉只不过是一个维护宫廷礼制的形式而已。中医与西医诊病有很大区别。其主要区别就是一个"人"字。中医以人为主体，因人而异。医生的经验与判断力是决定因素。如脉象有虚实、沉浮之分，但虚症也有脉实的现象，实症也有洪滑虚浮的假象，这就要看医生的判断力了，而西医则不然。西医诊病主要依赖仪器和设备，量化治病。无论是胖是瘦、是老是幼，量体温、测血压、抽血化验、粪便化验、仪器透视、拍片等程序都是一丝不苟，然后经过分析化验的数据和拍摄的图片确定病因、病理。医生需要对仪器的使用、数据的分析等有充分的知识储备和操作经验。中医重视经验的积累，宏观、动态地判断病症；西医则重视数据的检测，微观、静态地判断病情。

【斷】

duàn

小篆

金文"断"，繁体为"斷"。会意字，从四糸，从乚、一，从斤。

"糸"为丝束、千丝万缕；"乚"为隔离，表示一定的范围。"一"为隔开、隔离；"斤"为斧头，用来斩劈物体。"斷"中四个"幺"是"糸"

截去下部之形。"斷"表示用"斤"把上下相接的两束"系"斩断为不相连的"幺",其中"乚"、"一"指示丝束的断裂口。即用斧头把有千丝万缕相连的物体斩断。"斷"的本义为截开、截断。《说文·斤部》:"断,截也。""斷"又可视作从幺,从匕,从斤。"幺"指小,"匕"为匕首,"斤"是斧子。一个整体断了就会变成几个小的部分,所以"斷"中有四个"幺",用匕首、斧子等工具把东西断开了。

简化字"断"从米,"米"的字形是四个不相连的笔画被"十"字隔开,也是截开、斩断之意。一把斧头能斩断的事物有限,一个人能断绝的关系也有限,所以"断"以"乚"来约束,先把东西收拢了,在一定的范围里才能彻底斩断,断而不乱。

《孔雀东南飞》中的刘兰芝"三日断五匹,大人故嫌迟",是说焦仲卿的妻子只用三天就织好了五匹布,婆母还嫌她做得慢。古时候,每织满一匹布的时候就把布裁断卷好,这里的"断"为裁断,是"断"的本义。《三字经》中的"子不学,断机杼",引用的是千百年来传为美谈的孟母断织的典故。这里的"断机杼",其实就是剪断布匹。

"断"由布匹的裁减引申开来,可以泛指把物体从中间分开。《易·系辞上》:"二人同心,其利断金。"是说两个人齐心合力,就会锋利无比,可以使坚硬的金子断开。古人用"割袍断义"来形容两个朋友绝交。"断井颓垣"是说井栏断裂、墙垣坍塌,形容建筑物残破的景象。在形容人极度悲伤的时候,常用"断肠"一词。马致远的《天净沙·秋思》中就有"夕阳西下,断肠人在天涯"的名句。成语"断章取义"指引证书籍,只取其中的一句或数句,而不顾及全文的内容。"断代史"是相对于通史而言的,是记述某一个朝代或某一个历史阶段史实的史书,如《汉书》、《宋史》等。

一件始终延续的事情,如果突然间停止,就如同物品被折断一样。"断"的左半部可视为"继"的省字,"继"为继续,连续。"斤"为斧子。原本连续的事物被斧子斩断当然不能继续了。由此,"断"为停止。粮食吃光了,又接济不上,叫作"断粮";一个人戒了酒可以说成"断酒"。"断"为果断。"断"从斤,代表刀斧。刀斧是锐器,可以断物。为人处世要深谙"当断不断,必遭其乱"的古训,关键时刻就是要有利斧劈物般的气魄，做到"当机立断"，切忌"优柔寡断"。

当某件事情出现麻烦时，要判定其对错，衡量其得失。这个过程正如快刀斩乱麻，把纷扰的东西切断，以便整理出头绪，再决定解决的方案。由此，"断"引申为判断、裁决的意思。"臆断"是凭主观猜测判断，"武断"为只凭主观判断就妄自行动。葛洪《抱朴子·微旨》："世人信其臆断，便其短见，自谓所度，事无差错，习乎所至，怪乎所希。"世人往往相信自己凭主观想象和猜测而下的判断，凭仗自己的短见，自认为所揣度的事无差错。苏轼《石钟山记》："事不目见耳闻，而臆断其有无，可乎？"任何专家、学者都不可能无所不知，样样精通，如果总是自恃权威，自以为是，本来自己不内行，却非要去臆断、武断，不但贻笑大方，有时还会误导民众和国家，造成严重后果。

"断"中的一横均匀地等分了四个"幺"，说明判断一件事情必须要本着公正的态度，要不偏不倚。古代把判决案件叫作"断案"，现在叫作审判。二者都要求重证据，重口供，深入调查，细致剖析，最忌捕风捉影，主观臆断，徇私舞弊。

寒热

智者养生必顺应四时寒热。

寒 hán

金文　　小篆

"寒"，会意字，金文从宀，从艸，从人，从仌。

"宀"的甲骨文为房屋形，表示屋舍；"艸"是柴草、草席；"仌"是"冰"的古字，冰是在极低的温度下由水凝结而成的物质。"宀"下有"艸"，可理解为房舍由草搭盖而成，防风防寒的功能差，同时屋内除了草之外别无他物；"宀"中有"仌"，可理解为房内温度很低，冰冷彻骨。《说文·宀部》："寒，冻也。"

"冻"即是寒，是冷到极点。《列子·汤问》："凉是冷之始，寒是冷之极。""寒"的本义为寒冷，如寒冬、寒风、寒衣、寒冽、寒战。将"寒"视作"塞"省"土"，从仌。"塞"为填塞、充满。"寒"是四周被冰堵塞，充满着寒气，使人备感寒冷。

"寒"引申为凋零、枯萎。苏轼《卜算子》中有"拣尽寒枝不肯栖"的句子，"寒枝"便是叶子落尽的树枝。"寒"又指人的家境贫寒、卑微。两晋之时，实行九品中正制，人以门第分上下，出现了"上品无寒门，下品无士族"（《晋书·刘毅传》）的现象：居于上位的没有出身于贫寒卑微人家的子弟，居于下品的也没有权贵家族的后代。于是，"寒"又成为人们的自贬自谦之辞，如把自己的房舍称为"寒舍"，把自己的家族也称为"寒族"。

"寒"是六淫之一，是一种来自环境影响的致病因素，其性质与致病特点有三：其一，"寒"从仌，是极冷之气，属阴邪，易伤阳气；其二，"寒"从塞省，寒性凝滞，寒邪或阴寒内盛，可致使气血凝滞、脉络不通；其三，寒邪犯及肌肤，则毛窍腠理闭塞，犯于经络关节，则经脉收引，出现筋肉拘急痉挛，关节屈伸不利，如有滞塞。

清明节前一日或两日是我国传统的"寒食节"。每到这一节日，老百姓家家户户不动烟火，只吃冷食、喝凉水，故名"寒食"。传说是为了纪念一位叫介子推的贤人。春秋时期，晋献公的儿子重耳为躲避母后陷害，带着介子推等人流亡国外。有一回，重耳生病，野菜树根难以下咽，介子推便割下自己的大腿肉做汤给他喝。重耳得知后痛哭流涕，发誓一定要好好待他。后来重耳夺得晋国国君的宝座，对当初落难时跟随的众臣大加封赏。介子推推说身体不好，与母亲隐于深山。重耳去寻找他，到了山前却呼唤不出，重山叠嶂又无法搜山。他心想介子推是孝子，如放火烧山，定会背着母亲出来。不想介子推与母亲抱在一起，烧死在一棵树下。这天正好是清明前一日。这事传出去之后，百姓有感于介子推的忠孝，每到他的祭日便戒火寒食。

《易·系辞下》："寒往则暑来，暑往则寒来，寒暑相推而岁成焉。"寒冷的季节过去，炎热的季节到来，春秋代序便有了一年四季。"寒"是寒冷的季节。成语有"噤若寒蝉"。"蝉"即知了，夏天时喧噪不休，秋深天气转寒时就不再鸣叫。四季之中冬季最冷，所以"寒"多用来形容冬天的气候。气候寒冷，万物深藏，阴气旺盛，阳气潜伏。所以冬季养生就要避寒就温，与天地相应和：早卧晚起，以待日光，等旭日东升，再开始户外活动，在太阳未落之时便入户休息。这样能够尽量地接触阳气以平衡体内阴阳，避免阴气太过而遭寒邪。根据秋收冬藏的道理，冬天是潜藏积蓄的季节，人应该慎房事，保精血，使体内阳气不散以抗外寒。《黄帝内经》云："动作以避寒。"冬天气候冷，人若不动，则血气不行，所以应该多运动，增大呼吸量，使气血流转加速，从而起到御寒保暖、强身健体的功效。冬季日短夜长，气温低，人的活动相对减少，机体消耗也减少，睡眠足，胃口好，易于吸收和储藏养分。冬季养生，要而言之，无外乎避寒、运动、滋补。

热

【熱】
rè

热 小篆

"热"，繁体为"熱"。形声字，从火，执声。

"埶"古通"势"，指力量、威力；"火"是物体燃烧发出的光、焰、热。"埶""火"为"热"，意指物体燃烧起火而带来的威力，即使温度升高。《说文·火部》："热，温也。""热"本义为温度高，与"冷"相对。

简体"热"从执，从火。"执"有持握、掌握、凭证等意。"执""火"为"热"，意为温度因火而高。热是温度高的来源，温度高是热的结果。

"热"本义为温度高。"不冷不热"指温度不高不低，冷热适中；亦比喻对人态度一般。清代文康《儿女英雄传》第三十五回："便见他一只手高高儿的举了一碗熬得透、得到不冷不热、温凉适中、可口儿的普洱茶来。""水深火热"指老百姓所受的灾难，像水那样越来越深，像火那样越来越热；比喻人民生活极端痛苦。《孟子·梁惠王下》："如水益深，如火益热，亦运而已矣。""热"由温度高之义也可引申指热的物体，作名词。《诗·大雅·桑柔》："谁能持热，逝不以濯。"这里的"持热"就是手里拿着滚热的物体。

"热"作动词时，意为加温、使之热的意思，就是使某种东西由凉变热。"热饭"就是使用热源给饭菜加热。"热"还比喻指有权势的、权势显赫的。"热官"指权势显赫的官吏；"热势"指显赫的权势；"热地"比喻权势显赫的地方。成语"炙手可热"就是用来比喻权贵气焰盛极一时的情形。唐代杜甫《丽人行》："炙手可热势绝伦，慎莫近前丞相嗔。"有了权势的人，无论走到哪里，都会受到一大批逢迎拍马、蝇营狗苟之徒的笑脸相应和热情的款待。权力会给人带来更多的权力欲，手握权力的人总是想把自己的权力无限地扩大，直到遇到有界限的地方才会停止运用自己的权力。而没有权势的人想方设法接近有权力的人，让他在权力范围内给予自己方便。正所谓"饥则燠，饱则扬"，是人之通病。"热"由权势显赫又引申出值得关注、值得重视之义，如"热门"、"热点话题"。

　　"热"在中医学上泛指因外感而引起的热性疾病。"热入血室"意为热邪进入下焦、胞宫；"热风"指由风邪挟热所致病症。"热"是个专业术语，现代医学上常用来指反常的人体高温、发烧。"实热"为中医症名，指邪气盛实之发热。《张氏医通·寒热门》："凡暴热不止，脉滑数或洪盛，皆为实热。宜随表里孰轻孰重而清理之。""心热"泛指心的各种热性病证，又称心气热。火气通于心，而心主血脉，藏神，故心气亢盛多表现为火热之证，影响神志及血脉。

　　"热"还可以用来形容人的情绪和感情方面的表现积极。晋代陶渊明《影答形》："身没名亦尽，念之五情热。"这里的"热"是激动的意思。这句话的意思是当一个人在生命即将终结的时候，名声也随之消亡，一想到这些，心中就不免要激动起来。成语"热泪盈眶"中的"热"也有此义，指非常激动或感动，泪水溢满眼眶。"古道热肠"指待人真诚、热情。"古道"指上古时代的风俗习惯，形容厚道；"热肠"指热心肠。清代邹弢《三借庐笔谈·余成之》："同邑余成之，杨蓉裳先生宅相也，古道热肠，颇有任侠气。""热"也有情深意切的意思，故又可引申指男女恋爱。进入恋爱状态的人们所有的感情及状况称为热恋。"热"是一种感情的状态，它也是需要表达的。有"热"的词语都与积极主动的情绪有关，如"热心"、"热诚"、"热情"等。"热"还有受欢迎的意思，"热秀"是受欢迎的表演节目。"热"还有羡慕的意思，看到别人取得的成就心痒痒的想去做，这叫"眼热"。

　　含有热字的成语较多，如"热情洋溢"、"热火朝天"、"热血沸腾"、"趁热打铁"、"热锅上的蚂蚁"等。"耳热眼花"指眼睛发花，耳朵发热，形容饮酒微有醉意，精神兴奋的感觉。南朝梁简文帝《筝赋》："耳热眼花之娱，千金万年之寿。""热锅上的蚂蚁"指经过加热的锅上的蚂蚁，是比喻人们焦急万分，坐立不安的样子。"热"的引申义就有烦躁的意思，如"热躁"指焦躁、焦急。

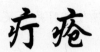

疔疮

"疔疮先出血，内毒以寒泻"是中医的常识。

疔 dīng

"疔"，形声字，从疒，丁声。

"疒"是"病"的本字；"丁"可表示极小、小方块儿的意思，也是"钉"的本字，钉子虽然小，但是却能较深地扎进物体的内部。"丁"在"疒"下，意味着"疔"是一种占有面积不大但却在体内有一定的深度，像钉子扎在肉体中一样刺痛的疾病。《字汇·疒部》："疔，疮名。""疔"也叫疔疮。《集韵·青韵》："疔，病创。"

疔疮因其形状小、扎根深、如钉之状而得名。《千金方》："丁肿初发时，突起如丁盖，故谓之丁。"疔在初起时，有粟米样小泡，形如钉状，其根较深，或痒或麻，或焮赤肿痛，然后肿势逐渐增大，四周浸润明显，疼痛剧烈，约经5—7天，溃出脓栓，肿消痛止。

疔，发无定所，随处可生，一般以头面及四肢较为多见。疔的种类很多，其命名因所生长部位不同而异。生在面部，发于人中的，名人中疔；发于口角而使口不能张开的，名锁口疔；此外还有印堂疔、鼻疔等。又如生于四肢的，发于手指各处的，名指疔；发于足趾的，名趾疔；此外还有蛇头疔、水白疔、蛀节疔、虎口疔等。

疔是中医外科常见病之一，四季均可发生，多因饮食不节，外感风邪火毒及四时不正之气，脏腑蕴热，大毒结聚而发。《正字通·疒部》："疔，恶疮。"疔是一种毒疮，毒性较之痈疖要重，所以中医把症状严重的疔疮称为疔毒。元代王实甫《西厢记》第五回第四折："夫人听谁说？若有此事，天不盖，地不载，害老大小疔疮。"清代曹雪芹《红楼梦》第二十六回："我再敢说这些话，嘴上就长个疔，烂了舌头。"可见长疔是一件既难受又糟糕的事情，要不然为什么用此来发毒誓呢？

其实，不仅人有可能长疔，植物也会长疔。杏疔病是一种主要以侵害新梢、叶片，也侵害花和果实的植物病症。因其症状与人所生的疔疮有某些相似而得名。

疮 【瘡】
chuāng

"疮"，繁体为"瘡"。形声字，从疒，仓声。

"疮"从"疒"，表示与疾病有关；"仓"可视为"创"的省字，意为创伤。"疮"是皮肤上肿烂溃疡的病，一般是由于皮肤受到外界伤害所致。"仓"也有仓库之意。"疒""仓"为"疮"，即病聚仓中，也就是说，病毒聚集于一处形成"疮"。《玉篇》："疮，疮痍也"。

疮是皮肤病的一种。古代医学对于"疮"的界定并不是很明确。一般来说凡是痈、疽、疖等都可以称为"疮"，因此"疮"在古代就是各种皮肤疾病的泛称。

成语"挖肉补疮"形容只顾眼前一时，用有害的方法来救急。唐代聂夷中《咏田家》："二月卖新丝，五月粜新谷。医得眼前疮，剜却心头肉。"历史上有许多大人物都与疮有很大关系。东晋葛洪《神仙传》记载，道教的炼丹高手李脱想把自己的仙术传给他的徒弟唐公房，就让唐公房为自己舔疮疗疾以试其诚，最后唐公房得到了李脱传授的丹经一卷。这是因疮得福的例子，当然也有因疮得祸的事情。明朝建国之后，明太祖就开始实行"卸磨杀驴"的计划，铲除功臣。明朝的开国元勋徐达也没逃脱这样的命运。据说朱元璋知道徐达背上长有恶疮，就命令太监送去一只老肥鹅。根据医书记载，鹅发风发疮。徐达接到送来的鹅时就明白了其中的意思。徐达明知是死，但还是含泪接旨，吃后"疔毒走黄"，病情恶化而死。

"割肉补疮"形容不计后果以救燃眉之急。"好肉剜疮"比喻无事生非，自寻烦恼。宋代释惟白《续传灯录·慧通心旦》："说佛说祖，正如好肉剜疮；举古举今，犹若残羹馊饭。""互剥痛疮"比喻互揭隐私的做法。"含血吮疮"指用嘴把病人疮里的脓血吸出来，旧时形容将领关怀、爱护自己手下的士兵。

西汉司马迁《史记·孙子吴起列传》："卒有病疽者，起为吮之。""养疥成疮"指由疥变成大疮，形容小事处理不好就会酿成大祸患。"疥"是一种轻微皮肤病；"疮"指皮肤上肿烂溃疡的病。清代李百川《绿野仙踪》第七十三回："倘若倭贼残破浙江，趁势长驱江南，岂非我们养疥成疮之过？""疮好忘痛"意思是疮疤好了就忘了疼痛，比喻情况见好以后就忘记了从前的痛苦经历和教训。此外，"疮"有时候还可与"创伤"的"创"通用，指伤口、外伤。"疮害"指伤害；"疮瘢"则是创伤。"疮"再引申可借指民生疾苦。"百孔千疮"比喻毛病很多，问题严重，已经到了难以收拾的地步。唐代韩愈《与孟尚书书》："汉室以来，群儒区区修补，百孔千疮，随乱随失，其危如一发引千钧。"唐代杜甫《北征》："乾坤含疮痍，忧虞何时毕？"其中的"疮痍"原是创伤，后比喻遭受的破坏或灾害后的景象。成语"疮痍满目"指触目皆是天灾人祸，比喻民不聊生的景象。

疼痛

疾病造成的痛苦，谁都无法替代。

疼 téng

"疼"，形声字，从疒，冬声。

"疼"从疒，表示与疾病有关；"冬"有最后、终之意。"疒""冬"结合，意为一般情况下，疾病发展到最后所表现出来的感受是"疼"。《广雅·释诂》："疼，痛也。""疼"指痛。

唐代白居易《病中赠南邻觅酒》："头痛牙疼三日卧，妻看煎药婢来扶。"姚合《从军乐》："眼疼长不校，肺病且还无。僮仆惊衣窄，亲情觉语粗。"其中的"疼"都是疼痛的意思。"不疼不痒"比喻说话做事只是做样子，不解决实际问题。"头疼脑热"泛指一般的小病或小灾小难。元代孙仲章《勘头巾》第一折："一百日以里，但有头疼脑热，都是你。""知疼着热"形容对人十分关心爱护（多指亲人）。明代凌濛初《初刻拍案惊奇》卷十七："亲生的，正在乎知疼着热，才是儿子。"

"疼"是一种很直接的感受，在《西游记》中唐僧把桀骜不驯的孙猴子从五行山下解救出来，孙猴子虽然感恩不尽，但却不服管教，于是菩萨就送来了金箍，骗猴子带在头上，唐僧一念紧箍咒，孙猴子就疼得在地上翻跟头、竖蜻蜓，这里的"疼"显然就有了明显的功用。

肉体之"疼"让人难以忍受，精神之"疼"更让人痛苦不堪了。唐代贯休在《酬杜使君见寄》："轧轧复轧轧，更深门未关。心疼无所得，诗债若为还。""心疼"指精神上的痛苦。《红楼梦》中的贾宝玉受到父亲的痛打，贾母"又是心疼，又是生气"，抱着贾宝玉哭个不停。林黛玉也心疼垂泪，之所以"心疼"，是因为关爱，所以"疼"有怜惜、怜爱之意。明代孟称舜《桃花人面》："满庭花落地，则有谁疼？"其中"疼"就是怜惜的意思。

痛 tòng

痛 小篆

"痛"，形声字，从疒，甬声。

"痛"从"疒"表示与病有关；"甬"为甬路，为通道、甬道。痛则不通，通则不痛。"痛"是通道有毛病，即不通。不通则痛，痛即疼也。《说文·疒部》："痛，病也。"本义为疼痛。

痛是官能上或情志上的一种感受。生理上的不通为疼痛、创痛、伤痛；精神上的不通为悲痛、哀痛、痛心。无论是生理上还是精神上的"痛"，都可以用"痛苦"二字来形容。痛，最直接的感受是肉体上的痛楚。如"创巨痛深"是说身体受到了很重的创伤，感到非常疼痛。白居易《新丰折臂翁》："至今风雨阴寒夜，直到天明痛不眠。"痛的感觉让人难以忍受，所以说到痛时，人们常用"很痛"、"痛极了"这些词来形容，表示程度深。由这层意义引申，"痛"可充当副词，表示程度，意为到了极点、终端，如"痛吃了一顿"、"痛骂了一场"等。

"痛"也表示情志上的悲伤、痛苦，即与"心"有关。医圣张仲景在《伤寒杂病论》中有这样一句话："诸痛痒疮皆属于心。"意即人们感觉疼痛、瘙痒难耐，以及生疮的症状，都是因为心脑系统出了问题。所以，不论是肉体上的痛还是精神上的痛，人们在形容痛的感受时，常与"心"联在一起。如钻心的痛、痛彻心扉、痛心疾首等。

痛系于心，既有肉体上的疼痛，也有情感上的痛楚。身体的疼痛要好治得多，望闻问切后，一般便可知晓，然后对症治疗。然而医治精神上的痛苦则要难得多，不但诊断病因极其复杂，治疗起来也要麻烦得多，正所谓心病难医。医生以治病救人为本分，而救人更要身心兼救。心过于疼痛，一般会有两种结果：一是痛不欲生，二是麻木不仁。无论出现哪种结果，都很难救治。所以，保重自己，不但要保养好身体，更要保护好自己的心灵；爱怜他人，不但要在生活上关心照顾他人，更要爱护他们的自尊和脆弱的心灵。

　　人之于痛是与生俱来的。在出生的那一瞬间，母亲生产时的阵痛，成长过程中的病痛，恋爱受挫时的伤痛，亲人离世时的哀痛，是每一个人都曾有过的体验和经历。一个人自从来到这个世界上，就注定要忍受这样那样的痛苦，也必然会或多或少地给他人带来痛苦。正是因为如此，所以人选择用痛哭的方式降生于世界。既然痛不可免，相较之下，或许自己多承担一份痛苦，便会将更多的欢愉带给大家，那么忍更多的痛，吃再多的苦，也是值得的。

经络　中医先治人，西医只治病。

经【經】
jīng　jìng

経 金文　經 小篆

　　"经"，繁体为"經"。形声字，从糸，巠声。

　　"糸"的篆文是丝束的象形，泛指丝织品，"經"小篆从"糸"表示与丝线有关；"巠"为"经"的古字，意思是纵线。"糸""巠"为"經"，表示丝织品中的纵向的线。《玉篇》："經，经纬以成缯帛也。"《说文·糸部》："經，织也。"本义为丝织物的纵线，也就是经线，即织布时拴在机上的竖纱，读"jīng"。

　　古代织布，先布经线，再以纬线穿插，织成布匹。在此过程中，经线决定着整匹布的长短、宽窄、疏密，起着引导、决定的作用。"经"从"糸"也引申表示细微或千丝万缕、错综复杂、千变万化的联系；"巠"可视作"茎"省字，意为主干、主体。故"经"又引申为人们遵行的义理、准则、法制。"经济"之"经"，意为经济乃是国家的命脉，是保证国家富强的主要因素，是国家的主干；经济活动与百姓生活息息相关。

　　"经"的本义是织物的纵线，与"纬"相对。"经"读作"jìng"时，为动词，是织布之前，把纺好的纱或线密密地绷起来，来回梳整，使之成为经纱或经线。"从丝为经，衡丝为纬，凡织经静而纬动。"织布过程中纵向的经线不动，横向的纬线来回穿梭。可见织布是以经线为基准的。因此"经"可以引申为常道，即常行的义理、纲领、准则、法则、典范等。《礼记·月令》："勿失经纪。"《文心雕龙》："经正而纬成。"所以历来被尊奉为典范的阐释义理的著作或典籍也称为"经典"。如儒家的四书五经、道家的《道德经》、释家的《金刚经》、医家的《黄帝内经》、武家的《内功经》、兵家的《太白阴经》、官宦所读的《长短经》等。

在地图上，人们对于地理位置的标示是上北下南，左西右东。如《大戴礼记·易本命》："凡地东西为纬，南北为经。"后来代表纵线方向的"经"就被引申为南北贯穿的道路。《考工记·匠人》："国中九经九纬。"即城中有纵横交叉的道路各九条。中华传统文化讲究天人合一。天地有经纬，人身有经络。"巠"为植物的主干，对应到人体上就是经络。"人身之血有一头，日夜循环不肯休。"中医学认为，经络是人体中联络脏腑与肢体、运行气血的通道，大者为经脉，经脉的分支为络脉。人体经脉分布错综复杂却又错落有致，正如束丝一般。经络气血的通畅与否直接影响到一个人身体的健康，正所谓通则不痛，痛则不通。所以古人非常重视对经络的疏通。

"经"和"纬"分别贯穿于南北和东西四个正面方向，延伸开来就覆盖到整个事物，所以人们经常称赞姜太公、诸葛亮等治国安邦的贤士有经天纬地之才。

《淮南子·原道训》："是故不得于心而有经天下之气。"这里的"经"就引申为治理、管理之意，经理、经营、经商、经济等词汇皆取此意。杜甫《上水遣怀》诗云："古来经济才，何事独罕有。"《宋史·王安石传论》中说到："以文章节行高一世，而尤以道德经济为己任。"这里的"经济"为经世济民、治理国家。

现代意义上的"经济"多指经济活动，包括产品的生产、分配、交换以及消费等。在经济活动中，还有很多与"经"有关的词汇。如策划并管理企业叫"经营"；企业中负责经营管理的人叫"经理"。"经"从"巠"表明经营者要在千变万化的经济活动中，分清主次矛盾，做到经营有道；"经"从"糸"则寓意在错综复杂的历史条件下，要努力抓住经济建设这根主线不放松，大力发展国民经济。

络 【絡】
luò　lào

絡 小篆

"络"，繁体为"絡"。形声字，从糸，各声。

"络"从"糸"，说明与丝、丝线有关；"各"为各个、每个。"糸""各"为"絡"，意为每条丝之间较为分明的物质，本义为絮，即粗丝棉。《说文·糸部》："络，絮也。"细丝各自相互连结在一起为"络"，"络"有联、连或缠绕之意。

"各"又可视为"格"省，指格子，"络"为丝线呈格子状，即网状，故"络"引申指像网子一般的东西，读作"lào"。"络子"就是用线绳结成的网状袋子或绕丝线等的器具。"金镳玉络"指金饰马嚼子和玉饰马笼头，指高官显贵人家的奢华坐骑，比喻高官显贵的优厚待遇。"镳"为马嚼子；"络"为马笼头。《金史·赵质传》："臣僻性野逸，志在长林丰草，金镳玉络非所愿也。""笼络人心"指耍弄手段，拉拢别人。笼和络原是羁绊牲口的工具，引申为用手段拉拢。《宋史·胡安国传》："自蔡京得政，士大夫无不受其笼络，超然远迹不为所污者如安国者实鲜。"

"络"为缠绕的意思。《广雅》："络，缠也。"《山海经·海内经》："有九丘，以水络之。"东汉班固《汉书·扬雄传》："绵络天地。"其中的"络"皆为缠绕的意思。"络"又指用网状物兜住。《乐府诗·陌上桑》："黄金络马头。"《列子·周穆王》："化人之宫，构以金银，络以美玉。""络"又引申为联、连、联络，如"络绎不绝"。"络"还有环绕、包罗的意思。《三辅黄图》："络樊川以为池。"

"絡"还用以指代人身上纵横交错如网状的经脉气血通道，是为经络、脉络。如手足各有三阴三阳十二经脉。脏腑互为表里阴阳，它与十二经有直接联系，故在手足三阴三阳的十二经上把所属的脏腑名称加上去就成为人体十二经脉名称。《素问·经络论》："经有常色而络无常变也。"意思是说阴络的颜色与其经脉相应，而阳络的颜色却变化无常，随着季节的改变而改变：寒冷过甚，血液就迟滞，因此呈现青黑的颜色；湿热过甚，血液就润泽，因此呈现赤黄的颜色。这都是正常的色泽。人体十二经脉与阴维、阳维、任脉、督脉、带脉、冲脉、阴跷、阳跷奇经八脉共同构成人体经络系统。西汉司马迁《史记·扁鹊仓公列传》："上有绝阳之络，下有破阴之纽。"阴与阳相对，络与纽互文，都表示通道的意思。《黄帝内经·灵枢·血络第三十九》："黄帝曰：愿闻其奇邪而不在经者。歧伯曰：血络是也。"意思是说由奇邪所导致的病变，但是又不在经脉中的情况，这是由于病邪滞于络脉导致的病变。刺血络放血时令病人昏厥，是因为病人脉气盛而血虚，针刺时就会脱气，导致气闭昏倒。中医里讲观察血络，以寻找针灸下针的经络。"脉络分明"形容有条有理或做事有条不紊。"脉络"为中医对动脉和静脉的统称，引申为条理或头绪。宋代朱熹《中庸章句集注》："川流者，如川之流，脉络分明而往不息也。"

　　"络"还可表示山川流脉。唐代李白《大鹏赋》："跨蹑地络，周旋天网。""地络"是指地之脉络，即山川之属。

肠胃

多吃水果多吃菜，清理肠胃又补钙。

肠

【腸】
cháng

小篆

"肠"，繁体为"腸"。形声字，从肉，易声。

"腸"是消化和吸收的主要器官，分大肠、小肠两部分。"腸"从"肉"，表示其意义与身体相关；"易"古同"阳"，意为阳面、正面，与"阴"相对。中医以脏为阴，以腑为阳，"腸"为腑，属阳，故字中有"易"。手阳明大腸经始于食指商阳穴，行于右臂外侧中间，归属于大腸；手太阳小腸经起于小指少泽穴，行于右臂之后，归属于小腸。大腸、小腸均属阳，故字从"易"。一说"易"上为"日"，下为"月"，代表着阴阳相合，"腸"的字形体现着阴阳调和，即肠胃相融，是康健之道。简化字"肠"由草书写法演化而来。

"肠"是人体中的重要器官，直接关系到人的身体健康。汉代哲学家王充在《论衡》中曾经阐述过清肠之于养生的重要性："欲得长生，肠中常清，欲得不死，肠中无滓。"在民间也有"洁肠清肠，无灾无恙"的说法，就是说肠道的食物应该及时消化处理，送入下一个环节；如果经常有半消化状态的食物淤积在肠道中，难免会滋生毒素，进而影响到整个身体机能的运转。

吃得太多，肠子会受不了，但若是饿了，肠子也会发出警告和抗议。成语"饥肠辘辘"就是说肚子饿得咕咕乱叫，声音大的就像车轱辘在地上滚过的声音，是对肠鸣的夸张之语，一般用来形容极其饥饿的样子。人是铁，饭是钢，有食物就好，肠是不知道挑肥拣瘦的。也许正因为来者不拒的习惯，过分饮食带来的肥胖状态才少不了肠子的那份"功劳"。"肠肥脑满"形容不劳而食的人，吃得饱饱的，养得胖胖的。"肠肥"指身体胖，肚子大；"脑满"指肥头大耳。《北齐书·琅邪王俨传》："琅邪王年少，肠肥脑满，轻为举措。"

也许是肠子对人体太过重要，所以古人在文学作品中写到"肠"时，常常带上强烈的感情色彩。唐代刘元淑《杂曲歌辞·妾薄命》："夜深闻雁肠欲绝，独坐缝衣灯又灭。"其中"肠欲绝"三字表示悲痛之深。唐代白居易《杂曲歌辞·长相思》："思君春日迟，一日肠九回。"极度悲痛，无法忍受的伤心，使人战栗。而这世上，总有无数"断肠人"沦落"在天涯"。"百结愁肠"指愁绪如结无法解开。"荡气回肠"形容文章、乐曲十分婉转动人。战国宋玉《高唐赋》："感心动耳，回肠伤气。""肠"常与心、肺连在一起表示感情或精神。"别具肺肠"比喻人动机不良，故意提出一些与众不同的奇特主张。《诗·大雅·桑柔》："自有肺肠，俾民卒狂。""冰肌雪肠"比喻身心洁白，没有污点。清代孔尚任《桃花扇·筵席》："东林伯仲，俺青楼皆知敬重。干儿冰肌雪肠原自同，铁心石腹何愁冻。"

除了人类外，大多数动物也都长有肠子。猪有猪肠、牛有牛肠，并且都可以做成食物来吃，像肥肠、卤煮小吃里的猪肠汤、羊肠汤等，都倍受欢迎。而人工加工的一些类似肠子的食品也被名之为"肠"，例如香肠、灌肠等。

因为肠子长而细，常用来比喻那些外形长而细的物体，例如"羊肠小路"。唐代刘长卿《按覆后归睦州，赠苗侍御》："羊肠留覆辙，虎口脱余生。"

wèi

"胃"，会意字，从田，从肉。

"胃"从"肉"，表示为身体的一部分；"田"为田地，用来种植五谷，因此可指粮食。"田""月"合而为"胃",意寓装五谷之处,指身体里储存粮食的器官。"胃"是人体中储藏消化食物的场所,粮食在胃中消化后转化为能量,从而满足人的生存需要。《说文·肉部》:"胃,谷府也。"

胃是人和动物的消化器官之一,起着分泌胃液,消化食物的作用。脾胃在五行中属土。"胃"上之"田"代表土地,土地为万物的生长提供了必需的养料。胃把食物消化后产生的能量提供给人体,来满足人生存的需要,其作用相当于土地。《黄帝内经·灵枢》:"胃者,五脏六腑之海也,水谷皆入于胃,五脏六腑皆禀气于胃。"

人在就餐时,以口吞咽,食物经过咀嚼再下行于胃,因此"胃口"连成一词来代表人的食欲,可用来比喻对事物或活动的兴趣和欲望。珍馐美味固然能引起人的食欲,但不加节制,暴饮暴食却能伤害身体。因此养生家告诫人们食不可过量,食精即可。佛家戒食酒肉,是为了破除人的贪嗔痴,以便于修行。道家提倡辟谷,这是一种比较高级的修炼方法,绝大多数人是无法企及的。

"胃宿"为星宿名,为西方第三宿,如同人体胃之作用一样,胃宿就像天的仓库囤积粮食,故胃宿多吉。《释名》:"胃,围也,围受食物也。"西汉司马迁《史记·天官书》:"胃为天仓。"

动物中有胃蛙。胃蛙有一种奇特的生育方式。它不像其他蛙类那样把卵产在水里,先孵化出蝌蚪,再由蝌蚪变态为青蛙。胃蛙是在胃里孵卵,从嘴里生出小青蛙。

肝胆

肝胆相互依附，互为表里，肝主谋虑，胆主决断。

肝　gān

肝　小篆

　　"肝"，形声字，从肉，干声。

　　"肝"从"肉"，表示与身体某部位或器官有关；"干"的甲骨文像树木枝干之形，"肝"从"木"，首先其形状似枝干；其次，人体五脏与五行相对，肝属木。《释名·释形体》："肝，干也。于五行属木，故其体状有枝干。"

　　"肝"中有"月"，"月"为群阴之首，在中医理论中，人体外部为阳，内部为阴，五脏六腑之心、肝、脾、肺、肾属阴，小肠、胆、胃、大肠、三焦、膀胱属阳。"肝"处于人体内部，为五脏之一，性属阴，故从"月"。"肝"从"干"，"干"从"二"，从"丨"，会意人体内天元一气流行，上下贯通，表示在天为风，在地为木，在人为肝。

　　"肝"是人和高等动物的消化器官之一，除分泌胆汁促进脂肪的消化、吸收外，还与蛋白质、糖类、激素、维生素等多种物质的合成、分解、转化、存贮有密切关系。肝脏有解毒功能。人的五脏是与四时相应的，肝与春相应，肝主目。《黄帝内经·素问》："东方生风，风生木，木生酸，酸生肝，肝生筋，筋生心，肝主目。其在天为玄，在地为化。"东方属春，阳气上升而生风，风能滋养木气，木气能生酸味，酸味能养肝，肝备能养筋，而由于筋生于肝，肝属木，木能生火，所以筋又能养心。肝气联于目。它的变化在天是六气里的风，在地为五行里的木。肝属春，因此春天的养生方法是入夜即睡觉，天亮即起床，并在庭院里散步，舒缓肢体，以便使神智随着春天生发之气而充满生机。这亦是《黄帝内经》里记载的春天养生法，如违背，将不利于肝的保养，甚至会伤害肝脏。

"肝"引申为人的内心。汉代王粲《七哀诗二首》："悟彼下泉人，喟然伤心肝。""伤心肝"即伤心。形容悲痛欲绝也说肝肠寸断。唐代杜甫《义鹘行》："聊为《义鹘行》，永激壮士肝。"此处"肝"即为内心。宋代辛弃疾《水调歌头·汤轱美司谏见和》："千古忠肝义胆，万里蛮烟瘴雨，往事莫惊猜。"心和肝都是人体内重要的器官，故人们称呼最重要、最贴心、最喜爱的人时，常用"心肝"一词。如父母很疼爱、娇宠自己的儿女，常称为心肝、心肝宝贝；恋人之间为了表达亲密的情意也常互称对方为心肝。心肝也指人的良心、正义感。没有良心和正义感的人，会被骂为没心肝。良心和正义是为人最起码的要素，如果这种要素都不具备，那种人就真是没有心肝，徒具人的躯壳了。

中医学所说的肝，不仅是指解剖学上的肝脏，更重要的是一个功能活动系统，是一较抽象的概念，如人的精神情志活动等都涉及肝的功能范围。中医肝病的范围是以肝与胆的功能失调和其经络循行部位所引起的病症为主，其所涉及的病症很广。中医诊断中常出现的概念如"肝火上炎"、"肝肾阴虚"、"肝血不足"等等，其中的"肝"有着特殊的意义。中医认为，肝具有升发、喜条达、恶抑郁、体阴而用阳的特性，其功能为主疏泄、主藏血、主筋华爪、开窍于目。此外，还有主藏魂、司生殖的作用。其与情志的关系尤为密切，如肝气疏泄功能正常，则气血和平，肝脏功能协调，五志安和，就能保持正常的情志；若肝气亢奋，则见失眠多梦、头痛头胀、目眩头晕等症状。外界的精神刺激，特别是郁怒，经常可引起肝的疏泄功能异常，从而出现肝气淤结，气机不调等病变，古人曰"暴怒伤肝"、"肝喜条达而恶抑郁"即为此意。

肝与胆相表里，肝的疏泄功能可直接影响胆汁的分泌、排泄。疏泄正常，则胆汁能循常道而行；反之，则可造成上逆或外溢，形成病变，如出现口苦、黄疸等。所以在成语中，肝与胆二字常相提并论，喻指真挚的心意。西汉司马迁《史记·淮阴侯列传》："臣愿披腹心，输肝胆，效愚计，恐足下不能用也。"宋代文天祥《与陈察院文龙书》："所恃知己肝胆相照，临书不惮倾倒。""肝胆相照"指肝与胆关系密切，互相照应，比喻互相之间坦诚交往共事。"披肝沥胆"、"披肝沥血"，都比喻开诚相见或极尽忠诚。

《隋书·李德林传》："披肝沥胆，昼歌夜吟。"宋代欧阳修《又乞外郡第三札子》："臣之忧危迫切，披肝沥血之诚，亦已屡渎于天聪。""肝胆"也比喻勇气、血性，如"肝胆之士"、"侠肝义胆"。国家、民族需要肝胆之臣，忠义之士。生活中我们个人也都愿意有肝胆相照的朋友。这首先要从自我做起，自己以诚待人，示人以肝胆，才能赢得肝胆之士的友谊。

胆 【膽】
dǎn

膽 小篆

"胆"，繁体为"膽"。形声字，从肉，詹声。

"膽"从"肉"，表明与身体、器官有关；"詹"可视为"甂"省字。"甂"是坛子一类的陶制容器。"膽"的字形即为人体内与甂相似的器官，即胆囊，是动物体内贮存胆汁的消化器官，位在肝脏下方。"膽"后引申指某些器物的内层，如球胆、暖瓶胆。

足少阳胆经为人体十二经脉之一，此经属少阳，隶属于胆。简化字"胆"从肉，旦声。"旦"为日初升，日为阳，初升之日为少阳，"旦"在"胆"中，体现出少阳之意。

唐代李白《行路难》："剧辛乐毅感恩分，输肝剖胆效英才。""输肝剖胆"同"披肝沥胆"，指的是一种甘愿为他人牺牲一切的感情，表示无论付出多少都在所不惜。历史上有"卧薪尝胆"的故事。春秋时期，吴王夫差率军攻占了越国的大部分土地，勾践也被迫到越国为奴三年，为夫差喂马、牵马，由于表现良好才被放回。身受凌辱的勾践回到越国后，在自己睡的床上铺了一层柴薪，在门前悬一颗苦胆，每晚睡在柴薪上，每日舔苦胆，不忘为奴为隶的屈辱。经过十年的发奋图强，终于灭了吴国。后人用"卧薪尝胆"来比喻鄙弃安逸，主动自我历练以图大成的意志。"枕戈尝胆"意思是头枕兵器，口尝苦胆，形容刻苦自励，发愤图强，或报仇雪耻心切。"衔胆栖冰"意思是嘴里含着苦胆，居住在冰上，形容刻苦自励。

唐代房玄龄《晋书·刘元海载记》："但以大耻未雪，社稷无主，衔胆栖冰，勉从群议。"

明初罗贯中《三国演义》描写姜维"胆大如卵"，因而气魄非凡。在古代，胆被认为与勇敢、魄力紧密相关，因此"胆"字也引申为不怕凶暴和危险的精神，比如"胆子"、"胆量"等指的就是勇气。唐代崔颢《古游侠呈军中诸将》："少年负胆气，好勇复知机。"意思是说少年人血气方刚，甚有英雄气概。有俗话叫作"初生牛犊不怕虎"，指的就是年轻人在不懂得天高地厚之时，往往勇敢非凡。跟"胆"相关的成语有很多，比如"胆大包天"指胆量极大，任意横行，无所顾忌；"胆大妄为"指无所顾忌地为非作歹。这两个都是贬义词。"胆大心细"则有褒义。元末施耐庵《水浒传》中的鲁提辖胆量大，但在打镇关西的时候却是粗中有细，对卖唱妇女的安排最能体现此点。"一身是胆"形容胆量大，无所畏惧。西晋陈寿《三国志·蜀志·赵云传》："以云为翊军将军。"裴松之注引《赵云别传》："先主明旦自来，至云营围视昨战处，曰：'子龙一身都是胆也！'"有关"胆"字的成语还有"胆小如鼠"、"胆战心惊"、"胆战心寒"等。"胆"常与"肝"并提。"肝胆相照"比喻以真心相见。"肝胆"比喻真心诚意。西汉司马迁《史记·淮阴侯列传》："臣愿披腹心，输肝胆，效愚计，恐足下不能用也。"宋代赵令畤《侯鲭录》："同心相亲，照心照胆寿千春。""肝胆楚越"比喻有着密切关系的双方，变得互不关心或互相敌对。"肝胆"比喻关系密切；"楚越"是春秋时两个诸侯国，虽土地相连，但关系不好。《庄子·德充符》："自其异者视之，肝胆楚越也。"

"胆"还可以用来表示装在器物内部而中空的东西。球体或者暖瓶内部用来容纳空气或者水的部分也称之为"胆"。

"地胆"为土斑蝥别名，黑蓝色，稍带紫色，有光泽。头部大，复眼圆形，黑褐色。触角蓝色，雄虫触角中央部膨大，且稍扁平。前胸背板狭长，圆柱形。土斑蝥成虫栖于路旁或草丛中。"胆火"为中医证名，表现为眩晕、目黄、口苦、坐卧不宁等。《张氏医通》："目黄，口苦，坐卧不宁，此胆火所动也。"

肾脏

肾好寿命长，肾衰寿命夭。

肾 【腎】
shèn

腎 小篆

"肾"，繁体为"腎"。形声字，从肉，臤声。

"臤"从"臣"，从"又"。"臣"为臣子、臣服。"臣"字如肾的形状，表明肾于人体，就像臣子于君，一向恪尽职守，维护人体健康。"又"又表示重复、再次；"腎"从"又"，表示人有两肾。"臣"左"又"右，表示左肾、右肾各居腰椎两侧。"腎"从"肉"，强调其为人体器官。"腎"本义为肾脏，即高等动物的泌尿器官。《说文·肉部》："腎，水藏也。"强调肾脏的功能。

简化字"肾"从"刂"，从"又"，从"肉"。"刂"为二，示意"肾"为两个。"刂"为水流，肾五行属水，主要功能是藏精排尿；"刂"又似管道，寓指肾的两条排泄通道。"又"为手，会意操作、运行。可见，"肾"字的构造，既描绘出肾的形状，又会意出肾的功能。

《素问·六节藏象论》："肾者，主蛰封藏之本，精之处也。其华在发，其充在骨。"肾是位于脊椎动物体腔内脊柱近旁的一对内脏器官，它排出尿液、尿酸和其他代谢的排泄物。《广韵·轸韵》："肾，五藏之一也。""五藏"指的是心、肝、脾、肺、肾，是人体最重要的几个器官。

中医认为，肾精主生长、发育和生殖，均与肾中精气盛衰密切相关。肾分内肾和外肾，睾丸即为外肾。例如，"肾子"指睾丸；"肾水"指精液。"肾"因此引申指性功能，补肾可以壮阳，所以当前很多商家生产的药和酒都打着补肾的招牌。中医又有肾阴、肾阳的概念：对机体脏腑起滋养、濡润作用的为肾阴；而对机体脏腑起推动、温煦作用的为肾阳。肾脏出了问题，其他器官也相应地发生病变。如肺失去肾阴滋养，则会出现咽燥、干咳、潮热等症状。

鸡鸭的胃、砂囊也称为"肾"。如"鸭肾"即鸭胃。《广雅·释亲》："肾，坚也。"可见，"肾"有"坚固"之意。这是因为，鸡鸭的砂囊坚固柔韧，而肾的功能又包括滋阴壮阳，二者都与坚固强壮有关。

脏 【臟髒】
zàng zāng

"脏"，繁体为"臟"、"髒"。形声字，从肉，藏声。

"肉"的本义指肌肉；"藏"为隐蔽在它物之中。"肉""藏"为"臟"，是指藏于肌体内部的某些组织。《集韵》："臟，腑也。""臟"本义为内脏。简化字从"庄"。"庄"表示一定的区域范围。内脏在肌体内都有各自的区域位置，有特定的功能，故从"庄"。《字汇·肉部》："脏，五脏。""脏"本义为肌体内部器官的总称，读作"zàng"。"脏"读作"zāng"，意为不清洁、污秽的意思，喻指不文明的语言和行为。

"五脏六腑"是人体内脏器官的统称，也比喻事物的内部情况。"五脏"指脾、肺、肾、肝、心；"六腑"指胃、大肠、小肠、三焦、膀胱、胆。《吕氏春秋·达郁》："凡人三百六十节、九窍、五脏六腑。""麻雀虽小，五脏俱全"比喻事物体积或规模虽小，具备的内容却很齐全。"九脏"是五神脏与四形脏的合称。《素问·三部九候论》："故神脏五，形脏四，合为九脏。"神脏指心、肝、脾、肺、肾，形脏指胃、大肠、小肠、膀胱。"孤脏"指脾脏。《素问·玉机真脏论》："脾脉者，土也，孤脏以灌四旁者也。""孤脏"也指肾脏。《素问·逆调论》说："肝，一阳也；心，二阳也；肾，孤脏也。一水不能胜二火。"这里的"一水"指肾水，一个肾水不能制胜肝、心二阳之火，有孤军作战的意思，故名。

《抱朴子·至理》："或立消坚水，或入水自浮，能断绝鬼神，让却虎豹，破积聚于脏腑，追二肾于膏肓，起猝死于委尸，返惊魂于既逝。"《本草纲目·草部》："主治五脏淤血，腹中水气，胪胀留热，风寒湿痹。"五行学说，将人体的内脏分别归属于五行，以五行的特性来说明五脏的生理活动特点，如，肝喜条达，有疏汇的功能，木有生发的特性，故以肝属"木"；心阳有温煦的作用，火有阳热的特性，故以心属"火"；脾为生化之源，土有生化万物的特性，故以脾属"土"；肺气主肃降，金有清肃、收敛的特性，故以肺属"金"；肾有主水，藏精的功能，水有润下的特性，故以肾属"水"。五行学说说明人体脏腑组织之间生理功能的内在联系，如肾（水）之精以养肝，肝（木）藏血以济心，心（火）之热以温脾，脾（土）化生水谷精微以充肺，肺（金）清肃下行以助肾水。这是五脏相互资生的关系。肺（金）清肃下降，可以抑制肝阳上亢；肝（木）的条达，可以疏泄脾土的雍郁；脾（土）的运化，可以制止肾水的泛滥；肾（水）水的滋润，可以防止心火的亢烈；心（火）的阳热，可以制约肺金清肃太过。这就是五脏相互制约的关系。

人体内脏功能活动及其相互关系的异常变化，都可以从人的面色、声音、口味、脉象等方面反映出来。五脏与五色、五音、五味以及相关脉象的变化，在五行分类归属上均有着内在的联系。所以在临床诊断疾病时，就可以综合望、闻、问、切四诊所得的材料，再根据五行所属及其生克乘侮的变化规律，来推断病情。

"脏"读作"zāng"，意为不清洁、污秽。章炳麟《新方言·释言》："今人谓污垢曰党，音如脏，借脏为之。"还可指不干净或不纯洁，如"脏衣服"、"脏地毯"等。

"脏"用于指语言不文明。"脏话"指污秽不堪入耳的话。"脏"又为弄污之意。《儿女英雄传》第二回："咱一来是为行好，二来也怕脏了我的店。"

瘦弱

女孩为了减肥不择手段，不顾健康，殊不知，瘦字就属病字旁。

瘦 shòu

腰 小篆

"瘦"，形声字，从疒，叟声。

"疒"为疾病；"叟"为老人。病人、老人相对健康人、年轻人通常显得消瘦单薄，"疒""叟"为"瘦"，有年老多病之意，本义指消瘦单薄。"叟"又可视为"搜"省，意思是遍体搜查，榨干油水，呈现出病态的样子，所以"瘦"又常是病态的表现。

《说文》："瘦，臞也。""臞"就是消瘦。唐朝以前，审美观念仍然是以瘦为美，表现最突出的当数楚灵王。《资治通鉴》中有"楚王好细腰，宫中多饿死"的记载，民谣则有："楚王好细腰，细腰多苗条。三年不吃饭，饿成水蛇腰！"汉代仍然以瘦为美，宫中出了个能在手掌上跳舞的赵飞燕。到了唐代，人们开始以肥为美，体态丰盈婀娜的杨玉环被视为绝代美人，受到玄宗无限娇宠，为后世留下"环肥燕瘦"的典故。《楚辞》提出了"丰肉微骨"的美人标准，既欣赏肌肉丰满，又迷恋骨骼苗条，兼取两家之长，既避瘦弱病态之嫌，又无膀阔腰粗之弊，至今仍有提倡推广之必要。

杨万里《刘村渡》："落松满地金钗瘦，远树黏天菌子孤。""瘦"在这里引申为植株纤细，不够苗壮。"瘦"又可引申为窄小，用来形容鞋袜、衣服等。"瘦"还指土地贫瘠，称为"瘦田"。孟郊《秋夕贫居述怀》："浅井不供饮，瘦田长废耕。"水井太浅就会供水不足，满足不了饮水的需要；贫瘠的土地蒿草都长不高，也就无人耕种，只好连年撂荒。古代有"贫人多瘦田"之说。穷人买不起肥田，只好置买或租种薄田，土地贫瘠，没有收成，也就越来越穷。"瘦"是清贫的象征，有道是"每恨年年作瘦人"。

穷人吃不上大鱼大肉，粮食也是吃了上顿没下顿，所以面黄肌瘦，满脸菜色，赶上天下大旱，连年灾荒，更是骨瘦如柴，瘦骨嶙峋，他们的面容形象从来不曾与肥头大耳、脑满肠肥沾过边儿。

面容瘦削，骨骼自然突显，显得棱角分明，所以"瘦"又有"削直"、"突兀"之意。苏轼《与毛令方尉游西菩提寺》："路转山腰未足移，水清石瘦便能奇。"这里的"瘦"即指突兀。"书贵瘦硬"指书法字体刚劲嶙峻，特别有力。宋徽宗赵佶作为皇帝很不称职，只配做俘虏，作为书画家却是佼佼者。他22岁时出书便自成一体，称为"瘦金体"，其字刚劲清瘦，结构疏朗俊逸。其御书"崇宁通宝"等钱文（铸在钱上的字），被誉为"撇如利匕，捺如切刀"。

弱 ruò

弱 小篆

"弱"，会意字。

"弱"的小篆字形从二"弓"，从二"彡"。"弓"像弯曲的树枝，会意柔软的树枝；"彡"为兽类的长毛，亦为柔软之物。"弱"以两种柔软、易弯曲的物体会软而易曲之意，即柔弱、微薄。《说文》："弱，桡也。""桡"指弯曲、屈服。故"弱"的本义为微薄，与"强"相对。

今体"弱"从二弓，从二仌。"仌"为"冰"，象征阴柔。二"弓"二"仌"结合为"弱"，强调其柔弱、力量微薄之意。"弱"字的构成也象征着弱者行事不稳健，颤颤巍巍，如履薄冰。

"弱"与"强"相对，如盛为强则衰为弱，胜为强败为弱，优为强劣为弱，刚为强柔为弱，有余为强不足则弱，如此等等。"按强助弱"意思是抑制强暴，扶助弱小。《管子·霸言》："按强助弱，圉暴止贪，存亡定危。"诸葛亮《隆中对》："然操能克绍，以弱为强者，非惟天时，抑亦人谋也。"曹操能够打败袁绍，以弱胜强的原因，不仅仅是依赖天时，也有曹操个人精于谋略的因素。"弱"在这里意为实力对比，居于劣势。"弱植"意为软弱无能，无法扶植。道家抱虚无，忌阳刚，语称柔道，意为柔弱之道。

自然界中地势舒缓，水流缓慢也形容为"弱"。古人称水浅或地僻不通舟楫者为弱水，意为水弱不胜舟楫。后经多方流传，演变为力不负芥或不胜鸿毛的传说。古书中关于弱水的记载很多，但有一共同点，即都称在今天中国西北带，神话传说中说是西王母住所附近，使其更增添了一层神秘的色彩。《红楼梦》第九十一回："任凭弱水三千，我只取一瓢饮。""弱水"始见于《尚书·禹贡》："导弱水至于合黎。"清代孙星衍《尚书今古文注疏》："郑康成曰：'弱水出张掖。'"《史记·大宛传》、《汉书·地理志》、《后汉书·东夷传》等都提到"弱水"。后来的文学中逐渐用"弱水"来泛指险而遥远的河流。苏轼《金山妙高台》："蓬莱不可到，弱水三万里。""弱风"为八风之一，指来自东南方的虚风。《灵枢·九宫八风》："风从东南方来，名曰弱风，其伤人也。内舍于胃，外在肌肉，其气主体重。""弱颜"形容见人忸怩害羞的样子。旧时男子20岁才算成人，行加冠礼，因其体格未壮，故称为弱冠。人们对外谦称自己的儿女为"弱息"、"弱累"，形容少年则为"弱龄"、"弱岁"。"弱龄"指弱冠之年，泛指幼年、青少年。晋代陶潜《始作镇军参军经曲阿》："弱龄寄事外，委怀在琴书。"文学作品中形容少年少有大志，勤于读书，则说是弱不好弄。《左传·僖公九年》："夷吾弱不好弄。"意即自幼不好嬉戏游乐。旧时审美观以弱为美，女子多是被形容为弱不禁风、弱不胜衣，本是人的病态，可是文人却津津乐道，极言其美。

"弱"由柔弱、衰退之义引申为减少、丧失，作动词。如《左传·昭公三年》："又弱一个焉，姜其危哉！"又少了一个呢，姜是多么危险啊。"弱"的意动用法，意为削弱。汉代贾谊《过秦论》："诸侯恐惧，会盟而谋弱秦。"诸侯深感害怕，于是联合结盟来谋划削弱秦国。"弱"也表示惧怕之义，多见于古语。中医脉象学有"弱脉"一说，指脉象细软而沉，柔弱而滑，多见于气血不足的虚症。"弱视"多指眼睛的结构无明显改变，但视力模糊。多是由于某些药物或化学药品的毒性作用或饮食缺乏营养等因素导致。

肥胖

肥胖是疾病的先兆，衰老的信号。

肥 féi

肥 小篆

"肥"，会意字，从肉，从巴。

"肥"从"肉"，表示与肉体或身体的某部位有关；"巴"有"粘贴"之意，表示依附在别的东西上。"肉""巴"为"肥"，意为肉与肉相贴，意寓肉多。"肥"的本义为脂肪多。《说文·肉部》云："肥，多肉也。""巴"的本义为蛇。蛇是一种骨少肉多的动物，其外形亦柔若无骨，"肥"即以蛇的肉多骨少来表示人或动物肥胖、多脂、多肉之意，与"瘦"相对。

古代常以"食肉者"代指有钱、多金者，故而"肉"字在这里意寓富裕、充足；"巴"表示粘贴、粘结之意。二者为"肥"，表示依附于富裕、富足的生活。"肥"有富裕之意，也表示土质含养分多，如肥沃。后引申指衣服鞋袜等宽大，如肥大。

古人有"乘肥马，衣轻裘"的生活理想。唐代张志和《渔歌子》："西塞山前白鹭飞，桃花流水鳜鱼肥。"此处的"肥"指膏脂、油腻，是足以让人产生的一种流口水的联想。通常不用"肥"来形容人，偶尔为了对比或突出一种感情色彩时，会用这个字眼，如"燕瘦环肥，各有姿态"。"燕"是说汉元帝的皇后赵飞燕，"环"是说唐玄宗的贵妃杨玉环。二者都是绝世佳人，飞燕的"瘦"有瘦的轻盈，玉环的"肥"也只是丰腴的代指，自有韵味。一瘦一肥相映成趣。倘说一个人脑满肠肥、肥头大耳，就是一副蠢相了。安史之乱的始作俑者安禄山便是这样一个家伙，最后被他的儿子安庆绪一刀砍开那重逾三百斤的肚子（是否属实，无从考证，可是足见"肥"得一绝），流了一地的肥肠。

"肥"是如此的厚实，故也引申为肥沃、富饶之义。如汉代贾谊《过秦论》："不爱珍器重肥饶之地。"不爱黄金贵器，只是重视肥沃的土地。土地才是最基本的生产资料，是最宝贵的财富。词语"肥衍"指土地肥沃；"肥饶"指肥沃富饶，用于形容土地富含腐殖质，适于植物生长，肥得流油。

脂肪过多，必然外观上也壮实无比，质感强烈，故也用"肥"形容苗壮、粗大，如"肥茂"指肥壮茂盛；"肥苗"指肥壮；"肥润"指润泽；"肥泽"指肌肉丰润。肥厚、肥大用于形容衣物宽大，有空荡的感觉。宋代李清照《如梦令》："试问卷帘人，却道海棠依旧。知否，知否，应是绿肥红瘦。"词人用"绿"字代指绿叶满枝，用"红"字代指花朵。"肥"替换了"多"，"瘦"替换了"少"。一句"绿肥红瘦"道尽海棠神韵，也流露出作者的怜惜之情。

"肥"作名词，是肥料；用作动词，是使之肥的意思，属于意动用法，如农家施粪肥田；发财容易，口袋饱满也叫"肥"，但多是带负面色彩的，如"假公济私，肥了个人"。赚钱又不费力，特别是把收入丰厚的官位、职位叫肥秩、肥缺。称有钱人为肥佬，这里的"肥"倒不是指身体脂肪多，而是说他们有钱，或者说是钱来得容易。赠他们一个"肥"字，除了慨叹之人的艳羡外，也有一丝的不平。

《尔雅·释水》："归异出同流曰肥。"同一源泉不同支流称为肥。春秋时白狄族建肥国，后为晋所灭，不知是否因其"肥"而使晋国馋涎欲滴，招致灭国之灾。

胖 【胖】
pàng pàn pán

 小篆

"胖"，异体为"肨"。形声字，从肉，半声。

"肉"指可食用的动物肉；"半"为一半、二分之一。"肉""半"为

"胖",指量为一半的动物肉。《说文·肉部》:"胖,半体肉也。""胖"的本义为古时祭祀用的半体牲,读作"pàn"。

"半"又可视为"伴"省,则"胖"为以肉为伴,说明身材较为肥壮、丰满,是生活安适、舒坦的象征。《礼记·大学》:"富润屋,德润身,心广体胖,故君子必诚其意。"富贵之家屋宇华丽,故说富润屋。有德君子懂得修身养性,才会心境平和,胸怀坦荡。

"半"又有在中间之意。"胖"则为身体中间亦为肉,会意体内肉厚、脂肪多。故"胖"读作"pàng"时,指肥胖。"胖"当此义讲时,异体为"胖",从"丰",为丰满、丰富、丰厚,极言肉之多,故为肥胖。

"胖"是从宗教文化中衍生的字,特指祭祀时分成两半的肉。如"俎"字,《说文解字》:"俎,礼俎也,从半肉在且上。"祭祀用的三牲牛、羊、猪十分讲究,如毛色不能驳杂,体形不能大也不能小。而其身体的各部位也有好与坏之分,大致分作头颈、肋骨、胸脯几个部分。当受祭的是死去的先人或是鬼魂时,就用头颈部,猪头、羊头、牛头放在俎上,若是受祭的是神仙和上帝,则以上好肥嫩的排骨或是里脊肉上供,这里面有很大的讲究。

"胖"音发"pàn",指祭肉。《仪礼·少牢馈食礼》:"司马升羊右胖,髀不升。"髀是大腿,司马用羊作牺牲时,只取其身体右半边,且将其腿肉弃之不用。清朝黄宗羲《答万季野丧礼杂问》:"尸俎用右胖,主人俎用左胖。""尸"是指祭祀时,代表死者受祭的人。那时摆放的牺牲用的是右半边。而当真在坟墓前或是灵堂前祭其人时,就要用左半边肉。

"胖"从"半",又是表示半边肉,故有时亦可以代表"半",指事物的一部分,如上文提到的"右胖"、"左胖"其实也可以理解为右半边、左半边。当牛羊猪被剖成两半时,经常是从脊背下刀,以使其两边从外面看来仍然是完整牛形或羊、猪形。这样一来就可以看见里面的脊梁,又因这些牲畜的脊梁尤其粗大,夹脊肉就显得十分肥厚,故"胖"还可以用来表示动物的背脊肉。《集韵·潸韵》:"胖,夹脊肉。"背脊边都是鲜红的瘦肉。"胖"可以用作动词,是意动用法,表示将肉切成薄片。

"胖"音发"pàng",繁体为"胖",从"月",从"丰","月"即为肉,"丰"意为丰满。肉质丰满,就是胖。人们最为熟悉的"胖"的含义是肥胖、脂肪过多，用来指人皮下脂肪过多，赘肉堆积，肌肉松弛的体态，如成语"胖头肥耳"。"一口吃个胖子"意思是吃一口饭长成一个胖子，形容急于求成。清代曹雪芹《红楼梦》第八十四回："可是人家说的：胖子也不是一口儿吃的。""打肿脸充胖子"形容宁可付出代价而硬充作了不起。

在我国古代，"胖"是富态的象征。在盛唐时期，肉丰为美，因此那时候的贵妇无不有一身胖墩墩的肥肉。现代医学研究表明，肥胖的人是高血压、心脏病的高发人群，将其列为当今世界健康大敌之一，称之为肥胖病或是肥胖综合症。

"胖舌"是中医病状名，具体表现为舌体肿胖，色淡而嫩，舌边缘有齿痕。舌色深红而肿大满口，是心脾二经有热。舌肿胖，色青紫而暗，多见于中毒。

"胖"作形容词时，由肥厚宽大之义引申为宽舒、平坦，读"pán"。"心广体胖"原指人心胸开阔，外貌就安详，后用来指心情愉快，无所牵挂，因而人也发胖。

季节

养生就要顺应春生夏长，秋收冬藏的季节变化。

季 jì

篆 甲骨文　篆 金文　篆 小篆

"季"，会意字，从禾，从子。

"禾"为谷类作物的总称；"子"的甲骨文是幼子的象形，引申为幼小。谷类作物都是成排成列插种的，"季"从"禾"，从"子"，表示"季"为同一排列之中最后的，也表示同辈排行中之年纪最小者。另外，"禾"有禾苗之意，表示小；而"子"又为幼小。二者合并，强调了"季"的年少之意。《说文·子部》："季，少称。""子"在"禾"下，意为"季"是禾苗初生时的状态，亦为小、幼稚、未成熟之意。谷类作物一般是三个月一熟，"子"为籽食，则"季"为谷物从播种到结籽的时间，即三个月为一季，一年有四季。

"季"可以作为对年少者的称呼，如《诗·召南·采蘋》："有齐季女。"宋代陈师道《赠二苏公》："一翁二季对相望。"一个老翁两个少年相对而望。"季"由年少者引申为幼稚、未成熟。《玉篇·子部》："季，稚也。"《周礼·地官·山虞》："凡服耜，斩季材，以时入之。"制作耜柄时，应该取用尚未成熟的木材，所以要选择时机入山伐取。

"季"由年少者引申，指同辈中排行最小的。古以伯、仲、叔、季排行，季指老四。《释名·释亲属》："叔父之弟曰季父。""叔父"是父亲的三弟，"季父"是父亲的四弟。《明史·太祖本纪》："生四子，太祖其季也。"朱世珍生有四个儿子，朱元璋排行第四。后来"季"泛指弟弟，如南朝陈江总《广州刺史欧阳頠墓志》："公孝敬纯深，友悌敦睦，家积财并让诸季。"欧阳頠上孝父母，下悌兄弟，家中的钱物全让给各位弟弟了。

"季"由同辈中之最小者引申指某一朝代、年号、季节或一段时间的末期。唐代刘禹锡《祭福建桂尚书文》:"始识尚书,贞元季年。"与桂尚书相识是在贞元末年。秋天的末期称季秋,冬天将过称为季冬,每季的最后一月称为季月。

"季世"指末世。《左传·昭公三年》记载,晏婴出使晋国,在宴会上和晋国的叔向交谈,叔向问晏婴:"齐其何如?"晏子回答说:"此季世也,吾弗知。"叔向认为晋国也到了季世:"戎马不驾,卿无军行;公乘无人,卒列无长。庶民罢敝,而宫室滋侈。道瑾相望,而女富溢尤。民闻公命,如逃寇雠。栾、郤、胥、原、狐、续、庆、伯,降在皂隶。政在家门,民无所依。君日不悛,以乐慆忧,公室之卑,其何日之有?谗鼎之铭曰:'昧旦丕显,亏世犹怠。'况日不悛,其能久乎?"后来就用"季世"指末代,或一个历史时代的末段。

三个月为一季,一年分为春、夏、秋、冬四季。春生、夏长、秋收、冬藏,四季与农业生产紧紧联系在一起,故"季"字上有"禾"表示农事,下有"子"表示农时。另外,"子"也可表示子实,农事之播种、收割等过程与季节紧密联系,步步不差,才能有所收获。《孟子·梁惠王上》:"不违农时,谷不可胜食也。"只要不违背农事的时律,粮食就会多得吃不完。可见古人重视农时程度之高,"季"正是农时与农事二者的统一体现。

大自然四季不同,风景殊异。春有百花秋有月,夏有凉风冬有雪。世间万物每时每刻都有怡人心性的内容。无门慧开以此解释"平常心是道",还说"若无闲事挂心头,便是人间好时节"。春天不一定处处花开,但要看有花的地方,要有百花怒放的心境。秋天虽萧瑟,也一样能培养明月一般皎洁的胸怀。夏天生机盎然,还可以体会凉风徐徐的惬意,心静自然凉。冬天虽冷,玉树琼枝的雪景也美不胜收。人生的四季也一样:孩童的天真无邪,青少年的朝气蓬勃,中年的成熟稳重,老年时的通达智慧,哪个季节都有各自的风景,各自的魅力。重要的是我们以纤尘不染的明镜之心去深刻感悟。

"季"为姓,《广韵·至韵》:"季,姓,《左传》鲁有季友。"鲁庄公的弟弟字季友,春秋时,季友平定了庆父之乱,其子孙便以他的字为氏,称为季孙氏,后来简称季氏。或谓季氏出自芈姓,是颛顼帝的后代。

　　"季诺"是"季布一诺"的简称，指完全能兑现的诺言。季布是楚国有名的游侠，他重义守信，据《史记·季布栾布列传》记载，楚地人有谚语曰："得黄金百斤，不如得季布一诺。"成语"一诺千金"即出于此，意思是许下的一个诺言有千金的价值，比喻说话算数，极有信用。

节 【節】
jié jiē

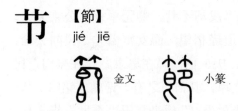

金文　小篆

　　"节"，繁体为"節"。形声字，从竹，即声。

　　"竹"为竹子，"節"从"竹"表示与竹子有关；"即"为即将、即刻，意为接近、靠近，表示过渡。"竹""即"为"節"，意为竹子之间起过渡作用的部分。《说文·竹部》："節，竹约也。"段玉裁注："约，缠束也。竹节如缠束之状。""節"是竹竿上的环状痕纹，是竹筒与竹筒之间相接之处。"節"的本义为竹节，读为"jié"。引申泛指草木的分节或骨骼连接处，如"节外生枝"、"盘根错节"、"细枝末节"；进而指分段、段落，如"节气"、"节奏"；又意指节日，如"春节"、"元宵节"、"端午节"、"中秋节"等。"節"是"竹""即"，既是对竹的连接，同时也起到抑制作用，故"節"也引申表示省减，限制之意，如"节省"、"节制"、"节约"、"节能"、"开源节流"。

　　苏轼有诗赞竹云："未出土时先有节，及凌云处尚虚心。"古人以竹子"本固、性直、心空、节贞"的特点来比拟君子的最高品德修养。"即"有是、就是之意，表示肯定。"節"从竹，从即，是对竹的精神的肯定，更是对拥有竹之精神的人的肯定。"節"有法度、礼度之意，如"礼节"；又有操守之意，如"气节"、"晚节"、"节操"、"高风亮节"。

　　简体"节"从艸，从卩。"艸"为草本植物；"卩"可视为"卲"省，即"膝"。《汉字源流字典》说"卩"是"膝"的初文，为膝盖之意。膝盖是连接小腿与大腿的重要部位，人的行走跑跳都离不开膝盖的作用。所以"节"意为两段之间相连接的起关键作用的部分，"节"字表现在动物体内骨骼与骨骼的连接处，如"关节"、"骨节"。后泛指事物的环节、时机、转折和关键，如"节骨眼"、"关节点"。在"节骨眼"、"节子"等词中，读为"jiē"。

"节"由物体相接的关键部位引申为整体时间内的连接所在，是古代祭祀或庆祝的关键所在。所以，"节"除了表示时令，还有节日、纪念日之意。如"清明节"、"中秋节"、"元宵节"、"春节"等。

"节"常用来指事物的阶段，例如"季节"、"节气"等。古人为了便于农耕，把一年分成了二十四个节气，在此基础上又划分为十二节气和十二中气：立春、惊蛰、清明、立夏、小满、小暑、立秋、白露、寒露、立冬、大雪、小寒为十二节气；雨水、春分、谷雨、芒种、夏至、大暑、处暑、秋分、霜降、小雪、冬至、大寒为十二中气。节气是每一阶段的关键日子，对于农耕有重要的指导意义。

"节"又引申为控制、限制的意思。为避免权力的滥用，需要通过监督而达到制约，这就是"节制"。生活处处需要"节"：花销要合理地安排，不随便浪费，叫"节约"、"节俭"；对自己的情感和私人生活把握一个适当的度，不过量抽烟、饮酒，不纵欲，叫作"节欲"、"节制"；在人际交往中，要受到社会道德、规范和习俗的约束和限制，严谨地遵守法度、操守，叫"节操"。

"节"又指符节，是古代使者出使的凭证。使臣仗节出使，称作"使节"。使节代表着皇帝，代表着朝廷。"节"又为礼节、节操、气节。中华民族是一个特别讲究礼节和节操的民族，"君子不为穷变节，不为贱易志"（桓宽《盐铁论·地广》），以气节功业自足，是儒家传统所弘扬的价值诉求。正如竹节之关键一样，气节对于个人乃至民族而言，重要程度不言而喻。竹节归正竹子的生长方向，使竹子笔挺中直；而气节则归正民族的精神方向，使民族傲然不拔。中华民族的气节，是"配义与道"的浩然之气，是"富贵不能淫、贫贱不能移、威武不能屈"的大丈夫精神。关羽身在曹营心在汉，最终千里走单骑而回归刘皇叔的义举；文天祥不为高官厚禄所动，不畏生死折磨，而最终"留取丹心照汗青"的无畏，如此种种，都是气节使然。俗话说"人活一口气"，这里的"气"，不仅是我们日常所呼吸之氧气，更重要的是强调人活着要有气节。

辨症

良医常治无病之病，故无病；圣人常治无患之患，故无患。

辨 bià n

别孚 金文　辡 小篆

"辨"，形声字，从刀，辡声。

"辡"字古通"辩"，意为分辩、辩解。"辨"从"辡"，表示与言行有关；"刀"为切、割、斩、削的利器，可指判断是非、对错的标准。"辡""刀"为"辨"，意为通过具体言行对事物进行分析、了解。《说文》："辨，判也。""辨"的本义为判别、区别、辨别。"辡"为二"辛"，是因为了解真相、辨别是非十分辛苦。二"辛"分列两旁，表示只有用"刀"将事物一分为二，才能分辨出是非黑白。

《小尔雅》："辨，别也。"《乐府诗集·木兰辞》："雄兔脚扑朔，雌兔眼迷离；双兔傍地走，安能辨我是雄雌！"这里的"辨"就是分辨、辨别。雄兔、雌兔虽然各有特点，但一起傍地奔跑时却无法分辨是雌是雄。"辨日炎凉"出自《列子·汤问》：孔子东游，见两个孩子争论不休，一打听，原来是在争论太阳什么时候离地球近的问题。两个小家伙各执一端，连渊博多学的孔子也辨不清谁对谁错。古人对自然认识有限，圣人也概莫能外。《左传·成公十八年》："周子有兄而无慧，不能辨菽麦，故不可立。"连豆子和麦子都分不清，也太愚笨无知了。成语"未辨菽麦"即出于此，后用来形容缺乏实际生产知识。汉代陈琳《檄吴将校部曲文》："孙权小子，未辨菽麦，要领不足以膏齐斧，名字不足以污简墨。""辨物居方"出自《易·未济》："君子以慎辨物居方。"意思是辨别众物的性质、条件等因素，使之各得其所。《韩非子·喻老》："宋人有为其君以象为楮叶者，三年而成。丰杀茎柯，毫芒繁泽，乱之楮叶之中而不可别也。"成语"莫辨楮叶"即出于此，以不能分辨楮叶的真假比喻模仿逼真或以假乱真。

"辨"由分辨之意引申为明察。《礼记·学记》："一年视离经辨志，三年视敬业乐群，五年视博习亲师，七年视论学取友，谓之小成。""离"指断句，"经"指儒家经书，"辨"意思是明察，"离经辨志"的意思是读断经书文句，明察圣贤志向。

"辨"又通"辩"，指口头争论。《战国策·赵策二》："远近之服，贤圣不能同。穷乡多异，曲学多辨。""曲学"指知识不广泛且头脑顽固的人，"辨"通"辩"，意思是争论，"曲学多辨"比喻学识浅薄的人喜欢毫无意义地争辩。《商君书·更法》："吾闻穷巷多怪，曲学多辨。"这里的"辨"就是口舌之争。古代能言善辩之人，常被称为"辩士"，如战国时的苏秦、张仪。

症 【癥證】

zhèng　zhēng

（證）小篆

"症"，繁体为"癥"，异体为"證"。在汉字简化之前，三字的意义并不完全相同。"症"为形声字，从疒，正声。

"症"从疒，表示与疾病有关；"正"的字形横竖互不相干，各行其道，中正安舒，拟之于人，表示人体的正常状态，是健康的人。《黄帝内经·素问》谓为"平人"。"症"为"正"在"疒"中，寓指"正"有病，即不正也。"症"是由于阴阳失衡、气血不畅、脉络不顺等现象，导致人体的正常状态被打破，从而引起的病变特征，即病象、病候之意，读作"zhèng"。"正"为正气，人于天地间，始终处于正邪相争的处境。当"正"被"疒"字当头压住，邪气压倒了正气，人体就会有疾患。一旦正气压倒邪气，就会大病痊愈。

"正"可视作"征"省字，意为征兆、预兆。"症"从疒，从征省，表示已经体现出有病的征兆。因此，"症"表示病象，是体内和体表出现的一些征兆。根据这些现象可以清楚地了解到问题的根源和病情、病因，判断问题的症结所在，如对症下药、不治之症、病症、急症等。"征"也有征讨之意。疾病来临时，如同外敌入侵，因此"症"就是病对人体的征伐。而当人被病魔缠身之时，除了通过治疗的形式驱除病魔外，也要在心理上树立起信心，对大举入侵的病魔进行征伐。

"症"，古时写作"證"，有病症的意思。"證"从言，登声。"言"为心之声，是思想的外在体现；"登"为成熟，如词语"丰登"所示，有已经形成的意思。"證"显示出病症是疾病形成后的外在体现，即病象。

"症"又读作"zhēng"，繁体为"癥"，从疒，从徵，意为腹内结块的病。"徵"为征召，是通过小的言行、品行而至于闻达，含有见微知著的意思，表示人体疾病并非一日之变，而是长期积累而成的结果。

"病症"一词有两层含义。一是指病人患病时所发生的异常感觉，如患感冒时的发热、喉痛、咳嗽、流涕、头痛、食欲减退等，广义上还包括其他各种体征。二是指染病后的表现，包括外表和内部所发生的组织形态上的病理变化，如在病变部分暴露病原物时，其表现的特征通常称为"病征"，有助于诊断；若无病征则称"病状"。习惯上多混用，通称为"症状"。

医生通过患者的症状来判断其病因。中医的"望闻问切"四种诊断疾病的方法都是针对病人的症状入手的。通过症状查找病因，然后选择合适的治疗方法，让病人早日康复，这就是"对症下药"。三国时有府吏儿寻和李延，同时感到头痛身热，请华佗开药。华佗给儿寻开了泻药，给李延开了发汗药。二人感到奇怪，怕药开错了，去问华佗。华佗说："儿寻病在内实，李延病在外实，病况不同，药怎么能一样呢？放心吧！"二人把药服下，第二天早上就都康复了。有些病症状相似，但是病因不同。通过病症准确地查找到病因就要依赖高超的技术和丰富的经验。

《字汇》："症，腹内症结病。""症"为症结。因此"症结"也用来比喻事情弄坏或不能解决的关键。遇到这种情况也不要紧张，应该像医生为患者治疗一样，弄清事情受阻的原因，找到其"症结所在"，然后"对症下药"，就能从根本上解决问题。由"症"字的结构可知，生病是正常的事物产生症结和阻碍，邪气压倒了正气。因此，解除症结的关键就在于扶正祛邪。《黄帝内经》："真气从之，病安从来。"告诉我们治疗疾病的最佳方法是"治于未病"。也就是说，通过平时保养，提高机体的免疫力，扶植人体正气，这样就不容易生病。

喜怒

喜欢生气的人不怕病，喜欢抱怨的人不怕穷。

喜 xǐ

甲骨文 金文 小篆

"喜"，会意字，从壴，从口。

"壴"为"鼓"的本字，一面大鼓悬在木架子上，下有底座；"口"表示发声，是人类思想意识的外在体现，亦可表现于文字、行为。"喜"的甲骨文字形表现了人们敲锣打鼓，喜气洋洋，鼓声、呼声响彻云霄的场面。意识根源于物质，鼓是中华传统中极具代表性的乐器，普及度非常广泛，不知宫、商、角、徵、羽为何物的村野鄙夫拿起鼓槌来照样擂得鼓声震天，眉飞色舞，这就是民族文化的魅力。

"喜"从吉，从中，从口。"吉"为吉利、吉祥；"中"是草木初生，可引申为普遍；"口"是发声器官，可引申为言语。"吉"、"中"、"口"为"喜"，表示人逢喜事普遍要说吉利话使人喜悦，同时也表明喜悦是一种吉祥、吉利的征兆。

若将"喜"视作从吉，从"善"省"羊"，表示做人处事以善为本，必会吉祥、吉利，此也为"喜"也。"吉"有吉祥、吉庆的意思。吉祥如意、吉庆有余都是喜事。《说文·口部》："喜，乐也。"本义为快乐、高兴。有道是人生有四大"喜"：久旱逢甘霖，他乡遇故知，洞房花烛夜，金榜题名时。

结婚是人生的头等喜事。结婚时招待宾客叫"喝喜酒"，分送亲友糖果叫"吃喜糖"，发请帖子告知亲朋叫"喜帖"，陪伴照顾新娘的叫"喜娘"，而且嫁妆上都要贴双喜字，以表达亲人对新人的美好祝愿。甚至还有一种奇特的"冲喜"，这是汉族的一种古老的婚俗，男方生病了或是男方家人身体欠安，就会赶紧娶个媳妇或让已经订婚的媳妇过门，举行一个仪式，以此来驱除家中的晦气，让新娘的喜气为大家带来好运。传统思维里，人们认为多子多孙，是家业兴旺的表示。所以，妇女怀孕叫"有喜"，怀孕的脉象叫"喜脉"，孩子满月将染红的蛋分送亲友叫"喜蛋"。人们甚至还将喜庆的愿望寄托在事物身上，比如，久旱逢甘霖，人们称之为"喜雨"；喜鹊一叫，人们便认为要有好运；湖北有些地区将鲫鱼称为"喜头鱼"，过年过节，红烧鲫鱼（全鱼）便成为人们桌上一道必不可少的佳肴。有趣的是，这道菜往往是"全身而退"，因为全鱼（余），表达了人们希望年年有余的良好愿望，人们舍不得吃它。

"喜"当爱好解，是一种偏好。《诗·小雅·彤弓》："我有嘉宾，中心喜之。"我有嘉宾在朝堂，心中欢乐喜洋洋。生物适宜生长在什么样的环境也叫"喜"，如玉簪花喜阴不喜阳；某种东西适宜配合什么东西也叫"喜"。

中医有"内伤七情"的说法。七情是指喜、怒、忧、思、悲、恐、惊七种情志，是人体的精神状态，七情本不会使人致病，只有突然、强烈、长久的刺激，超过了人体本身的正常生理活动范围，使人体气机紊乱，脏腑阴阳失调，才导致人体疾病的发生。《儒林外史》中的范进，就是因为中了举过于兴奋，而致癫狂的。七情致病发乎人体之内，而人体内部又以五脏六腑为主。所以，人的情志与内脏有密切关系。因此，人们应该学会调节自己的情绪，避免大喜大悲，力求宠辱不惊。

怒 _{nù}

小篆

"怒"，形声字，从心，奴声。

"奴"为奴隶、奴仆；"怒"从"心"，表示与心理、情感有关。"奴""心"为"怒"，意为奴隶受人驱使，任人打骂，毫无人身自由，又无力反抗，只能在内心愤怒不已。《说文·心部》："怒，恚也。""恚"指怨恨、愤怒。

清代王豫《蕉窗日记》卷二："二十年治一'怒'字，尚未消磨得尽，以是知克己最难。"他用二十年的时间来治自己易怒这个毛病，还没有能够完全治好，可知克制自己是最难的。盛怒之下，必然丧失理智，全凭一时冲动来办事，是为心魔所奴役，事后必然后悔莫及。凡以恼怒开始的事情必然以后悔结束。"怒"字是以心受奴役来劝诫人们明晓失去理智后的恶果，告诉人们要懂得克制，这才是修身之道。

"怒"为懊恼、不高兴。《诗·邶风·柏舟》："薄言往愬，逢彼之怒。"我去找兄弟们诉说苦楚，却正赶上他们盛怒的时刻，被他们狠狠地数落了一通。《淮南子·本经》："人之性，有侵犯则怒，怒则血冲，血冲则气激，气激则发怒，发怒则有所释憾也。"将发怒的生理表现和心理表现阐述得淋漓尽致。"赫斯之怒"形容帝王盛怒。《诗·大雅·皇矣》："王赫斯怒，爰整其旅。""众怒难犯"的意思是众人的愤怒不可触犯，表示不可以做众人不满意的事情。《左传·襄公十年》："众怒难犯，专欲难成，合二难以安国，危之道也。""嬉笑怒骂"指不论什么题材和形式，都能任意发挥，写出好文章来。宋代黄庭坚《东坡先生真赞》："东坡之酒，赤壁之笛，嬉笑怒骂，皆成文章。"

怒形于色，双目圆睁，目眦尽裂，须发戟张，甚至怒发上冲冠。中医认为怒伤肝，大怒导致肝气上逆，血随气而上溢，故伤肝。症见面赤、气逆、头痛、眩晕，甚则吐血或昏厥猝倒等。《素问·阴阳应象大论》："怒伤肝，悲胜恐。"王冰注："虽志为怒，甚则自伤。"七情致内伤，如果过度愤怒，就会使肝阴受伤，继而引起肝阳更旺，这样互为因果，就更容易发怒，更容易使肝受伤了。所以古人惜福养身，懂得节制，也是砺德修行的法门。"善怒"为中医病症名，指易于发怒，甚至无故自怒，多属肝病之常见证候。《素问·脏气法时论》："肝病者，两胁下痛引少腹，令人善怒。"临床以肝实气滞较为常见，其证以善怒、胁肋或胁腹痛胀为主，宜用柴胡疏肝散、四磨汤、香甘散或小柴胡汤加香附、川楝子。

怒发于声，人怨语声高，自有一股冤戾之气。故"怒"可比喻气势很盛、奋发的状态，元代张养浩《山坡羊·潼关怀古》："山峦如聚，波涛如怒,山河表里潼关路。""怒涛"、"百花怒放"中的"怒"都是表现一种情态。"春笋怒发"指春天的竹笋迅速茂盛地生长,比喻好事层出不穷地产生。"心花怒放"的意思是心里高兴得像花儿盛开一样,形容极其高兴。清代李宝嘉《文明小史》第六十回:"平中丞此时喜得心花怒放,连说:'难为他了,难为他了。'""鲜车怒马"指华丽的衣服,肥壮的马,形容服用讲究,生活豪华。南朝宋范晔《后汉书·第五伦传》:"蜀地肥饶,掾史家赀多至千万,皆鲜车怒马,以财货自达。"

盛怒之下,必有责人之词,故"怒"还有谴责的意思。《韩非子·五蠹》:"今有不才之子,父母怒之弗为改。"不肖子受到父母的责骂也不改过。"东怨西怒"指任意指责别人。北齐颜之推《颜氏家训·省事》:"须求趋竞,不顾羞惭,比较材能,斟量功伐,厉色扬声,东怨西怒;或有协持宰相瑕疵,而获酬谢,或有喧聒时人视听,求见发遣;以此得官,谓为才力,何异盗食致饱,窃衣取温哉!"

人愤怒之时,最容易受怂恿。战场杀敌,军士冲锋陷阵,靠的就是一股怒气,所以良将用兵,重视激发兵众的士气,将士同仇敌忾,自然锐不可挡。但对主将来说,就不应该轻易动怒了。三国蜀诸葛亮《喜怒》:"喜不应喜无喜之事,怒不应怒无怒之物。"将帅要喜怒不形于色,镇定指挥才不会丧失理智。

"怒蛙"典出《韩非子·内储说上》。越国被吴国打败以后,越王勾践一心想报仇。有一次在车上看见一只蛙在鼓气,他就伏在车前横木上表示敬意。车夫问他为什么,他说:"蛙这样鼓足勇气,能不向它致敬吗?"晋代葛洪《抱朴子》:"是以晋文回轮于勇虫而壮士云赴,勾践曲躬于怒蛙而戎卒轻死。"

哀乐　　忧多伤志，欲纵成灾，喜多生悲，乐极生哀。

哀 āi

 金文　　哀 小篆

"哀"，形声字，从口，衣声。

"哀"从口，表示与人的发声有关；"衣"为衣服、衣物。"哀"字"衣"中有"口"，口被衣服包起来，寓意心里难过，却说不出来。《说文·口部》："哀，悯也。"本义指悲伤、悲痛，是一种有苦难言、欲哭无声的心理感受。如哀伤、哀痛。"哀"含有同情、怜悯之意。同情怜悯不是挂在口头上的，而是内心的或行动上的表达。

在古代，一般都是皇帝死后才传位给后代，在位皇帝的母亲称为太后。"哀"隐含先帝去世、举国皆悲之意，故而太后、太妃通常自称"哀家"，其中既暗藏了身为寡妇的无限凄凉与悲伤，哀叹自己虽有尊贵之身，却难享天伦之乐，也表示身为帝王之母，无时不同情、怜悯着天下百姓。

《广雅》："哀，痛也。"哀是一种比较强烈的痛苦心情，但中国的儒家传统讲究中庸，所谓"乐而不淫，哀而不伤"（《论语·八佾》），无论是快乐还是痛苦都不能过分。所以古时，人在哀恸时常常以袖掩面，不愿将愁苦示人。如在刻画文姬与亲人生离死别场景的画卷《文姬归汉》中，文姬的丈夫匈奴右贤王看到大儿子抱着母亲的腿，哭着不让她离开，小儿子年幼，尚不知道永别在即，还笑着要妈妈抱，他顿时哀从心来，侧身以袖掩面。旁观之人莫不动容，文姬更是哽咽拭泪。画家用以袖掩面这一神来之笔，把画中人无法宣泄的哀伤刻画得淋漓尽致。

人有七情：喜、怒、哀、乐、悲、恐、惊。"哀"是一种哀痛、哀伤的情绪。《诗·小雅·蓼莪》："哀哀父母，生我劬劳。"百姓苦于兵役而不能奉养辛苦养育自己的父母，这是在天伦之情无法得到满足而感到的悲哀。《采薇》："我心伤悲，莫知我哀。"服兵役回来发现家里已经空无一人，这是无人理解、没有共鸣的悲哀。人们也常用鸟兽的哀鸣来衬托悲哀的心情。《论语·泰伯》："鸟之将死，其鸣也哀。"意思是说鸟在将要死的时候，鸣叫声是很悲哀的。文学作品在描写灾荒或战乱时，多用"饿殍遍地"、"哀鸿遍野"比喻到处都是流离失所、呻吟呼号的灾民。在诗歌中，鸟兽常被借来衬托哀伤的情感。如李白《长干行》："五月不可触，猿声天上哀。"杜甫《登高》："风急天高猿啸哀，渚清沙白鸟飞回。"白居易《琵琶行》："杜鹃啼血猿哀鸣。"鸟兽尚如此，更何况人呢？古典诗歌的这种表达方法使其具有极大的感染力，所以才能"哀感顽艳"，无论是愚笨之流还是聪慧之辈都会被感动。

哀是人间的愁苦，是郁结于胸的怨气。但当积怨达到一定的程度后，最终会化为冲天的怒气宣泄出来，其势不可阻挡，所以哀也可以化为一种力量，即所谓"哀兵必胜"。"哀兵必胜"语出《老子》："故抗兵相加，哀者胜矣。"意思是当兵力相当的两军对垒时，受压抑、处境绝望而充满悲愤情绪的一方必能获胜。

人有哀痛即使没有充分地宣泄出来，也总会在表情上或行动上有所表示。当一个人去世后，人们为了表示哀伤，通常要举行哀悼活动，以寄托哀思，或者用哭泣来表达哀痛之情。所以人们用"呜呼哀哉"来指代死亡。巨大的悲哀让人"哀痛欲绝"，但是，正如俗语所言：哀莫大于心死。还有什么能比心死更让人感到悲哀的呢？

乐 【樂】
yuè lè

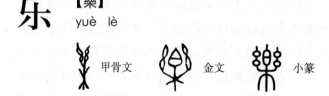

甲骨文　　金文　　小篆

"乐"，繁体为"樂"。象形字。

"乐"的甲骨文像丝弦绷附在木器之上，是一种弦乐器。乐器通过演奏产生音乐，故"乐"又指音乐。音乐给人以精神上的快乐愉悦，所以

"乐"又为快乐，读作"lè"。

繁体的"樂"可视为由"丝"、"白"、"木"构成。"木"表示乐器的质地，"丝"为乐器的丝弦，"白"为明示、表白。三者相合为"樂"，寓意音乐可以表达曲作者和演奏者的心声。将简体"乐"视作从匚，从小。"匚"可代指有限的范围；"小"为微小、细小，与"大"相反。"乐"由这两部分组成，意寓快乐建立在一点一滴的小事上，具有强烈的渲染力，可以贯穿相关联的任何范围、地方、人群。简体"乐"由草书演变而来。

"乐"的本义是乐（yuè）器。《说文·木部》："乐，五声八音总名。""五声八音"泛指各种乐器。"五声"即宫、商、角、徵、羽五个音阶；"八音"指金、石、土、革、丝、木、匏、竹八类乐器。八类乐器不同，发音也不同。相传舜作五弦之琴，以歌南风。后周文王、周武王各加一弦，才成了今天的七弦琴。"樂"所指的正是这种丝弦乐器。

"乐"由乐器可引申为乐器所发出的乐音。有组织的乐音即"音乐"。乐音是作曲家的灵魂，优美的音乐可以陶冶人的情操，净化人的心灵，启迪和鼓励人积极面对人生。音乐是快乐的催化剂，欣赏优美的音乐能使人心情愉悦。美妙激昂的音乐可以为热烈的气氛、飞扬的心情锦上添花；悲伤的时候一个人静静地听着自己喜爱的音乐，让舒缓的音

乐则气顺，悲则气郁。乐观不仅是人生态度，也是养生的要旨，延年益寿的良方。人在发怒的时候，呼吸加快，肺泡扩张，血流加快，心跳剧烈，身体处于失控状态，自损身心，影响健康。所以人要"制怒找乐"，以安静调和，神清气和。张景岳在《先后天论》中写道："唯乐可以养生，欲乐者莫如为善。"简明地道出了行善、快乐与养生之间的关系。从养生角度看，行善积德乃养生之根；从生理的角度来看，常常行善的人有益于自身免疫系统，所以当以"行善为乐"。

养生乐（lè）不可少，"乐"（yuè）不可缺。中医根据五行相生相克的规律，运用宫、商、角、徵、羽五音，针对不同症状，按不同音调、音量、节奏、旋律等对人体有关的脏腑作用不同而产生喜、怒、哀、乐（lè）、悲、恐、惊等情志，创造了五音疗法。《史记·乐书》："音乐者，所以动荡血脉，通疏精神，而和正心也。"《乐记》也说："故乐而伦清，耳目聪明，血气和平。"

爱恨

平心静气，恬淡虚无是最好的养生之道。

爱

【愛】
ài

小篆

"爱"，繁体为"愛"。会意字。

"爱"的本义为亲爱、喜爱，指对人或事物有深厚、真挚的感情。

繁体字"愛"的上面是"爫"，中间是"冖"、"心"，下面是"夂"。"爫"为手，表示给予、付出，也指收取、获得；"冖"为"冥"字头，意为深奥、玄妙；"心"为内心、心灵，是人的心理活动；"夂"为行走、行动。"爫"、"冖"、"心"、"夂"为"愛"，意为将内心深沉的情感化为行动，施与他人，或通过行动赢得他人的情感。

"愛"字"心"在"冖"下，寓意"爱"是深沉的，难以用言语表达；"愛"中有"心"，寓意"爱"是一种心灵的感受，"爱"需要发自内心，"愛"不仅是语言上的，更要用心去体验；"夂"为行走、到来，寓意"愛"需要传播、传递，人人都应有爱心，人人都应得到爱。

简化字"爱"改"心"、"夂"为"友"，强调爱的前提是彼此友好，和睦相处。"友"在下，示意爱的基础是人与人之间的友好。"友"的古字为两手相握形，意为爱应该是人与人之间情感的交流。"爱"中无"心"，表示现代生活中爱情变得不专心。"爱"字中有冖、十、又三只"手"，暗示爱容易因第三只手（第三者）的介入而发生变化和转移。

爱由心生，心不同，爱自然不同。爱有小人之爱，爱一己之私是一个点；有庶人之爱，爱亲朋好友是一个小圆；有贤人之爱，爱国爱民是一个大圆；有圣人之爱，博爱众生并教化他人如何拥有并施予爱，此爱浩瀚无边。

儒家讲"仁爱",墨家讲"兼爱",佛家讲"慈爱",三者都是圣人之爱。人人心中都有仁义想、兼爱念、慈悲心,则天下大爱;无攻伐、无恶业、无不善,故百姓安居。这些都来自"爱"中之"心"。

《论语·颜渊》:"樊迟问仁。子曰:'爱人。'"樊迟询问什么是仁,孔子说:"仁就是爱护他人。""爱人"是仁者具备的核心品质,也是人之为人的基本准则。孔子认为:"爱人"的要旨在于将心比心,推己及人,"我不欲人之加诸我也,吾亦欲无加诸人"(《公冶长》)。"己所不欲,勿施于人"(《卫灵公》)。自己都不想要的,不愿意承受的,就不要强加给别人。孔子的"爱"并不是空泛的道德理念,它以人的血缘关系作为基础,是从最基本的平等亲切的亲亲之情向外推扩——母子、兄弟、长幼、亲朋、邻里等,最终达到社会的各个层面,建立和谐有序的人际伦常。

墨家认为,"爱人者,人必从而爱之。""爱"是一种发自内心的深厚感情,它是相互的,爱他人的同时也会得到他人的爱。与儒家不同,墨家强调无差别的平等相交之爱,即博爱。这是因为木匠出身并自称"贱人"的墨子比孔子更有平民思想。

佛学为出世的学说,它视人生为苦,修行是要破除种种欲望、是非、名利、观念的蒙蔽,最终证得自我的本真,实现超越。超越有境界的大小,个体超越只能算是小乘,而佛家看重的是承担大众的苦难,能够度己并度人的大乘精神,所谓"我不入地狱,谁入地狱"。佛语说得好:施爱比受爱幸福!

爱是心的融会与交流。恩德相接者,谓之知己;声气相求者,谓之知音;腹心相照者,谓之知心。战国荆轲与高渐离是好朋友,他们常在酒肆中饮而高歌。当荆轲去刺杀秦始皇时,高渐离易水送别,击筑唱和。荆轲行刺失败被杀后,高渐离以自己的生命去延续朋友的志愿,注铅于筑中继续刺秦。他们的友爱为知己之爱。俞伯牙从小酷爱音乐,琴艺精妙,但一直难觅知音。一次偶然的机会,俞伯牙在荒山野岭间遇到钟子期,两人相见恨晚,结为兄弟,约定来年中秋再相会。不料,第二年钟子期染疾谢世,俞伯牙万分悲痛。他来到钟子期的坟前,凄楚地弹起了《高山流水》。弹罢,挑断琴弦,长叹一声,把心爱的瑶琴摔破在子期的坟前,悲伤地说:"我惟一的知音已不在人世了,这琴还弹给谁听呢?"他们的友爱是知音之爱。王朝云在苏轼最困难、最需要安慰的时候，服侍他左右23年，忠敬如一，堪称古代才子佳人的爱情典型，他们的爱情为知心之爱。

爱是无私的奉献，是默默的关怀，是真挚的仰慕，是不懈的追求，是缠绵的思念，是温馨的永恒。爱让人感到温暖、幸福，使人振奋、激动，爱令人忘掉痛苦、烦恼。爱中最浪漫、最美好、最辛酸、最无奈者，是恋情之爱。爱情，是人类永恒的话题。古诗有："结发为夫妻，恩爱两不疑。"

男女相爱，结成伉俪，彼此把心交付给对方，希望从此恩恩爱爱，白头到老。《诗·邶风·击鼓》："执子之手，与子偕老。"白头到老是每一对恋人的向往，但爱的旅途并非一帆风顺。因此，拥有了爱，就要懂得珍惜、学会经营。相爱的双方需共同浇灌爱之树，爱之树才能永葆青春，爱之花才能绚丽多彩。恋人和夫妻之间，只有互相理解、互相信任、互相尊重、互相呵护、互相关爱，爱巢才能稳固，爱情才能升华。

恨 hèn

 小篆

"恨"，形声字，从心，艮声。

《说文·心部》："恨，怨也。""恨"的本义是怨恨。"恨"从"心"，表示属于一种内心情感；"艮"为八卦之一，代表山，意寓沉重。仇恨有如一座沉重的山，压在心上，难以移动，令人窒息。"艮"又有坚固、坚硬之意，会意"恨"是长时间怨气郁积而致，一旦产生，又难以消除。

唐代李朝威《柳毅传》："恨贯筋骨。""雨恨云愁"比喻男女之间的离别之情。宋代王禹偁《点绛唇·感兴》："雨恨云愁，江南依旧称佳丽。水村渔市，一缕孤烟细。"

"恨"引申为遗憾、后悔之义。西汉司马迁《史记·萧相国世家》："臣死不恨矣。"三国蜀诸葛亮《出师表》："叹息痛恨。"东晋陶渊明《归去来兮辞》："恨晨光之熹微。"其中"恨"皆为遗憾、后悔之义。"艮"在人体为手，俗语"百爪挠心"形容如坐针毡的感觉。心加上手正是一个人遗憾后悔而耿耿于怀的形象描述。"终天之恨"指到死的时候都消除不了的悔恨或不称心的事情。明代高则诚《琵琶记》："卑人空怀罔极之思，徒抱终天之恨。""悔恨"、"抱恨终生"、"含恨"等词语中的"恨"皆为遗憾意。"恨"还可以引申表示一个人有强烈的愿望，如"恨不得"、"恨不能"。"多少恨，昨夜梦魂中。""恨不相逢未嫁时。""爱你爱你始终，恨你恨你不懂。"诗为时而发，歌为事而作。从古至今，有唱不尽的哀怨之歌，真是"多少恨，从古唱到今"。

恨由心生。毋庸置疑，一个人心境的好坏对他的身体及事业将会产生重大的影响。解决问题的根本方法就是搬掉心中的那座山，返本还原，做一个纯粹的人。"菩提本无树，明镜亦非台，本来无一物，何处惹尘埃？"心境澄明方能坦然面对万物。释家和道家都强调清心寡欲，不争名利。儒家讲究慎独，不为声色犬马所惑，这才是涤荡心灵、化解怨恨之本。清代石成金所著《传家宝》中有《莫气歌》："莫生气，莫生气，我本无心他来气。倘若生气中他计，气下病来无人替。"

恐惧

心无散乱，不起邪念；恬淡寂寞，其神自宁。

恐 kǒng

金文　小篆

"恐"，形声字。从心，巩声。

"巩"作形容词，有恐惧之意；"心"表明与内心感受有关。"巩""心"为"恐"，即内心感到害怕、恐惧。"恐"的本义为畏惧、害怕。《说文》："恐，惧也。"

"巩"的繁体为"鞏"，意为用皮革捆东西。"巩""心"合而为"恐"，可理解为心犹如被皮革捆紧，即内心极度紧张，因被惊吓而产生畏惧心理，故为畏惧之意。

蒲松龄《聊斋志异·狼》："屠大窘，恐前后受其敌。"句中的"恐"用的即是本义。"临难不恐"指遇到危难，一点也不惧怕。《韩非子·说疑》："夫见利不喜，上虽厚赏无以劝之，临难不恐，上虽严刑无以威之，此之谓不令之民也。""恐"作动词还可表示动作的施与，即恐吓别人、使人害怕的意思。《史记·高祖本纪》："李斯因说秦王，请先取韩以恐他国。"李斯说服秦王，让秦王先攻下韩国，以此来恐吓别的国家。句中的"恐"就是恐吓、吓唬之意。

"善恐"为中医病症名，出处《素问·四时刺逆从论》。善恐多由脏气伤损所致，尤以肾伤、心神浮越为常见。以心中恐慌、畏怯不安为主证。"大惊卒恐"是病因名，见《景岳全书·小儿则》。小儿气血未充，神气脆弱，卒遇大惊恐吓，每易损及心、胆之气，恐则气下或气乱，使气血失调，而出现面赤，大便青，多烦，多哭，睡卧惊惕易醒，振动不宁。七情分属五脏，以喜、怒、思、悲、恐为代表，称为"五志"。其中恐为肾志，肾是人们表达惊恐之志的主 要脏器。惊恐是人对外界突发刺激的应急反应，人在受到剧烈惊恐之时，会出现大小便失禁，这与肾主前后二阴，肾主两便的功能相符。

"恐"还可作副词，表示估计兼担心，例如"恐怕"。《广韵·用韵》："恐，疑也。"意思是"恐"有疑虑、担心的意思。《韩非子·喻老》："不治将恐深。"不治疗的话，病情将会越来越重。"恐遭物议"指担心遭到众人的非议。

"恐"还可作名词，表示使人畏惧的事。《淮南子·时则》："季春行冬令，则寒气时发，草木皆肃，国有大恐。"意思是，时令不对预示着国家可能会有大灾祸。

"巩""心"为"恐"。恐惧是心理现象，在多数情况下是自己造成的，有时候是自己恐吓自己。如果自己有气势，有信心，心里踏实，就会无所畏惧。

惧 【懼】

jù

金文　　小篆

"惧"，繁体为"懼"。形声字，从心，瞿声。

"懼"从心，说明与心理活动有关；"瞿"的本义为惊视的样子。"心""瞿"为懼。当人感到害怕的时候，心里是十分紧张的，眼睛也圆睁着，盯着周围的动静。"懼"字形象地把一个人害怕时的表情呈现得淋漓尽致。"懼"的本义是害怕、恐惧。《说文》："惧，恐也。"简体"惧"从具，"具"为具体。惊恐是内心的感受表现于外，故从心，从具。

"惧"为恐惧、害怕。《论语·子罕》："勇者不惧。"勇敢的人是不会感到害怕的。"季常之惧"指惧内。宋代洪迈《容斋三笔·陈季常》载，陈慥字季常，其妻柳氏凶悍而好嫉妒，陈慥颇为惧怕。"栗栗危惧"形容非常害怕。"栗栗"是发抖的样子。《尚书·汤诰》："栗栗危惧，若将陨于深渊。""同舟之惧"比喻共同为某事而忧虑、畏惧。《三国志·魏志·傅嘏传》："外内齐虑，有同舟之惧，虽不能终自保完，犹足以延期挺命于深江之外矣。""甄心动惧"意思是敬慎而保持警惕。《逸周书·道法》："甄心动惧日顷。"由本义出发，"惧"又可引申作动词，表示使人害怕、使人恐惧的意思，意即恐吓。《易》："危以动，则民不与也；惧以语，则民不应也。"这里的"惧"就是恐吓、使人害怕的意思。用恐吓的话语来威胁人民，想以此让人民屈服，是行不通的。自古以来，真正让人民信服的是仁政。

"惧"还可用作形容词，表示惊慌失措的样子。《汉书·惠帝纪赞》："闻叔孙通之谏则惧然，纳曹相国之对而心说。"句中的"惧然"就是因害怕而惊慌失措的样子。

"惧"字从心，害怕是由心生的。只要内心不妥协，就不会害怕。其实，有的时候，事情并不像人所想象的那样，都是人自己把自己吓住了，心理上先处在了劣势。因此，无论面对怎样的困难，都要勇敢去面对，至少心里不能先怕了。否则，失败是不可避免的。

"妙惧尊者"是佛教中五百罗汉之第104尊，即妙幢菩萨。"惧"有惧怕之义，惧怕有时可以使人不走邪路，故有"妙惧"之称。《金光明最胜王经》卷二载有金鼓说法的故事。妙惧尊者曾在梦中拜见佛陀，见光明晃耀之大金鼓宣说忏悔品。他对佛陀说："世尊，我梦中见婆罗门南妙金鼓，声中演说微妙伽陀，明忏悔法。我皆忆持，愿世尊听我所说。"佛陀听毕，赞曰："善哉！善男子，如汝所梦，金鼓出声，赞叹如来真实功德并忏悔法，若有闻者，获福甚多。"

舒适

有钱没钱知道就好；苦点累点，开心就好；年少年老，充实就好；家庭事业，如意就好；在家在外，平安就好；现在将来，幸福就好。

舒 shū

小篆

"舒"，会意兼形声字，从舍，从予，予亦声。

"舍"为放在一边、丢开、放弃、抛弃、舍弃，同时也表示放开、放松之意；"予"有给予、赠予、赋予之意。能舍之人必有无私之心。"心底无私天地宽"，心为自由之心，身体从心而行，此乃舒展、舒畅。《说文·予部》："舒，伸也。"本义为舒展、伸展。

"舍"为房舍，又为心舍、心房，是内心；"予"是"我"的代称。人在房舍中呆久了，空气不新鲜，气血不顺畅，容易胸闷头懵，需要走出舍外伸展身体，舒展筋骨，使血脉流通，呼吸空气，使气息舒平，五脏平和，心情放松，故"予"在"舍"旁为"舒"。

"舒"为"舍""予"："舍"是舍得，"予"是"我"。我舍得给予，心甘情愿舍得，自觉自愿给予，其心情自是十分舒畅。舍得，舍得，有舍才有得，唯有我舍，才有我得；唯有舍我，才能得我。助人为乐，施以他人，与人愉悦，与己欣慰。故而，"舍""予"既能给别人带来快乐，又使自己感到舒畅。同时也表明，只有给予、付出和奉献，才会感到真正的舒服、舒适和舒畅。"舒"由舒展引申为展现。苏轼《浣溪沙》："缺月向人舒窈窕，三星当户照绸缪。"天上的弯弯月儿向人展现窈窕身姿，星光透过窗户，显得缠绵清幽。

心中忧思，郁积不除，导致心系（心与其他四脏的通道）紧绷，气道约束而不通畅，则叹息以舒气，若叹息还不能去除忧思，则发之于笔、宣之于口，"舒"为抒发、抒情，为情绪的宣泄。心中有抑郁之事不宜久藏，应找正确的通道舒泄出来，如陆游年老时，对南宋收复失地几近绝望，心中郁愤难平，希望有像诸葛亮这样的帅才出现，于是有《书愤》一诗以浇胸中垒块。大凡心有郁积，抒发出来便可使心系缓和，气息复归于顺畅，"舒"又有舒畅的意思。

舒展筋骨、舒平气息，不可过急，急则筋骨反缩、气息逆乱，必须缓慢有节、从容适度，"舒"为缓慢、舒缓。《谷梁传·桓公十四年》："听远音者，闻其疾，而不闻其舒；望远者，察其貌而不察其形。"听远处的声音，只能听到急剧猛烈的却听不到徐迟舒缓的；望远处的人，因为只会注意神情容貌而容易忽略其身体形状。

"舍"是放在一边，"予"是我，"舒"为"舍""予"，即把我放在一边。人不能过于看重自己，否则必然会遇事多虑，瞻前顾后，言行举动、一思一念都受到束缚，久而久之，心事必重，轻则抑郁，重则致病。所以人要把"予"放在一边，"舍""予"才能达到心舒。助人为乐、乐善好施、济困扶危，他人赞赏感激，自己欣慰舒畅。

"舍"是舍得，"予"是给予，"舍""予"即舍得给予。人不能粘滞于外物，被利欲之心蒙蔽，则伤心费神，不惟身体心气不舒，做任何事也不得舒展。通过不正当手段谋取不义之财，虽然宝马香车，豪纵奢华，然而整日提心吊胆，如何能舒？舒，不仅是身体的舒适，也是心理的舒畅。身体不宜过于劳累，亦不可过于怠惰，否则身体不舒，身体不舒则心意难畅；心中也不能常怀忧思，否则心气不舒，心气不舒则身体局促。若想达到舒，需要身心兼修，懂得舍取，处于上而不骄，处于下而不馁，襟怀宽广，心无挂碍，坦荡为人，自然能舒。总之，"舒"是身与心的调节和互相影响，"舒"是养生的一种境界，达到了舒，则经脉周行无碍，气息顺畅通达，心态安详舒宁，全身和畅平融。

适 【適】

shì kuò

夤 金文　讀 小篆

"适",繁体为"適"。形声字,从辵,啻声。"適"从啇,从辵。"啇"与"啻"本为一字,小篆有仅此、为止之意;"辵"为行走,泛指行为举止。

"適"字意为行走至此而止。《说文·辵部》:"適,之也。"本义指到、往。"适"具有方向性,表示同一目标,故"适"引申有归向之意,强调了具有明确的方向,如"民之所适"。到此为止,没有过头,也没有不及,适可而止就是"适","适"指恰当、切合之意,如适合、适当。

"啇"的本义为树根、根柢,意指根本、基本。"適"从啇,从辵,表示行为符合根本出发点,符合一定的利益,符合一定的规律,才能顺应事态的变化、情况的发展,才能达到适合、适宜、适当、适度的目的。

将"啇"视作"滴"省"水",意为点滴。"辵""啇"为"適"表明:适当、适度、适合的行为应该从点滴做起,从小事做起,从事物的初始状态做起,是在点滴的细节上使自身的行为适当、适度、适宜。

简化后的"适"从舌,"辵"是行动,"舌"代指语言。言行配合一致得体,为合适、适当。"舌"为"千""口",象征众人之口、民心所向。言行要符合百姓意愿,要对得起自己的良心。此为"适"之切合、相合、适合之意。"适"从辵,从舌。"舌"是辅助发声的器官;同时"舌"的灵活性是身体健康的一个重要标志。"辵""舌"为"适",意为舌头在活动,以此表示舌头能够正常灵活地活动,是正常生理功能的体现,也表示身体处于健康状态。身体健康则感觉舒适、安适。"适"的本义是"到某地去"的意思。《诗·魏风·硕鼠》:"逝将去汝,适彼乐土。"我发誓要离开你,到那快乐的家园去。后引申为女子出嫁,辞别父母,住到夫家。古代女子与大夫结婚叫"嫁",与士、庶人(平民百姓)结婚叫"适"。

"适"有舒适之意。张潮《幽梦影》中说:"能闲世人之所忙者,方能忙世人之所闲。人莫乐于闲,非无所事事之谓也。闲则能读书,闲则能游名胜，闲则能交益友，闲则能饮酒，闲则能著书。天下之乐，孰大于是？"
如果说"闲"是一种外在的表现，那么，"适"则是一种内在的体验。首
先，"适"是一种心境。"适"能让人体验到生命的自然状态，能让人感
受到涤荡世俗烦忧之后的娱乐与自在，"适"使人感到自己是生命的主人。
《论语》中孔子询问学生们的人生志向，子路志在治理"千乘之国"，冉有
志愿献身"宗庙之事"，只有曾点的志趣让孔子颔首赞同，曾点说："暮春
者，春服既成，冠者五六人，童子六七人，浴乎沂，风乎舞雩，咏而归。"
其次，"适"乃是遂性自适，身心俱适。就像群鱼嬉戏于渊，众鸟欣鸣于
林，骏马衔草而肥，山鸡琢笼而飞一样，人也应随性适分，酣咏怡情。白
居易《适意二首》："置心世事外，无喜亦无忧。终日一蔬食，终年一布
裘。寒来弥懒放，数日一梳头。朝睡足始起，夜酌醉即休。人心不过适，
适外复何求。""适"不仅是生理的安适，更是心灵的快适。白居易晚年所
作《二适赠道友》诗写道："褐绫袍厚暖，卧盖行坐被。紫毡履宽稳，赛
步颇相宜。足适己忘履，身适己忘衣。况我心又适，兼忘是与非。二适今
为一，怡怡复熙熙。"再次，"适"的最高境界是"忘适"。《庄子·达生》
篇中说："忘足，履之适也；忘要，带之适也；知忘是非，心之适也；不
内变，不外从，事会之适也。始乎适，而未尝不适者，忘适之适也。"可
见，忘适之适乃是不刻意求适而适自得的无往不欢的境界。

　　但是，"适"决不是无所事事，不是懒散放荡，不是消极倦怠。"适"
是生命的本真追求，是忙碌疲惫的心灵得以休憩的自由空间，是人生旅途
动态中的"静态"，是人生华美乐章中必不可少的休止符，是不为事牵，
不为物累的达观境界。

悲愁

过度伤神、伤心、伤大脑，都是短命之兆。

悲 bēi

悲 小篆

"悲"，形声字，从心，非声。

"悲"的本义为哀伤、痛心。《说文·心部》："悲，痛也。""非"的本义是违背，引申为不是、不对，表示否定。"非""心"为"悲"，"悲"是人遇到非心所愿之事或遭受心所不能承受的沉重打击时，因心之痛而产生的哀伤。非心，是说"悲"是一种情绪，但这种情绪非心所想，非心所受，非心所思，非心能助。他人遭遇不幸，我心哀怜，我的心是为他人而怜，不是为我而哀，是悯人之心而非怜我之心。故"悲"又表示哀怜、怜悯，如慈悲、悲悯、悲天悯人等。

"悲"中之"非"也有违背之意，非我之心谓之悲也。不论是他人还是自己，做了违背个人内心意愿的事情，心中难免悲痛。人在悲伤之际，适当地倾诉一下内心的哀痛和悲苦，会使紧张焦虑的心理得到一定的释放。正所谓快乐与朋友分享，快乐就会倍增；哀伤有朋友分担，哀伤就会减半。

佛教将"慈"、"悲"、"喜"、"舍"合称四无量心，悲为怜悯他人之苦而欲救济之心，音译作迦楼那、加卢那。《大智度论》卷二十中说："悯念众生于五道中所受之身苦、心苦，称为悲。""非""心"为"悲"，是说这颗悲心是为众生之心，不是为我之心。佛家讲非佛即佛、非心即心：我并不是众人心目中的佛，但行的是佛的度人之事，因此我就是佛；我的这颗心并非常人之心，而是一颗为众生的悲悯之心。以他人心为我心，以他人苦为我苦，以他人愿为我愿。我心化为众生心，此心为人不为己。

慈悲心是缘众生而生的。如果不知道有众生，则慈悲心也无从说起。不论是对于我们的亲属还是朋友，甚或是小动物，当见到他们的苦痛时，我们便起了慈悲心。想要消除他们的痛苦，就是悲心；想要使他们得到快乐，就是慈心。慈悲是佛道门户、诸佛心念，为万善之基本、众德之伏藏。慈悲系以无量众生为对象，而能爱念怜悯之，进而根本救度之，此种慈悲为佛、菩萨所独具之德行。

佛教认为，怜悯和同情只是慈悲的一部分，是狭隘的慈悲。而广义的慈悲则是给人信心，给人快乐，给人希望，给人方便。慈悲是净化的爱、升华的爱，是无私而充满智慧的服务济助，是不求回报的布施奉献，更是成就对方的一种心愿。集合了爱心、智慧、布施、美好愿望就是慈悲。慈悲能去除我们的嗔恨、嫉妒及贪欲。有了慈悲心，人就会宽宏大量，就会解脱心中的执著和痛苦。心胸开阔，智慧生起，闭塞、孤僻的心性就会开放，狂野的脾气就会平息，阴沉、堕落、负面的性情就能转化。慈悲之心是万物生生不息的源泉。多维复杂的人世，因为有了慈悲，才充满了生机与亲善；颠沛坎坷的人生，因为有了慈悲，才充满了憧憬与渴望。

愁 chóu

愁 小篆

"愁"，会意兼形声字，从心，秋声。

"秋"指秋季、秋天；"心"是心情、心绪、心境，汉字中从"心"的字多与人的思维和情感有关。草木至秋而枯黄，树叶至秋而凋落，秋气肃杀，景物凋零，使人心生悲伤之情，故以"秋""心"为"愁"。《说文·秋部》："愁，忧也。"本义是忧虑、悲伤、发愁。"秋"在五行中属金，金当令为旺，心属火。五行中火克金，金当令，火受金侮，心绪低落，心情沉闷。"秋"是"禾"边有"火"。"禾"为五谷、粮食，是人的生存之本。"愁"字表示粮食被火烧光，使人从心里发愁。

春生夏长秋收冬藏。人们在感受丰收的喜悦、忙于收获的同时，还要担心粮食的贮存问题：如何把粮食晒干、脱粒；贮藏的仓库够不够结实，天气这样干燥，防火的工作可马虎不得……至于游手好闲的人，到了秋天，他能看到的就只有一片荒芜的田地：冬天要来了，家里吃什么？拿什么来御寒呢？他要发愁的事多了。

吴文英对"愁"字有另一番解释。他在《唐多令》中写道："何处合成愁？离人心上秋。""心上秋"合成了一个"愁"字。秋天与"愁"的关系，不仅体现在物质的得失上，更重要的是来自人的情感体验。纵观中国古代文学史，"愁"作为一种情感、一种意象，可谓"剪不断、理还乱"。辛弃疾《水龙吟·登建康赏心亭》中有国愁："遥岑远目，献愁供恨。"崔颢《黄鹤楼》中有乡愁："日暮乡关何处是，烟波江上使人愁。"李清照《凤凰台上忆吹箫》中有情愁："应念我，终日凝眸，凝眸处，从今又添，一段新愁。"杜荀鹤《山居自遣》中有闲愁："此中一日过一日，有底闲愁得到心。"张先《一丛花令》中有离愁："伤高怀远几时穷。无物似情浓。离愁正引千丝乱，更东陌、飞絮濛濛。"张嵲《玉华山》中有哀愁："饥鼯啼烟猿啸风，子规声哀愁满容。"范成大《醉江月》中有忧愁："浮生有几，叹欢娱常少，忧愁相属。富贵功名皆由命，何必区区仆仆。"罗邺《春望梁石头城》中有悲愁："六朝无限悲愁事，欲下荒城回首频。"欧阳修《少年游》中有苦愁："阑干十二独凭春。晴碧远连云。千里万里，二月三月，行色苦愁人。"杜甫《凤凰台》中有孤愁："我能剖心血，饮啄慰孤愁。"李白《将进酒》中有豪愁："五花马，千金裘，呼儿将出换美酒，与尔同销万古愁。"王昌龄《从军行》中有边愁："撩乱边愁弹不尽，高高秋月下长城。"骆宾王《秋日送别》中有穷愁："当歌应破涕，哀命返穷愁。"

人为天地之心、五行之秀，所以人的身心会因天地间的阳生阴长、阳杀阴藏的变化而变化。春主生发，人欣欣然；夏主长，人跃跃然；秋气清，阳入而阴藏，人郁郁然；冬主藏，人颓颓然。人到了秋天容易有失落、低沉的情绪。秋天五行属金，对应五脏为肺，秋天金当令，故秋季宜患肺病，而肺所对应的五志即为忧愁。

春华秋实。"愁"从秋，寓指结果。人们口头上常说："秋后算总账"，比喻最后再来一起清算；古代对犯人执行死刑时，也通常是将他们囚禁起来，等到秋后处决。

人生最大的痛苦莫过于生离死别，故"愁"还有悲哀、悲伤之意。处于太平盛世，尚且有如许多的愁，更不用说身处乱世、人命形同草芥的时候。《左传·襄公八年》："民死亡者，非其父兄，即其子弟；夫人愁痛，不知所庇。"百姓丧失了的亲人不是其父兄就是其子女，妇女老人悲伤惨痛，没有可以庇护她们的人了。所以混乱的时代，被称为"乱世之秋"，实在是愁上加愁。

人发愁时，表情特征十分明显，尤其是眉毛蹙在一处，拧成了一个疙瘩，称为"愁眉"。愁恼让人烦心，让人感觉沉闷，所以人人都喜欢笑，怕愁眉。而在古时，偏偏有那么一段时间，极力推举女子的"愁眉"，认为那样别有一番风韵。东汉时跋扈将军梁冀之妻孙寿善作妖态，最能媚惑人。史载，她作愁眉，啼妆，梳堕马髻，折腰步，龋齿笑。时人认为这是一种不祥之兆，然而天下仕宦家妇女却纷纷仿效，一时间蔚然成风。

"愁"乃"心"上"秋"，只要心不空，永远有忧愁。因此，古来圣贤探求解脱痛苦忧愁的办法时，最后的落脚点都在"心"上，心已空，"愁"也无立足之地了！所以，心理健康的内容包括康宁、平静和安乐。内心豁达宽广，不为外物所役，就不容易忧愁了。

烦恼

烦恼是养生大忌，清心是健康妙方。

烦 【煩】 fán

煩 小篆

"烦"，繁体为"煩"。会意字，从火，从页。

"火"在中医中特指阳性、热性一类的物象或亢进的状态；"煩"从页表示与人的头部有关。"火""页"为"煩"，表示五脏之火升到头部，从而引起头部发烧。《说文·火部》："煩，热头痛也。"本义为头痛发烧。人因头痛发烧引起心情烦躁，气躁不安，脸红脖子粗，就像火烧火燎一样。"火"也表示红色、火红。"烦"的外在体现是脸色赤红，内部表现为思维混乱。"火"亦为紧急、火急，"页"引申为人的大脑、思维，十万火急的事通常会打乱人的大脑思维，使人心烦意乱。因此，"烦"有苦闷、急躁之意，如烦躁、烦乱、烦恼、心烦意乱。引申为又多又乱之意，如烦琐、烦冗；又意为搅扰，如烦扰、烦嚣。

《黄帝内经·素问·生气通天论》："烦则喘喝。"烦躁起来就喘急、声厉。心情烦躁的时候，人便失去耐心，凡事容易厌烦。由此"烦"又有厌烦、失去耐心之意。如"耐烦"是耐得住烦躁；"不厌其烦"是不嫌麻烦。人因烦躁而觉得眼前的一切都很繁杂，不好办，不想办，故而"烦"又通"繁"，表示烦琐、繁多、杂乱之意。《吕氏春秋·音初》："世浊则礼烦。"世道混浊，礼节就烦琐。

"烦"是因事物烦琐而使人心乱，因受人打扰而使人心躁。《广雅》："烦，劳也；扰也。"如李益《自朔方还与郑式瞻崔称郑子周岑赞同会法云寺三门避暑》："英英二三彦，襟旷去烦扰。游川出潜鱼，息阴倦飞鸟。"李煜《亡后见形诗》："异国非所志，烦劳殊清闲。惊涛千万里，无乃见钟山。"李白《宣州谢朓楼饯别校书叔云》:"弃我去者,昨日之日不可留,乱我心者,今日之日多烦忧。"故"烦"也指打破原有的宁静与安闲,也就是烦劳、打扰。所以当请人帮忙时,也常用"烦"字,用作敬辞,如烦劳、烦请等。

在生活、工作和学习中,常会遇到烦忧之事,烦忧则使人烦躁。烦躁这种情绪会给人的生活和工作带来不利影响。因此,对待生活、对待工作、对待学习,要有一颗平常心。平常心是一种洒脱,亦是人养生必循之路。道家思想中的"清静无为"、"返朴归真"、"顺其自然"、"贵柔"等都主张加强这方面的修养。追求清静无为、无欲无求固然很难,但是把一些扰人烦忧之事看得平淡些,却不难做到。这是有益于生活、工作、学习,更有益于养生延年的一种最佳心理状态。中医学的养生保健中讲究稳定情志,舒展胸怀。保持情绪相对的稳定性,是维护人体健康的方法之一,而舒展胸怀则是调整心理状况的重要方法。观美景以畅怀,作书画以养神,勤读书以怡情,都是修身养性的手段。所以虽俗人不能脱俗,却也可因悟养生之道而除去烦躁之心。

恼 【惱】
nǎo

"恼",繁体为"惱"。形声字,从心,脑省声。

"恼"从"心"表明与人的内心活动有关;一说"恼"字的右边是"脑"的初文,"脑"为大脑、思维。"恼"字"心"在前面,表明"恼"是感情胜过理智的一种情绪。"恼"中有"凶",为不祥、不好的象征。"恼"的状态是人的精神在受到不良刺激后导致的情绪变化,常因心情不佳而引起思维紊乱,做出一些令人担忧的事情或决定,此为不祥;人人不喜欢烦恼,但烦恼却常常不期而至,有烦恼之心也为不祥;或人心绪突然波动通常是某种不祥的预感,往往有不好的事情发生。因此,"恼"也有烦闷、苦闷之意,如烦恼、苦恼、懊恼。情绪上的恼必引起身体上的不祥,恼引胸火,火盛必成病。

　　"恼"有两种表现：一是生气、发怒，即恼火、恼怒；二是忧郁、愁闷，即烦恼、懊恼。人生不如意之事十之八九。烦恼是人生的不速之客，让人心神不宁，寝食难安。如果不能消除烦恼，排解烦恼，那么，生命的旅程便免不了崎岖坎坷，生活的天空就少不了浊浪排空。元稹《和乐天赠云寂僧》："欲离烦恼三千界，不在禅门八万条。心火自生还自灭，云师无路与君销。"烦恼是自己内心的一种体验，解除烦恼的钥匙就掌握在自己的手中。古人劝世人的《莫恼歌》或许能给我们一点感悟："莫要恼，莫要恼，烦恼之人容易老。世间万事怎能全，可叹痴人愁不了。任你富贵与王侯，年年处处埋荒草。放着快活不会享，何苦自己等烦恼。莫要恼，莫要恼，明月阴晴尚难保。双亲膝下俱承欢，一家大小都和好。粗布衣，菜饭饱，这个快活哪里讨？"

　　"恼"是一种不良的心理现象。心理上的长期烦恼、郁闷等不良情绪常会导致人的身体健康出现问题。清朝的曾国藩终生研读《近思录》。他悟出"八本"，其中有"养生以戒恼怒为本"之语。烦恼由心而生，去除烦恼最关键的是心理豁达开朗，心胸宽阔。平时性情平和，情绪乐观，遇事不急躁不恼怒可以使人健康长寿，保持青春活力。俗话说得好："不急不恼，百年不老。"

忧虑

生理患病有良药可治，心理有病无妙方可得。

忧 【憂】
yōu

 小篆

"忧"，繁体为"憂"。会意字，从頁，从心，从夂。

"頁"的本义是人头；"心"表示心思、心情；"夂"的甲骨文像朝后的脚形，意为从后至、到来。"憂"的字形即为心到了头上，即心事上头，忧形于色。《说文·心部》："憂，愁也。""憂"为发愁、忧虑、担忧。

"憂"也可看作从"頁"，从"愛"省"爪"。"爪"意寓抓住、留住。"憂"字以"頁"代"爪"，意为抓不住爱，忧思在头脑中挥不去、驱不走，故而忧愁表露在脸上。"憂"也可看作是"愛"过了头，处处疑心、处处嫉妒，故而忧心忡忡，不能平静。

"憂"中有"心"，表示"憂"是一种心理活动，是心忧；"頁"表示"憂"体现在脸上，可以根据面色、面部表情进行判断；"夂"是方向朝后，代指行为，既表示为过去的事而忧，也表示忧心的人身体也难安静，走来走去；"心"在"夂"上，亦是心不定、神不宁之意，是"憂"的典型体现。

简化字"忧"为形声字，从心，尤声。"尤"为过失、罪过或怨恨、责怪。做事有过失或遭人怨责，则心中忧烦，故"尤"旁之"心"为"忧"。"尤"又为副词，表示程度之深，心中对人、事、物的关心程度太过则会产生担忧的情绪，故"忧"为"心"之"尤"者。"尤"有优异、更加等义。"心""尤"为"忧"，也可认为是因为自身的优异而存傲慢之心，必然带来令人忧心的后果。

"忧"的本义是担忧、发愁。过分忧愁能伤害人的身体，损害人的性情、精神，甚至导致难以治愈的疾病。古人总爱以酒解忧，"何以解忧，惟有杜康。"只是酒入愁肠，不能解忧，反而会化做忧愁之泪。宋代欧阳修《秋声赋》："百忧感其心，万事劳其形。"很多人为了解除忧愁，而投身于工作、家务，使自己忙碌起来，就会淡忘忧愁。"心""亡"为"忙"，忙的事情多了，心头上的许多忧愁就会死亡了，故人忙则忧愁少。"季孙之忧"指内部的忧患。"季孙"是鲁国大夫。《论语·季氏》："吾恐季孙之忧，不在颛臾，而在萧墙之内也。""路叟之忧"指百姓的疾苦。"司马牛之忧"形容对孑然一身、孤立无援的担忧。"司马牛"名耕，是孔子的学生，常常为没有兄弟而忧愁。《论语·颜渊》："司马牛忧曰：'人皆有兄弟，我独亡。'"

人的担忧总是由于面临或远或近的困难，"忧"因而有困难、忧患之意。"人生识字忧患始"的意思是人的一生忧愁苦难是从识字开始的，指一个人识字以后，从书中增长了见识，对周围事物就不会无动于衷。宋代苏轼《石苍舒醉墨堂》："人生识字忧患始，姓名粗记可以休。"古代仁人志士都是以国事为重，他们都有忧患之心，最令其担忧、发愁的就是国家的兴亡与百姓的安乐。正所谓"知我者，谓我心忧，不知我者，谓我何求"，古人这种为国忧、为民愁的情怀，值得今天的政治家学习。今天，经济的高速发展，物质的不断丰富，使越来越多的人，尤其是年轻一代，生活得过于自在，过于自我，过于无忧。古人云："生于忧患，死于安乐。"人在忧患中生存下来，在安乐中死亡。安乐的环境容易让人忘记危机的存在，从而放松警惕。人的一生，越是鸿运相伴时，越要有忧患意识。危机永远存在，安全总是相对的。在现代社会中，人们认为科技可以创造一切，大肆污染环境、浪费能源，没有一点忧患意识，长此以往，被伤害的始终是人类自己。为了更长远的安乐，每个人都要有忧患意识。

"忧"由忧愁引申指疾病。"负薪之忧"意指背柴劳累，体力还未恢复，是有病的谦词。《礼记·曲礼下》："君使士射，不能，则辞以疾，言曰：'某有负薪之忧。'"《孟子·公孙丑下》："有采薪之忧，不能造朝。""忧"还特指父母的丧事。"丁忧"原指遇到父母丧事，后多专指官员居丧。古时父母死后，子女按礼须持丧三年，其间不得行婚嫁之事，不预吉庆之典，任官者并须离职，称"丁忧"。到宋代，凡官员有父母丧，须报请解官，服满后起复。夺情则另有规定。清代规定，匿丧不报者革职。武将丁忧不解除官职，而是给假一百天，大祥、小祥、卒哭等忌日另外给假。《晋书·袁悦之传》："始为谢玄参军，为玄所遇，丁忧去职。""丁忧去职"，就是因父母的丧事而辞去自己担任的职务。

虑 【慮】
心

 小篆

"虑"，繁体为"慮"。形声字，从思，卢声。

"卢"为虎皮上的斑纹，可代指虎，老虎机警敏捷；"思"为思考、谋思。"卢""思"为"虑"，意为思维敏锐、周密。《说文·思部》："虑，谋思也。""慮"本义为计议、谋划。"卢"为虎皮上的斑纹，"虑"从卢，又可会意谋划事情要思维清晰，有条理；又寓意思考任何问题，都要小心谨慎，否则大祸临头。

"虑"为思虑、谋划。"深谋远虑"指周密谋划，考虑深远。"智者千虑，必有一失"指聪明人对问题深思熟虑，也难免出现差错。《史记·淮阴侯列传》："臣闻智者千虑，必有一失；愚者千虑，必有一得。"人无远虑，必有近忧。"长虑却顾"指顾及未来而作长远打算。宋代李纲《与宰相论捍贼札子》："纲窃观自古人主，必有亲兵，所以制障表里，为长虑却顾之术也。"

人们在遇到比较麻烦的问题时就会担忧，进而积极思量对策，故"虑"有担忧、忧虑之义。"虑患"指忧虑祸患；"不足为虑"指没有必要忧虑。"烦虑"指烦恼忧虑。唐代皎然《赋得夜雨滴空阶送陆羽归龙山》："气令烦虑散，时与早秋同。"

"虑"作名词，有意念、心思之义。诸葛亮《出师表》："此皆良实，志虑忠纯。""百虑一致"指使各种不同的思想归于一致。《易·系辞下》：

"天下何思何虑，天下同归而殊途，一致而百虑。""存心积虑"指长期、一贯的思想、想法。苏辙《进策五道·臣事下》："社稷之臣可使死宗庙，郡县之臣可使死封疆，文吏可使死其职，武吏可使死其兵，天下之人，其存心积虑，皆以为当然，是以寇至而不惧，难生而无变。""神虑"指精神、心神。晋代干宝《搜神记》卷十八："左右惊怖伏地，叔高神虑怡然如旧。"常用来指天子的心意、意图。《三国志·魏志·陈留王奂传》："相国晋王诞敷神虑，光被四海。"

　　"虑无"是古代军中前卫部队持以报警的旗帜。《左传·宣公十二年》："军行，右辕左追蓐，前茅虑无。"杜预注："虑无，如今军行前有斥候蹻伏，皆持以绛及白为幡，见骑贼举绛幡，见步贼举白幡，备虑有无也。"

心情　　养生首重养心，养心重在节欲。

心 ^{xīn}

甲骨文　　金文　　小篆

"心"，象形字。

"心"为五脏之一，在肺之下，膈膜之上，脊小篆椎第五节。"心"的甲骨文、篆文均为动物心脏的象形，外面若心的包络。《说文·心部》："心，人心也……在身之中。""心"为人的心脏，位于身体的中部。心是人和高等动物体内主管血液循环的器官，是人生命的动力，称为"心脏"。心脏是人体最重要的器官之一。全身的血液在脉中运行，并通过心脏的搏动输送到全身，循环无端，营养肌体，故心为神之居，血之主，脉之宗。心通常处于人体中央偏左的部位，是生命之本，因此引申指物体的中央、枢纽、主要之意，如心腹、中心、核心。"心"为二十八宿之一，是东方苍龙七宿的第五宿，有星三颗，这三颗星恰与"心"中三"、"相互应和。

《西游记》第一回讲到：美猴王为参访仙道，来到一座山前，问樵夫哪有神仙。樵夫说："不远，不远。此山叫做灵台方寸山，山中有座斜月三星洞……""灵台"、"方寸"是心的别称，"斜月三星"说的是一弯斜月的上方点缀着三颗星星，正是"心"字的象形。樵夫的回答实际上是说佛法仙道就在人心之中，即心是佛，不须外求。

《孟子·告子上》："心之官则思。"古人认为，心是思维、思考的器官。人之所思、所想皆发自于心。"心想"一词便是沿用以心作为思想器官的认识。人们把深谋远虑的人称作是"工于心计"的"有心人"。《荀子·解蔽》："心者，形之君也，而神明之主也。"心主宰着人的形体，又是人精神和智慧的主人。所以兵家讲究用兵以攻心为上，所谓攻心，就是使敌方心无斗志，心悦诚服。

明朝时，王阳明在宋明理学的基础上提倡"心学"。认为心外无理，心外无事，心外无物。比如看花，花在山中开，人没有看到花之前，花不为花，待看到花时，因思想中有了花的颜色、姿态，花便一下子鲜艳明亮起来，是因为心中有花，花才存在。又如孝敬老人，如果心中不存孝敬老人的想法，这件事就不存在。以此推，万事万物皆是因为心中有而有，心中生而生，所以说是心外无事，心外无物。

中国传统五行学说认为，心是属火的器官，起着主宰生命活动的作用，被称为"君主之官"，也称"心君"。人有喜、怒、忧、思、恐，为五志，分属五脏。心为喜，喜是良性刺激，有益于心主血脉等生理功能，但喜极过度，又会使心神受伤。心主神志的功能过亢，则使人喜笑不止；心主神志的功能不及，则使人悲伤。由于心为神明之主，不仅喜会伤心，五志过度均会损伤心神。中医认为，心开窍于舌，舌的状态是心之状态的外在表现。这是由于舌面没有表皮覆盖，血管极其丰富，从舌的色泽可以直接察知气血运行和判断心的功能状态，故舌又有"心之苗"的说法。舌的生理功能是味觉和表达语言，其功能是否正常，均有赖于心的生理功能。

在中国养生学乃至中国文化里，人的生理、心理、伦理皆统一于"心"中。"心"的概念应理解为《礼记·大学疏》所说的"总包万虑谓之心"，是一种天之所赋的"虚灵不昧的灵性"。不仅指心脏，也指人身的"神明主宰"，不仅具有思维、情感、意识功能，也包括态度、性格、道德、意志。历代的养生家、医学家普遍认为，人的身体健康与否，归根结底，是由"心"来决定的。《黄帝内经》认为，心乃"生之本，神之变"，是"五脏六腑之大主"；又说"心者，君主之官，神明出焉"。尤乘《寿世青编》："夫心者，万法之宗，一身之主，生死之本，善恶之源，与天地可通，为神明之主宰，而病否之所由系也……殊不知病皆由心生，孽由人作，佛氏谓一切唯心造，良不诬矣。"也就是说，在衣食满足的情况下，疾病基本是由心而生。因此养心是养生之本，医身乃舍本逐末。正如《寿世青编》指出的那样："古神圣之医，能疗人之心，预使不至于有疾。今之医者，惟知疗人之疾，而不知疗人之心，是犹舍本逐末也。不穷其源而攻其流，欲求疾愈，安可得乎？"那么如何养心呢？要言之，无外乎"性命双修"与"阴阳平衡"之道。

"性命双修"中的"修命"，是指身体、生理方面的养生；"修性"则指通过加强道德修养和进行心理调养而达到健康长寿的养生方法。古代医家及养生家都强调"养生莫若养性"。养性主要是指加强道德修养。孔子提出了"仁者寿"（《孔子家语·五仪解》）、"大德必得其寿"（《礼记·中庸》）的观点。他要求人们"修身以道，修道以仁"，所谓"仁"，主要就是指道德修养，如"爱人"、"己所不欲，勿施于人"；孟子则将其具体化，提出了"善养吾浩然之气"（《公孙丑上》），要具有"富贵不能淫，贫贱不能移，威武不能屈"（《滕文公下》）的高尚情操。晋代养生家葛洪说："若德行不修，但务方术，皆不得长生也。"孙思邈也指出："若德行不克，纵服玉液金丹未能延寿。"在古人看来，人们只要重视道德修养，严以律己，宽厚待人，助人为乐，光明磊落，慈悲为怀，与人为善，心情愉悦，身体机能和谐，就能养神增寿。把伦理道德和心理因素的关系联系起来，进行综合调养，对现代的养生学来说，也具有积极意义。"阴阳平衡"中的"阴"，其特性是消极的，被动的；"阳"的特性是积极的，主动的。阴阳两端互补持中，才能达到平衡健康。养心的阴阳之道，则如荀子所说："血气刚强，柔之以调和……狭隘偏小，则阔之以广大……"阴阳平衡，刚柔相济，有所为有所不为。有所为，则要自强不息，刚健进取，精神有所寄托；无所为，则要松静自然，恬淡虚无，知足常乐，看破名利，从容做人。

如今，生存的危机，竞争的压力，社会角色的多变，不仅挑战着人们的身体健康，同时也造成了诸多方面的心理问题。在这种情形下，流传千百年的传统文化的养心之道，愈发凸显其现实意义。对养生文化的精华进行深入的探讨与研究，无疑能给现代人提供不可多得的医学知识与精神资源。

情 qíng

情 小篆

"情"，形声字，从心，青声。

"情"从心，说明与内心活动有关。"青"由"生""月"组成，"生"为产生、生成；"月"古同"肉"，借指人体。感情是由身而感，由心而发，是情绪，是自身受外界事物刺激而引起的爱憎、愉快、不愉快、惊惧等心理状态。"情"的本义是感情。《说文》："情，人之阴气有欲者也。""情"是人们有所欲求的、从属于阴的心气。

《礼记·礼运》："何谓人情？喜怒哀惧爱恶欲七者，弗学而能。"喜、怒、哀、惧、爱、恶、欲这七个方面的感情是与生俱来的。佛教的"七情"与儒家的"七情"大同小异，指的是喜、怒、忧、惧、爱、憎、欲。中医七情指喜、怒、忧、思、悲、恐、惊七种情志，这七种情志激动过度，就可能导致阴阳失调、气血不周而引发各种疾病。

"情"有亲情、友情、爱情等。白居易《长恨歌》："唯将旧物表深情。"情既发自内心，所以就表现了人的本性，"情"由此又有本性之意。《孟子·滕文公上》："夫物之不齐，物之情也。"意思是说，事物相互之间都是不一样的，这是事物的本性。

人是有感情的，所以，人做事的时候不仅要依据固有的礼法和规定，还要讲究人情，所以"情"又有人情、情面的意思。宋代苏洵《上韩枢密书》："执法而不求其情。"意思是，执法时不讲情面。除了表示感情以外，"情"还表示情趣、兴趣。段成式《题谷隐兰若诗》："鸟啄灵雏恋落晖，村情山趣顾亡机。"其中"山情"就是指山林中的情趣。"情"也为思想、精神。例如"情抱"指情怀、胸襟；"情物"指思想内容。

"情"还是道理、情理。《孙子·九地》："兵之情主速，乘人之不及。"意思是说，用兵之道贵在神速，要在别人还没有做好准备的时候先发制人。这个"情"，就是道理的意思。"不近人情"指不合乎人的常情，也指性情或言行怪僻。《庄子·逍遥游》："大有径庭，不近人情焉。""不情之请"指不合情理的请求，为称自己提出请求时的客气话。清代纪昀《阅微草堂笔记·滦阳消夏录二》："不情之请，惟君图之。""不情之誉"指不合情理的赞誉。明代沈德符《万历野获编·立碑》："今世立碑之滥极矣……其词不过乡绅不情之誉。""情"又可表示状况、情态。《世说新语·自新》："俱以情告。"意思是，把实情全部说出来。

"情田"之说首见于《礼记·礼运》："故人情者圣王之田也，修礼以耕之，陈义以种之，讲学以耨之，本仁以聚之，播乐以安之。"后因以"情田"指心地，或谓播种爱情之田。"太上忘情"意思是圣人不为情感所动。《世说新语·伤逝》："圣人忘情，最下不及情，情之所钟，正在我辈。"

古代有所谓"夺情"。古礼，官员遭父母丧应弃官家居守制，服满再行补职。朝廷于大臣丧制款终，召出任职，或命其不必弃官去职，不着公服，素服治事，不预庆贺，祭祀、宴会等由佐贰代理，称"夺情"。

豁达

不比较，不计较，莫烦恼，百病消。

豁 huò uō

小篆

"豁"，形声字，从谷，害声。

"害"为损害、缺损；"谷"为山谷、涧谷。"害""谷"为"豁"，表示缺口如山谷状。《说文·谷部》："豁，通谷也。"本义是大而长的空谷，即前后相通的山谷。可将"害"视作"割"省"刂"，意为割裂、割开。"豁"意为山谷分割或割开山谷，意指开阔、开通、旷达、大度、通畅。"豁"为豁达，指人心胸宽广、大度，即虚怀若谷，心胸能容得下山谷。豁达之人能容人容物，懂得舍弃，故"豁"有宁愿舍弃之意，如豁出去、豁命、豁时间。山谷相通可免于翻越或绕山而行。所以"豁"又有豁免的意思，以强调在阔达的山谷中没有损害。

"豁"由山谷裂口引申为较大的裂缝或缺口。如城墙的缺口可称为"豁口"。山谷相通使人视野开阔，"豁"由本义引申为开阔、开通。"豁然开朗"形容由狭窄阴暗突然变为开阔明亮；也比喻心中突然醒悟而感到明朗。山谷宽阔，溪水才可以畅通无阻地自由流动，山谷能够容纳流水，胸怀宽广如山谷便是豁达。

"豁"读"huō"音时，表示舍弃、付出的意思。"豁出性命"表示为了达到某种目的而不惜一切。为了远大的理想，为了正义的事业，为了大众的利益，不惜豁出性命，是令人钦佩的。但是，如果动不动就把"豁出去"挂在嘴上，为了区区小利而鲁莽、冲动，做事不顾后果，则是修养不高的表现。"豁"字中有一个"害"字，提醒人们"豁"之行为不可鲁莽，不当之"豁"为"害"。

　　心胸如同一个进出自如的山谷，来则来之，去则去之，没有什么留恋和不舍，一切顺其自然。知足常乐，没有过多的欲求，豁达大度，荣辱不惊，保持乐观开朗的心态，这对健康十分有利。古代生性豁达的人对此也多有佳句：如罗隐的"得即高歌失即休，多愁多恨亦悠悠"，刘向的"佛祖无奇，但作阴功不作孽；神仙有法，只生欢喜不生愁"，孔明的"淡泊以明志，宁静而致远"等。反例倒是《三国演义》中那位文武全才、英俊潇洒的周瑜。他打黄盖烧赤壁，何等的雄才伟略，可是却心胸狭窄，固守得失，不懂"能自得时还自乐，到无心处便无忧"（《金刚经口诀》）的奥妙。诸葛亮叫人唱个"周郎妙计安天下，赔了夫人又折兵"，就把他给气得死去活来。唐朝诗人李商隐夹在牛李两党之间，一生都忍受着打击和排斥，40多岁便抑郁而终。而同样受到朋党排斥的苏东坡虽然仕途坎坷，四起四落，却仍然能以豁然达观的胸襟和姿态随和处世，"一蓑烟雨任平生"，其智愚高下不言而喻。郑板桥一生命运多舛，历尽沧桑。因为民请命而罢官，但他并不耿耿于怀，而是恬然返乡，寄情于诗、书、画中，安然度过晚年。他留给后人两句名言：其一"难得糊涂"，其二"吃亏是福"。这八个字不仅是其不计得失的豁达胸襟的精髓所在，也是其得以健康长寿的"灵丹妙药"。

达 【達】
dá

甲骨文　　金文　　小篆

　　"达"，繁体为"達"。会意字，从辵，从羍。

　　"达"的甲骨文从大，从辵。"大"是一个大人之形，表示面积、体积、容量、数量、强度、力量等超过一般或超过所比较的对象；"辵"是脚在路上行走之形。在大路上行走，畅通无阻，即"达"也。《说文·辵部》："達，行不相遇也。"指行走时没有遇到障碍，本义为道路通畅。

　　金文的"达"字在"大"之下加一个"羊"写作"羍"字，既表示吉祥、顺利,又突出行动像羊一样轻捷灵敏。"夲""辵"为"達",意为路上行走,畅通无阻,是顺利、吉祥之事。故"达"有通达、顺达之意。

小篆承接甲骨文、金文,有繁简体之分:繁体为"達",简体为"达"。繁体字"達"是金文中的"大"演化为"土",变成了"幸"字加一横,以示通达者幸福有加:为人心胸旷达,道路就会越走越畅达;处事磊落豁达,事业就会越做越发达。简体字"达"另有一番境界:"辵"为行走、行动、行为;"大"为人之长者、空间之宽广、时间之久远。以成人之思维,达观天地,透悟前世今生,做通情达理之事,行走于宽广大道,则能顺畅到达目标。

"达"之本义为通达、顺达。"四通八达"指四面八方都有道路相通,形容交通方便,畅达无阻。由此义引申开来,"达"为通晓、明白,如通情达理、博古达今;"达"是自己的意愿为对方所理解,如"辞不达意"指言辞不能把思想确切地表达出来;"达"指实现某种目的,如达标;"达"为让自己的地位达到很高的层次,如显达、达官贵人。

"达"还有豁达、旷达的意思,指人心胸开阔、处事达观,不与人斤斤计较。北宋文学家苏轼一生历尽磨难,一贬再贬,曾自嘲自己是"问汝平生功业,黄州惠州儋州"。说的是自己曾从黄州、惠州一直贬到儋州,就是今天的海南。但苏轼无论到哪里都能达观处世,任其自然,处变不惊,随遇而安。即使在最偏远的南方烟瘴之地,他仍然写下了"日啖荔枝三百颗,不辞长作岭南人"的乐观诗句。他的达观、豁达使他克服了人生的阻碍,终成一代大家。

包容　　宽容是最廉价的药方，开心是最有效的治疗。

包 bāo

 小篆

"包"，会意字，从勹，从巳。

"包"的小篆字形，外边是"勹"，是"包"的本字，中间是个"巳"字，象子未成形。整个字形会意的是屈身环抱的胎儿裹于母腹之内。《说文·勹部》云："包，象人怀妊，子未成形也。"本义是包裹、裹。从现在的字形看，"包"字中"勹"与"巳"的字形回环勾连，互相裹覆，故有裹、裹扎之意。

"包"本义为裹。《诗·召南·野有死麕》："野有死麕，白茅包之。"说的是猎人在野外猎获了獐子，就用白茅裹起来。白茅是一种草名，因为其质地洁白柔嫩，所以古人常用它来包裹肉食。"包"由此义可引申指四面围住，如包围、包抄，都是合拢聚集的意思。宋代沈括《梦溪笔谈》："皆包在诸谷中。"

"包"由包裹具体东西之意引申出包有抽象的内容。说某人心里藏着坏念头，可以说"包藏祸心"。贾谊《过秦论》："有席卷天下，包举宇内，囊括四海之意。"这里的"包"是说一种极大的心胸和气魄。唐朝诗人杜牧的《题乌江亭》评价项羽："胜败兵家事不期，包羞忍辱是男儿。"这里的"包"则可理解为包容、能忍受之意。另外，诗文作品写得意味深长，我们可以说"余味曲包"。

关于包容，应该说道家哲学阐述得最到位。老子曾有言道："水善利万物而不争。"他从大自然的流水中悟出了人生真谛。包容万物而不争，所谓"上善若水"，水可以说是世界上所有物质中最柔弱的，在流动的过程中遇到任何障碍从来是躲避而行，看似屈尊忍辱，实际上却没有它填不满的所在。水的至高品质正体现在这种谦卑和善处下位中。"海纳百川，有容乃大。"天地之大，水可以无处不在，正因为有容无争，所以万物莫能与之争，这里包含着深刻的哲学道理。"宰相肚里能撑船"，说的是一种胸怀旷达的包容。做人做事，"小不忍则乱大谋"，忍一时风平浪静，退一步海阔天空。一个人不能包容，总是斤斤计较于眼前小事、一时得失，则难以放眼高远，成就大业。只有善于包容，不断脱离细琐的"小"，才能日渐趋近无限的"大"。

"包"还有担保之意，指承担责任，做事情时保证如约做到或保证不出问题。比如说："这事包给我吧，我一定能做好。"生活中，有一种人被称为"包打听"，顾名思义就是无论什么样的信息他都担保能打听到。现代社会是信息社会，信息是否快捷畅通，有时直接关系到事情的成败，因此"包打听"不一定就是贬义的，也可以是一种职业。从业者通过对信息的收集、整理、分流，服务于各行各业，可以满足社会的不同需要。

"包"有限定范围的意思，由此引申为约定专用，如"包车"、"包机"、"包厢"等，这其中暗含一种权力、权限，未经允许，他人不得进入或使用。"包"还有一层义务的含义，这是相对对方的权利而言。如在一些广告语中，常有"随到随学，包教包会"、"实行三包"、"包退包换"等字眼，这都是商家向消费者作出的承诺，是在宣传自己提供的服务质量值得信任。"包"中体现了消费者应有的权益，同时也说明，在现代社会，商业竞争中服务质量的竞争日益凸显出重要性。

"包"由将物体包裹起来的意思引申指装东西的袋子，如"书包"、"旅行包"、"行李包"。"包"为胎衣，是隆起的人腹形，由此引申，包也指像包裹的事物，如"蒙古包"、"小山包"。因碰撞而引起的肿块，在口语中也称之为"包"。另外，在日常生活中我们常吃的带馅蒸煮类食物也有称"包"的，如"菜包"、"汤包"等。

现代经济社会中有所谓"皮包公司"，指没有固定资产、没有固定经营地点及定额人员，只提着皮包，从事社会经济活动的人或集体，多挂有公司的名义，也叫皮包商。皮包公司是我国市场经济刚起步时许多公司做生意的方式，这些皮包公司适应了当时经济条件短缺下人们急于获得货源的心理，将二手、三手信息再倒出去而从中获利。这些公司对于交易的双方只是起一个牵线搭桥的作用，并不承担任何责任，最怕两端的客户在交易前见面，因此被形象地称为皮包公司。

在现代社会中，提到"包装"二字，几乎无人不知。包装本来是指产品的包装，包装是产品有形实体的一个组成部分，装潢美观、造型别致的包装给人以款式新颖、质量上乘的印象。而现在几乎什么都可以也什么都需要包装了。货物要包装，项目要包装，演员要包装，甚至领导也要包装。最常提到的是艺人的包装，人是有许多缺陷的，如果一个人想当艺人，必须有着不同于常人或者大大优于常人的东西，而这东西就需要经纪公司的包装。通过包装，可以使明星变得更加美丽、更加时尚，显得更加有素养，也会因此拥有更多的追随者，经纪公司便能从中渔利。

róng

甲骨文　　金文　　小篆

"容"，会意字，从宀，从谷。

《说文·宀部》："容，盛也。"本义为容纳。"容"从宀，表示与房屋、房舍有关；"谷"为山谷，空虚的山洼，是两山之间的水道，又指两山之间空旷而广大之处；又通"穀"，意为五谷，指以五谷为食之人。可装山谷之屋，足见其空间之宽广；能容食五谷之人，足见其胸怀之宽大；心胸似"谷"，可纳万物，为容纳、包容、宽容之意。

《诗·卫风·河广》："谁谓河广？曾不容舟。谁谓宋远？曾不崇朝。"谁说黄河河面宽，有时候连一条小船都容不下。谁说宋国路途遥远，我一个上午就可走到。这是宋国流浪者的一首思乡之谣，其中的"容"为容纳之意。庄子在《秋水》中用浪漫的笔调描写了海神的广阔和无边。至于大海为什么能如此广阔，荀子给了我们答案：那就是大海不拒细流。由于海的谦和与包容，不拒细流，积少成多，由小变大，慢慢就变得浩瀚无边、宽广博大了。同样，我们学知识、长经验也有一个由量变到质变的积累过程。在青年时期汇集各方"细流"，到一定年龄自然会囊括"四海"，博学多知，经验丰富。怀有容人之心的人，表情和蔼，面容慈祥，所以"容"也可引申指人脸上的神情和气色。如笑容、愁容、病容等，进而又可引申为容貌、仪容。《玉篇》："容，容仪也。""容仪"指容貌和仪表、容貌举止。古人云："士为知己者死，女为悦己者容。"这里的"容"指梳妆打扮。《诗·卫风·伯兮》是一首描写妻子思念出征丈夫的诗，其中有"岂无膏沐？谁适为容"的诗句。忧伤思夫的妻子自问：难道是没有洗头的时间和油膏吗？当然不是。丈夫不在，我讨谁欢喜，为谁梳妆打扮呢？既无悦己者，也就不必"容"了。

"容"从宀，从谷，是以房屋大得可装下山谷，形容空间很大。当然，实际的房屋没有那么大的空间，但人的心胸之大却能与天同高，与海同宽。古训曰："君子应有容人之量。"就是劝世人要宽以待人。宽容是一种美好的品质，是一个人内心豁达的表现。

养生需要一颗宽容的心。一个不能容人只知苛求别人的人，其心理往往处于紧张状态，从而导致神经衰弱，血管收缩，血压升高，使心理、生理都处于恶性循环状态。而宽容常常与善良、乐观、淡泊等美好的品质同在，因而拥有宽容品格的人，以其雅量，可化万难于一笑之间。崔铣在《听松语堂镜》中的《六然训》里写道：与人交往的时候应宽容大度，保持良好的人际关系，创造一个轻松愉快的生活气氛，自然就会心情舒畅，身体健康。

吃喝

现在是吃荤怕激素，吃素怕毒素，喝饮料怕色素，喝水怕有害元素，总之，吃什么，喝什么，都心中无数。

吃 【喫】
chī

吃 小篆

"吃"，异体为"喫"。形声字，从口，乞声。

"吃"的本义为口吃、结巴。"口"是进食器官，异体也是主要的发声器官；"乞"好像是"气"字省"一"，示意气不足。人之气息不足则出语不畅，说话结结巴巴不流利，因此"吃"有口吃之意。气有先天、后天之分。先天之气来自父母，生而有之；后天之气来自五谷，由饮食而来。人若气力不足（乞），体内气亏，口中气喘，办起事来便吃力，此处的"吃"则为承受、耗费。

"吃"在古代一般不当进食讲。"进食"的义项在古代写作"喫"。汉字简化后"喫"才改作"吃"。"喫"从口，契声。"契"为契约。人一生下来就与"口"立下了无字契约：人要不断地为"口"供给粮食。这个契约伴随着人的一生：为了供应口食，人要吃力、吃苦、吃亏、吃白眼，甚至吃耳光、吃官司、吃闭门羹。"喫"是与口有关的契约，口与人约定：给我好饮食，我让你生活好；给我坏饮食，我让你生活苦；不给我饮食，我们的契约就此结束。

《说文·口部》："吃，言蹇难也。""吃"是口吃、结巴。李商隐《骄儿诗》中写有百姓听艺人说三国故事时的情景："或谑张飞胡，或笑邓艾吃。"有的人调笑张飞长得像胡人，有的人嘲笑邓艾是口吃。《史记·韩非列传》："非为人口吃，不能道说，而善著书。"说的就是韩非说话结巴，但是笔头却很流利。"吃"为进食，吞咽食物。《世说新语·任诞》："友（罗友）闻白羊肉美，一生未曾得吃，故冒求前耳。"我听说白羊的肉肥美可口，一生从未吃过，所以冒昧前来。孟郊《怀南岳隐士》："饭不煮石吃，眉应似发长。"所谓"煮石吃"是古代修道之人采石炼丹而食，以乞求长生驻颜，并非真的拿石头煮来吃。白居易《咏怀》："有诗不敢吟，有酒不敢吃。"称喝酒为吃酒，这里的"吃"是指吞食液体类的食物。"吃茶"、"吃水"也是这个意思。食物入口是吃的过程，也是口腔感受食物滋味、承受食物的过程，故"吃"又引申为承受、感受。成语有"吃一堑，长一智"，是说人经历一次挫折，就会从中汲取经验教训。

在下棋中，兵卒对峙，一方棋子消灭另一方棋子也称为"吃"。传统医学对吃极为重视，认为吃能取食物之精气而补人体之元气。当然，吃东西也是有学问的。一是吃而不过，饮食有度为补；二是吃老祖宗定下的食谱为补；三是喜食为补；四是季节性蔬菜为补。历代医药学家在长期的实践中发现，人们可以利用食物来影响机体各方面的功能，可以通过吃的途径来获得健康并对疾病进行预防和治疗。这种方法称为食疗，又称食治。目前，中医食疗，作为一种比较理想而有效的医疗保健方法，越来越受到我国医药学和营养学界的重视。中医历来强调"药补不如食补"，认为是药三分毒，因此在浩如烟海的民间单方中收藏着大量的食谱。此种方法将人们的日常饮食起居寓于保健、康复之中。在吃的过程中，不仅吃出美味，吃出健康，还能在此过程中吃出防病、治病之功效，何乐而不为呢？

hē hè yè

小篆

"喝"，形声字，从口，曷声。

"喝"从"口"表示与进食和发声有关；"曷"有止、停止之意。《尔雅·释诂下》："曷，止也。""口""曷"为"喝"，可理解为两层意思：一、表示不能发声，说不出话。《玉篇》："喝，声嘶也。"本义为气竭声嘶，读为"yè"。二、意为用语言使正在进行的事情停止，有大声喊叫、呵呼之意，读作"hè"，如大喝、喝止。可将"曷"视作"竭"省"立"，"喝"从口，从竭省，意为穷尽、耗竭、绝望，"喝"则表示因竭尽全力地叫喊而声音枯竭、嘶哑。"口"又为饮水进食的器官。可将"曷"视为"渴"的省字。"喝"则为以"口"代"水"，也就是口吞掉水。"水"在这里泛指液体。"喝"从口，从渴省，表示因口渴而饮，"喝"泛指吸食液体或流质食物，读为"hē"，也特指喝酒。

"喝"又为吓唬、威胁。辛弃疾《九议》："恫疑虚喝，反顾其后而不敢进。"既害怕又疑虑，无来由地出声恐喝；只顾及后面，不敢前进。

"喝"为大声呼喝。佛家禅宗有一种顿悟的方式，称为"当头棒喝"。当修行者参禅进入拟思之境时，禅师的振威一喝，或者是突然打过去，可以使修行者拟思顿息，妄想立破，从而得见清净本我，以致后来有高僧专门以"喝"悟人，总结出了"四喝"。

《临济禅师语录》载：有时一喝如金刚王宝剑，有时一喝如踞地狮子，有时一喝如探竿影草，有时一喝不作一喝用。喝声不同，作用归一：使人开悟，佛子苦思冥想的是什么、为什么、怎么办（曷），突然被一声大喝（口）震惊，心头豁然明朗，如清光泻地，一片空明。

"喝"并非只是用口喝水这么简单，真正理解为什么喝、喝什么、怎么喝，便是领悟了养生的要义。为什么喝？天寒则鸟兽增羽毛，地冻则降雪保根本，天地鸟兽以此养精固本；夏天穿单薄的单衣，冬天穿暄暖的棉裘；饿了吃饭，渴了喝水。人以此来调节体内阴阳，与四时五行相应。人体中水分占七成，喝是补充水分的重要途径。五脏之中肾属水，主精，是生命之源。肾竭则源枯，源枯则精血失，精血失则命数尽。喝之目的是守本固源。

喝什么？可喝者，水、茶、酒、粥、汤等。怎么喝？其中大有讲究，喝不对，对身体有害无益。正如饭不能饿极了才吃，也不能吃得太饱一样；水不能渴极了才喝，也不能喝得过多，否则不利于脾肾吸收，固本生津。此外，喝水也不能勉强喝：体内不需要水分而强喝，会增加脏腑负担，久之功能受损。此外，不论冬夏早晚，都要喝热饮：热饮可益脾暖胃，早晨喝可鼓胃气，晚上喝可息脏腑；冬日喝可御寒冷，夏天喝可润肺肠；空腹喝可安胃气，食后喝可助消化；静坐喝能行血脉，步后喝可和气息。

苦甜

今天含泪播种，明天定能含笑收获。

苦 kǔ

小篆

　　"苦"，形声字，从艸，古声。

　　《说文·艸部》："苦，大苦，苓也。"本义为苦菜。"苦"由"艸"、"十"、"口"组成："艸"为花草、草木、草本，是草本植物的总称；"十"为大数，是不断、反复、众多的意思；"口"为口腔，是品尝味道的器官，又为人口；"十""口"又表示众人、每个人。"艸"、"十"、"口"相合表示众人反复品草为"苦"。凡草必苦，故"苦"字从艸，从古；草越嚼越苦，越品越苦，故"苦"为"十""口"，表示苦味是反复品味出来的。"十"又有十分、非常之意，表示"苦"的程度。"苦"还可以看成是上"艸"下"舌"，草之苦是为舌之知。"苦"为五味之一，是像胆汁或黄连一样的滋味。草都是苦的，人生也有苦恼。由此"苦"引申为精神上的苦，即痛苦。"苦"又为辛苦、困苦、病苦、艰苦、劳苦、苦闷、苦心等。

　　《诗·唐风·采苓》："采苦采苦，首阳之下。"其中的"苦"即为"苓"，用其本义。由于其味苦，扩展而指所有此类草的味道，尤其是可以入药的药草，大多是苦涩难咽的。中药采来以后不能马上做药，首先要把药草中的水分晒干蒸发掉。"古"为"枯"字省，可表示枯萎、干枯的意思。草中水分晒干了，草自然也就干枯变成了草药。所以"苦"可理解为草干枯无水分有苦口的味道。

　　"苦"最常用的含义是指味觉上的苦，与"甜"相对，如苦胆、苦瓜等。李应升《甘堂集小引》："苦则吐，甘者茹焉，人情乎。"意思是吃到苦的东西，人们就会马上将它吐出。反之，若是味道甜美，人们则会细细地加以品尝，这也是人之常情。其中的"苦"即为味道之苦。

将味苦引申，"苦"亦指精神之苦。精神之苦是心之所感，苦在心里。每个人经历不同，所尝到的苦味也各有不同，如贫苦、悲苦、孤苦、愁苦等。《礼记·礼运》："死亡贫苦，人之大恶存焉。"文中的"贫苦"就是指贫穷难耐，从而引起精神上的苦。《汉书·冯奉世传》："先是时，汉数出使西域，多辱命不称，或贪污，为外国所苦。"西汉初年，汉王朝的实力还不够强大，边境常常遭到外族的骚扰。于是，曾多次派使者出使西域各国来稳定边疆，然而，多是无功而返，甚至有人还被困在西域，这里所记载的就是这样一种情况。文中的"苦"指的是汉家使臣在西域困辱中遭受的痛苦，也表示国家所遭受的困扰。《隋书·许智藏传》："帝每有所苦……智藏为方奏之，用无不效。"意思是皇帝每次生病，都是智藏替其拟药方，照方服药，屡屡奏效。其中的"苦"即是病痛。书山有路勤为径，学海无涯苦作舟。其中的"苦"是指学习中遇到的各种困难。在人生的经历中，难免会品尝到苦的滋味，所以如何面对苦，正视苦，形成正确的苦乐观，是每个人都必须认真思考的问题。

"苦"也表示深、恳切。"苦心孤诣"、"冥思苦想"中的"苦"，都是深的意思。《战国策·韩策一》："此安危之要，国家之大事也。臣请深惟而苦思之。"国家大事，非同儿戏，必定要三思而后行。其中"苦思"为深刻地思考、深思熟虑。"苦心孤诣"之人，其恳切之情可见于言表。"苦"做副词时既可表示程度，也可表示与实际情况相反。表示程度时，"苦"相当于很、非常。《三国志·吴志·吴主传》："人言苦不可信，朕为诸君破家保之。""苦不可信"表示人的言语太不可相信。与实际情况相反时，"苦"也相当于偏偏、偏要。李白《公无渡河》："旁人不惜妻止之，公无渡河苦渡之。"意思是让你不要过河，而你却偏偏要过。

"苦"也是佛家语，如佛家讲的"人生八苦"，就是指人生过程中会遇到的八种苦难，包括生、老、病、死、爱别离、怨憎会、求不得、五阴炽盛等。佛家把俗世看作"苦海"，"苦海无边，回头是岸。"只有通过艰苦的修行方可达到彼岸的极乐世界。佛教中有"苦行"、"苦修"之说，表示佛教徒要通过艰难困苦的修行过程，才能修成正果。

甜 tián

甜 小篆

"甜"，会意字，从舌，从甘。

"舌"是人和动物嘴里辨别滋味、帮助咀嚼和发音的器官；"甘"是五味之一，表示甜，与"苦"相对，味道好。"舌"、"甘"为"甜"，表示舌头品出甘味为"甜"。《说文·甘部》："甜，美也。"徐灏注笺："甘之为甜，甜之言恬也。古无所谓甜，尽以甘统之，后世以稼穑之类为甘，饴饧之类为甜。""饴饧"是用麦芽或谷芽熬成的饴糖。"甜"的本义是指像蜜或糖一样的味道。

甘味也俗称为甜味，而甜也代指美好的、安静的，同"恬"。最初本来没有"甜"这个字，所有的甜味都以"甘"称之。后世为了区分，便将庄稼谷物蔬菜之类的味道称之为甘，意为可口的美食，而把从麦芽或谷芽里熬出来的糖之类的味道称之为甜。

"甜"从甘，表示舌头尝到的是甘美的味道。人们都喜欢甜味忌苦味，五行中土曰稼穑，而后人将稼穑之类称之为甘。如我们所食的主食米麦，因里面含有淀粉，入口咀嚼时，与人的唾液中的淀粉酶发生作用，生成糖，所以人们细细咀嚼时会感觉到甜味。至于其他农作物，尤其是瓜果、植物根、茎、叶之类，本身就有糖分的，那吃起来固然是甜的。如甜苞谷，即是指刚刚成熟的可以吃的新鲜玉米，含糖、水分都特别多，吃起来十分脆嫩。早期人们榨糖的主要原料也是农作物，如北方中温带地区主要用甜菜，而南方则主要用甘蔗。甜菜是一种二年生草本植物，叶子大而厚，幼时为绿色，并具有球茎状的根，因其根含有糖质，是制糖的主要原料之一。而甘蔗则是一种粗壮高大的多年生植物，有扁平的对生叶，多节的茎富含糖分，可食用也可用来制糖，所以在南方人们还习惯称白糖为蔗糖。

饮食是否甘甜也是评价其算不算得上是美食的条件之一。甜食、甜酒、甜饼、甜瓜等，皆是人们日常生活中常见的食品。甚至古人燃点香料也喜欢甜香。《红楼梦》第七十回："紫鹃炷了一支梦甜香，大家思索起来。"因其香味甜软，令人眼饧神驰，所以古时富贵之家多用来调养心神。宋代杨泽民《扫花游》："事没双全，自古瓜甜蒂苦。"事情总是没有十全十美的，自古以来都是瓜甜，瓜蒂苦。甜与苦相对，尝到甜味是一种享受，细细品之；而吃到苦味就令人眉头紧皱，十分厌恶。所以人们用甜和苦比喻令人喜爱和令人憎恶的事。"甜酸苦辣"指种种不同的味道，常用以比喻生活上的种种遭遇和复杂感受。《鹖冠子·环流五》："阴阳不同气，然其为和同也；酸咸甘苦之味相反，然其为善均也。"

甜味令人陶醉，令人回味，也让人留恋，"甜"也由此延伸出美好之义。"甜滋滋"不仅用来形容甜味，也比喻人们心情愉快，欣欣然如喝了蜜糖一样甜。俗语中把过上幸福美好的生活称之为掉进了蜜罐里——一路甜到底。作名词时，"甜"又代指美好的事情，如"忆苦思甜"指回忆曾经的苦难生活，然后才能倍加珍惜今天的幸福生活。俗语"强扭的瓜不甜"比喻强人所难，非两相情愿而办成的事情不可能美满。明代刘效祖《词脔·满庭芳》："相思病染，前生欠少，今世加添。无明烈火心头焰，恨蹙眉尖。霹雳性生来好闪，强扭瓜到底难甜。"

由美好之义引申，睡觉睡得饱足也叫"甜"，如"睡得甜香"形容休息得很好，精神饱满。"黑甜一觉"形容美美地睡了一大觉。苏轼《发广州》："三杯软饱后，一枕黑甜余。"自注："俗谓睡为黑甜。"三杯酒下肚，酒足饭饱后，倒头熟睡，甜美之味令人觉得享受的同时，也令人身体发软。故而话说得柔和、婉转或是赞美的话居多也称为"甜"。"嘴甜心苦"形容说话和善，居心不良。《红楼梦》第六十五回："'嘴甜心苦，两面三刀'，'上头一脸笑着，脚下就使绊子'，'明是一盆火，暗是一把刀'，他都全占了。""花甜蜜嘴"比喻说话动听。《醒世姻缘传》第三十五回："取钱的时候，花甜蜜嘴，讲过按月按时，十来分重的利钱，不费一些努力，定了时刻，自己送上门来。"

咸辣

辛能散，甘能缓，酸能收，苦能涩，咸能入肾，不同口感的中药具有不同的药效。

咸【鹹】
xián

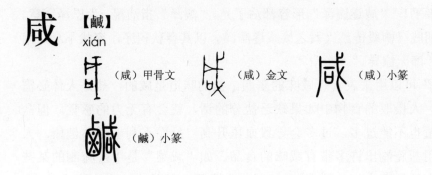

（咸）甲骨文　　（咸）金文　　（咸）小篆

（鹹）小篆

"咸"，繁体为"鹹"。汉字简化前，"咸"与"鹹"的意义并不相同。

"咸"为会意字，从戌，从口。甲骨文"戌"像兵器之形，是武力、强力的象征；"口"形四方，表示土地、范围。"咸"的字形可视为以武力占有土地，则地之所生、人之所产皆属我有，故"咸"有皆、全之意。"咸"中有"口"，表示"咸"虽为皆、全之称，但有一定的范围限制。

"鹹"为形声字，从卤，咸声。"卤"为天然生成的盐；"咸"表示所有、全部。"鹹"即盐的味道，五味之一，与淡相对。所有的盐都是鹹的，所有人品尝盐都会有一个感觉，就是鹹。"鹹"的意义后皆以"咸"字表示。

《诗·大雅·崧高》："周邦咸喜。"意思是周朝的人全都喜气洋洋的。晋代陶渊明《桃花源记》："村中闻有此人，咸来问讯。"意思桃花源中的人听说从外面进来了一个人，全都来问长问短。有个成语叫"咸五登三"，意思是功德等同于上古时的五帝，超过上古时的三王。这是为古代帝王歌功颂德的词语。西汉司马迁《史记·司马相如列传》："方将增泰山之封，加梁父之事，鸣和鸾，扬乐颂，上咸五，下登三。""咸"又引申为完毕、终止。汉代扬雄《法言》："讫始皇三载而咸。"意思是从秦始皇的时候开始，三年后终止。

"咸"有全、都的意思。"百废咸举"指一切废置的事都兴办起来。明代刘基《杭州路重修府治记》："公受命来杭未及期月，威惠大行，百废咸举。吏民顺令，如臂使指。""群方咸遂"比喻事事都如意顺利。南朝宋范晔《后汉书·逸民传序》："群方咸遂，志士怀仁，斯固所谓'举逸民天下归心'者乎！""咸遂濡泽"形容都沾了光。"濡泽"指沾湿，为恩泽之意。唐代李朝威《柳毅传》："毅之族咸遂濡泽。以其春秋积序，容状不衰，南海之人，靡无惊异。"

"咸"可以用来表示有咸味的东西。盐的味道是咸的，盐是人体必需的物质，人摄取的食物中如果缺乏盐分的话，就会有无力的感觉。但盐的摄取量也不能过多，过多会导致血压升高，反而不利于身体健康。人们可以用盐腌制出许多带有咸味的食品。如"咸菜"是用盐腌制的某些菜蔬，有的地区也指某些酱菜。"咸肉"是用盐腌的肉。海水富含盐份，所以海水的味道是咸的。我国的湖泊也分为淡水湖和咸水湖。水中含盐分多的湖，水的味道就比较咸了，所以叫作"咸水湖"。"不咸不淡"一指平平淡淡，普普通通。又指冷言嘲笑。"说咸道淡"形容说别人闲话。"咸酸苦辣"本指四种味道，也比喻生活经历中的各种世态人情滋味。《鹖冠子·环流五》："阴阳不同气，然其为和同也；酸咸甘苦之味相反，然其为善均也。"

"咸潮"是一种天然水文现象。当淡水河流量不足，令海水倒灌，咸淡水混合造成上游河道水体变咸，即形成咸潮。咸潮一般发生在冬季或干旱的季节，即每年十月至翌年三月之间出现在河海交汇处。

"咸"姓出自高辛氏。帝喾为部落首领时，其下有臣子咸丘黑，是咸姓始祖。或谓"咸"姓出自巫者。商代有贤臣名咸，因为以卜祝巫事为职业，故称咸巫，其后代以祖先名字为姓，称咸氏。"咸"姓又有出自姬姓者。春秋时，晋献公的王妃骊姬发难，欲立奚齐为嗣，驱逐公子重耳和夷吾，导致晋国内乱。后废晋国公族，称为咸氏。

辣 【辢】

là

"辣",异体为"辢"。形声字,从辛,剌省声。

"辛"的本义为一种刀形的刑具,又为五味中之辛味,是一种刺激性的味道。"朿"可视为"剌"字之省:肉体被尖物划开、刺裂、割开会有刺痛的感觉;"朿"又有集中捆束、约束、束缚的意思。"辛""朿"为"辣",既表示刺激性的味道,又表示刺痛的感觉。《广雅》:"辣,辛也。"本义为辛味。身体被刺痛会有火辣辣的触觉,味蕾被刺痛会有火辣辣的味觉。

两类不同的感知器官却有着相同的感受。"辣"字正是以不同的感觉器官所产生的相似感觉而被创造出来的。"辣"又是以刑具将之束缚或以刑具使其割裂,强调凶狠之意,如"毒辣"、"泼辣"、"辛辣"等。"五味"有辛、甘、苦、酸、咸。"辛"即"辣"。辣可开胃口,但又不可太辣,要有所约束,否则刺激肠胃,引起上火,故"辛""朿"为"辣"。人们常用"酸甜苦辣一应俱全"来形容各种味道都有。

辛辣属于烈味,与其本义凶狠、狠辣、暴烈相呼应,一般用来形容人性情凶悍、脾气暴躁或者任性妄为的作风。若对某人下毒手,即是手段毒辣,迫害别人。成语"心狠手辣"即形容心肠歹毒,为了自身的利益而不择手段。

人们常用"辣椒"或"辣子"来比喻厉害、泼辣的人物。《红楼梦》第三回:"他是我们这里有名的一个'泼辣货',南京所谓'辣子',你只叫他'凤辣子'就是了。"这是贾母对王熙凤的戏称,意思是说她办事泼辣,快人快语,做事利落爽快。

辛辣味尤其刺激人的呼吸道。食辛辣食物时,人们常会流眼泪、流鼻涕,表情痛苦。故"辣"还可引申为伤痛、痛苦。吃辣时,咽喉口腔部位有灼热辛辣的感觉,仿佛在呼呼喷火,故有火辣辣、辣乎乎之说。有时候身体受到创伤,创口也跟火燎一样,故有火辣辣的灼疼之喻。引申开来,"辣"也指高热、高温。《白族民歌集·引水浇苗》:"太阳辣得如火烧,庄稼晒得枯焦焦。"老练、刚劲犀利的文风则称之为"老辣"。"姜还是老的辣"形容人生阅历多了，见识广了，办事情就熟门熟路、不费劲。其中的"辣"可作厉害来理解。

　　中医认为，酸甜苦辛涩等味道对人体都有各自不同的功效，如"辣"之味入肺，可发汗、理气等，所以中医养生提倡各种味道的食物都应该均衡进食。葱、蒜、姜、辣椒、胡椒等食物中所含的"辣素"既能保护血管，又可调理气血、疏通经络。几乎所有辛辣食物性都温热，吃后能促进血液循环，令气血运行顺畅，脏腑得到适当滋养。另外，辛辣食物还能刺激汗腺、胃液分泌，增强唾液，津入丹田，气血旺盛，加快新陈代谢，有助于排出体内毒素，增加出汗量，有助于调整体内排水机能，防止水肿。当然，食辣也要视个人的身体情况而定，要有节有度，不可过量。

梦寐

有病才知健康来之不易，健康不知养生必不可少。

梦 【夢】
mèng

夢 小篆

"梦"，繁体是"夢"。会意字，从艸，从网，从"冥"字头，从夕。

"艸"为草，可引申为杂乱；"网"代表各种信息交织在一起；"冥"为深奥、深沉；"夕"为傍晚、黄昏。四者相合为"夢"，指睡眠时身体内外各种刺激或残留在大脑里的外界刺激引起的思维活动。梦境没有逻辑，故以"草"从；梦境是一种因各种信息的刺激所引起的且不能为外人所觉察的思维活动，故"网""冥"相叠；古人日落而息，梦境由此而开始，故从"夕"。

简化字"梦"从林，从夕。"林"为林林总总。梦境五花八门，无奇不有，各种各样，故从"林"。

熟睡是人的精神最放松的时刻，潜意识里，神经系统会把梦者念念不忘的挂于心间的事情在大脑中以独特的方式呈现，这就是梦。"冥"字头表示梦会在冥冥之中给梦者以暗示。宋代陆游《十一月四日风雨大作》："夜阑卧听风雨生，铁马冰河入梦来。"夜深时卧床细听风吹雨打的声音，入梦后见到铁骑驰骋在冰冻的河上。"梦"由本义引申为做梦。成语"梦寐以求"指在睡觉做梦时都在寻求，形容心情迫切，强烈追求。"同床异梦"指二人同眠一床，所梦之事各异，喻指相处共事时貌合而神离。清代龚鼎孳《百嘉村见梅花》："梦醒忽惊身是客，一船寒月到江村。"梦中忽然惊醒，才知道自己是他乡之客；船上笼罩着寒冷的月光，慢慢地驶到江边的村庄。"梦"由做梦引申为幻想，因为梦中景象都是潜意识里的幻象。"白日梦"指白日做梦，喻指不切实际的、不可能实现的幻想。成语"南柯一梦"出自唐代传奇《南柯太守传》，淳于棼做梦到大槐安国享受富贵荣华，醒来后发现乃一场大梦，大槐安国原来是大槐树下蚁穴。后用此典故比喻人生如梦。

"庄周梦"典出《庄子·齐物论》："昔者庄周梦为蝴蝶，栩栩然蝴蝶也。自喻适志与，不知周也。俄然觉，则蘧蘧然周也。不知周之梦为蝴蝶与，蝴蝶之梦为周与？周与蝴蝶，则必有分矣。此之谓物化。"庄子认为生与死、祸与福、物与影、梦与觉等都是自然变化的现象，圣人任其自然，随之变化。后以"庄周梦"比喻虚幻的事物。王安石《游土山示蔡天启秘校》："予衰极今岁，倘与鸡梦协。"《晋书·谢安传》："（谢安）雅志未就，遂遇疾笃……因怅然谓所亲曰："昔桓温在时，吾常惧不全。忽梦乘温舆行十六里，见一白鸡而止。乘温舆者，代其位也。十六里，止今十六年矣。白鸡主酉，今太岁在酉，吾病殆不起乎！"后以"鸡梦"指死亡之兆。"梦刀"典出《晋书·王浚传》："浚夜梦悬三刀于卧屋梁上，须臾又益一刀，浚惊觉，意甚恶之。主簿李毅再拜贺曰：："三刀为州字，又益一者，明府其临益州乎？"及贼张弘杀益州刺史皇甫晏，果迁浚为益州刺史。"后因以"梦刀"为官吏升迁之典。"华胥梦"典出《列子·黄帝》："（黄帝）昼寝而梦，游于华胥氏之国。华胥氏之国在弇州之西，台州之北，不知斯齐国几千万里；盖非舟车足力之所及，神游而已。"后因称一场幻梦为"一梦华胥"。"痴人说梦"原指对痴人说梦话而痴人信以为真，比喻凭借荒唐的想象胡言乱语。宋代释惠洪《冷斋夜话》卷九："此正所谓对痴人说梦也。""一场春梦"比喻过去的一切转眼成空，也比喻不切实际的想法落了空。五代张泌《寄人》："倚柱寻思倍惆怅，一场春梦不分明。"

"梦"用于地名。"梦泽"即云梦泽。"梦溪"是地名，在今江苏省丹阳县，宋朝沈括原居住于此。《梦溪笔谈》是沈括所著的一本有关历史、文艺、科学等各种知识的笔记，因写于润州梦溪园而得名。

寐 mèi

寐 小篆

"寐"，形声字，从寢省，未声。

"寐"可视为从宀，从爿，从未。"宀"在古文字中是房子的象形，指房子；"爿"为木板、木片，是劈成片的竹木，可将之用作制床、椅等器具的材料；"未"是"昧"的省字，指昏沉无意识。"爿"于"宀"下，表明是置于室内的卧具，因此"寐"为在屋里的床上已经睡得昏沉了。《说文·宀部》："寐，卧也。"段玉裁注："俗所谓睡着也。""寐"的本义为睡着。

朱骏声《说文通训定声》："在床曰寝，病寝曰寢，隐几曰卧，合目曰眠，眠而无知曰寐，坐寐曰睡，不脱冠带而眠曰假寐。"在床上休息为寝，因病休息为寢，屈伏于几为卧，双眼合闭为眠，眠而没有知觉为寐，坐着而寐为睡，不脱冠解带而眠为假寐。睡觉的各种形态竟然有不同的文字来表达，从一个侧面体现了汉字的丰富多彩。入寐时没有知觉，说明睡意昏沉。"夜不能寐"指晚上睡不着觉；"梦寐以求"是睡梦中都想得到，比喻十分迫切的愿望。

"寐"是指一种良好的睡眠。偶尔"夜不能寐"并无大碍，经常"夜不能寐"则为"失眠"。"失眠"也称"不寐症"。《内经》中又称其为"不得卧"、"目不瞑"、"不得眠"。失眠是一种睡眠障碍，表现为经常性的睡眠减少，或不易入睡，或睡而易醒，醒后不能再睡，时睡时醒，甚至彻夜不眠。

古籍对"不寐"的原因有详尽的论述。《黄帝内经·素问·逆调论》："胃不和则卧不安。"明朝人李中梓将不寐分为气虚、阴虚、痰滞、水停和胃不和五症。张景岳在《景岳全书·不寐·论治》中则从"一由邪之扰，一由卫气之不足"两方面来解其病理。人之寤寐，由心神控制，而营卫阴阳的正常运作是保证心神调节寤寐的基础。饮食不节、情志失常、劳倦困顿、思虑过度及大病初愈和年迈体虚等因素均可导致心神不安、神不守舍而不寐。

　　在物质空前丰富、科技高度发展的今天，睡眠环境较之以前要舒适得多。然而，人们的睡眠质量却今不如古，生活的快节奏、无规律、压力大、超负荷以及种种不如意的情感因素，都影响人的睡眠质量。睡眠不好，是养生的一大忌。"不寐症"严重影响了人的生理机能，进而影响人的日常生活和工作。防治不寐有许多方法，比如加强体育锻炼，适当参加体力劳动；睡前不宜喝浓茶、咖啡，不宜用烟酒；保持宽容平和的心态，坦荡无私，宽宏雅量等，都能起到逐步改善和调节睡眠的作用。

睡眠

没有好的生活习惯，不可能有健康的身体。

睡 shuì

睡 *小篆*

"睡"，形声字，从目，垂声。

"目"为眼睑；"垂"为下垂。"睡"从目，从垂，意为眼皮下垂。《说文·目部》："睡，坐寐也。"本义为坐着打瞌睡。睡觉通常是眼皮自上而下合拢起来，所以"目""垂"为"睡"，形象地表现了睡觉时眼睛的状态。

睡眠给文人提供了无限的创作空间。宋代大文豪苏轼有一篇脍炙人口的《睡乡记》，把看不见、摸不到的睡乡描绘成一个与齐州接壤的"世外桃源"。在"其土平夷大，无东西南北，其人安怡舒适，无疾痛札疠"的无忧无虑的境界里，居民们个个"昏然不生七情，茫然不交万事，荡然不知天地日月"，既没有凡尘俗事的困扰，也没有利害之争。如此至高无上的境界，非普通人所能达到。苏东坡最后说到，在所有的君王中，只有上古的黄帝、尧、舜三人才到达了睡乡。至于禹、汤、武王等，因为他们一生都为建功立业而忙碌，当然只能与睡乡无缘了。在这篇文章里，作者把睡乡虚拟为道家的无为之境。

《红楼梦》中的"憨湘云醉眠芍药裀"，湘云淳朴可爱的个性跃然纸上。不过，女子如湘云这般睡得一身落英、无所顾忌的，在古代社会里还真不多见。《三国演义》中，刘备三顾草庐请诸葛孔明出山。去时孔明还在午睡，好不容易孔明先生睡醒了，还要不紧不慢地吟诵："大梦谁先觉，平生我自知。草堂春睡足，窗外日迟迟。"如此优哉游哉，求贤若渴的刘备依然毕恭毕敬。李渔在《闲情偶记》中也有一篇谈"睡"的文章：说有位名士善睡，起必过午，并自写一首颇为调侃的打油诗："吾在此静睡，起来常过午。便活七十年，只当三十五。"笠翁先生对于什么时候睡觉最为适宜也有自己的一番言论，他说："不静之地，止能睡目，不能睡耳；耳目两歧，岂安身之善策乎？不凉之地，止能睡魂，不能睡身；身魂不附，乃养生之至忌也。"

在传统养生理念中，讲究睡眠应当"先睡心，后睡眼"：睡前当摒除喜怒忧思和烦恼，精神尽量放松，恬淡虚静，内心安宁，使大脑处于抑制状态，然后慢慢合上双眼，自然就酣入睡梦。睡眠有十忌：一忌仰卧；二忌忧虑；三忌睡前恼怒，四忌睡前进食；五忌睡卧言语；六忌睡对灯光；七忌睡时张口；八忌夜卧覆首；九忌当风；十忌卧对炉火。古人云："站如松，行如风，卧如弓。"其中所说的"卧如弓"即一般人要侧卧睡眠。侧卧而睡胸廓活动自如，心脏不会受到手臂、棉被的压迫，两腿屈伸也方便。关于睡眠时间，传统养生学认为春应早睡早起，夏应晚睡早起，秋应晚睡晚起，冬则早睡晚起。当然，这要视实际情况而定，把握分寸，不可太过。古人对睡眠的方向以及姿势也十分讲究。例如，头朝南或朝北睡为佳，双腿弯曲右侧卧睡有益于身体健康等。当然，一个人睡觉，不可能总保持一个姿势不变，而且根据个人的身体状况，睡姿也可以灵活变化，但基本睡姿则应以右侧卧为佳。古人有"华山处士如容见，不觅仙方觅睡方"与"吃人参，不如睡五更"之说。我国中医认为睡眠本身就是一种药，即"睡能还精，睡能养气，睡能健脾益胃，睡能坚骨强筋"。专家认为充足的睡眠、均衡饮食和适当的运动是健康生活的三"足"。长期睡眠不足，欠"睡眠债"，对健康十分不利。

眠 _{mián}

"眠"，形声字，从目，民声。

"目"为眼睛；"民"的金文像有刃刺目之形。眼睛是人体最柔弱的部位，在利物刺目的情况下，眼睛会自然闭拢。"眠"的本义为闭上眼睛。

《玉篇》："眠，寐也。""眠"意为睡觉，如安眠、失眠。睡眠的姿势是卧着的，故"眠"引申指倒卧，如一日三眠三起，也意为横放，如眠琴绿阴。"眠"是一个后起字，由"瞑"字演化而来。《玉篇·目部》："眠同瞑。""目"为眼睛；"冥"是昏暗。"瞑"字意为闭上眼睛，眼前一片昏暗，强调了闭眼之意。人在睡觉的时候，大都以躺卧为主，身体横向。由此，"眠"引申为横卧、平放。司空图《诗品》："白云初晴，幽鸟相逐。眠琴绿阴，上有飞瀑。"绿草地上横放着古琴，对面的山涧有飞流直下的瀑布，呈现出一幅典雅闲适的画面。"眠芊"是指草木倒伏，形容草木茂密幽深的景象。

死去的人双目合拢而永不苏醒，其状态如酣睡不起，故人们用"长眠"一词来表示死亡。此外，"眠"还指某些动物的一种生理状态，即在一段时间内不食不动，如"冬眠"。冬眠是动物对不利生活条件的一种适应，是动物维持生命活动的一种本能。通过这种状态来抵御寒冷，等到春天天气变暖时，再出来活动。冬眠的动物有熊、青蛙、刺猬、蛇等。

睡眠障碍是指睡眠的量、质或定时异常，或者是在睡眠中或睡眠觉醒转换时发生异常的行为或生理事件。常见的睡眠障碍包括失眠、嗜睡和睡眠异常三种。失眠是最常见的睡眠障碍。失眠主要表现为入眠困难或早醒，常伴有睡眠不深与多梦的情况。根据失眠时间的长短不同，失眠可分为短暂性失眠、短期性失眠、长期性失眠。引起失眠的原因很多，一般包括由精神因素引起的失眠、由生理和疾病因素引起的失眠以及因药物因素引起的失眠。当一个人遇到重大的压力，情绪上的激动、紧张、焦虑、兴奋，人生遇到重大的挫折和打击，如考试失利、丧偶、失恋、离婚等都可引起短暂或长期的失眠；工作环境和生活习惯的改变以及各类躯体病痛，如呕吐、心悸、尿频、大脑病变也会引起失眠；服用某些药物，如利舍平、苯丙胺、甲状腺素等，会导致失眠。失眠是睡得太少或根本无法入睡，而嗜睡症则是睡得太多。嗜睡者在睡眠时间已经足够的情况下，依然一天到晚想睡觉。造成嗜睡的原因也有多种，因工作时间过长、经常熬夜或加班造成白天或节假日嗜睡是比较常见的情况；由神经或病理因素，譬如头部受伤、脑瘤、糖尿病、肝功能障碍等或服用某类药物，也会导致嗜睡症。此外，睡眠障碍还包括在入睡时，出现奇怪的行为或不寻常的动作，如磨牙、梦魇、梦游、夜惊等。

　　睡眠是生命的基本需要，人的一生1/3的时间是在床上度过的。不健康的睡眠习惯或睡眠障碍不仅会降低机体的免疫力而且会影响人的健康，引发感冒、糖尿病、抑郁症等多种躯体及精神病患，从而使人过早衰老，寿命缩短。因此，民间有"不觅仙方觅睡方"的说法。养生保健，首先要关注自身的睡眠习惯和睡眠健康！

疲惫

生理疾病好治，心理疾病难疗。

疲 pí

 小篆

"疲"，形声字，从疒，皮声。

"疒"的甲骨文是一个人得病躺在床上的样子，为"病"的本字；"皮"是表皮，这里指身体和精神的表面状态。"疒""皮"为"疲"，指一个人极度劳累时，表现于外的萎靡不振、无精打采、精神倦怠、四肢乏力，从外在的精神状态也能感觉到其疲劳的程度。可见"疲"是一种病态的体表状态、精神状态。如疲劳、疲惫、疲乏、疲倦、筋疲力尽等，皆指感到身体劳累。《说文·疒部》："疲，劳也。"又《玉篇》："疲，乏也。"本义为疲乏、困倦。疲劳使人面色不好，皮肤松垮。由此，"疲"又可引申为衰老、衰弱、衰败之意。《管子·小筐》："以疲马犬羊为币。""疲"就是瘦小、衰弱的意思。又如，"疲冗"指衰弱无能；"疲劣"指衰弱恶劣；"疲暮"则是暮年、衰老的意思。

人疲累之后，容易烦躁，心生厌倦，从而出现松懈、懈怠的情绪，所以"疲"又有厌倦、松懈、衰落等意。《后汉书·光武帝纪》："我自乐此，不为疲也。"我在此中得到了乐趣，并不感到有丝毫的厌倦。"疲"就是厌倦。成语"乐此不疲"即出于此。"疲塌"形容做事懈怠；"疲于奔命"则用来形容因忙于奔走、劳作而应付照应不过来，显得疲惫不堪的样子。

疲劳是人体一种生理性预警反应。疲劳往往是由于工作、学习任务繁重、生活节奏紧张所致。疲劳包括生理和心理两方面。生理疲劳主要表现为肌肉酸痛、全身疲乏等；而心理疲劳主要表现为心情烦躁、注意力不集中、思维迟钝等。20 世纪 80 年代中期，医学界提出了"慢性疲劳综合征"这一概念。慢性疲劳综合症是现代快节奏、高竞争的生活方式下，由于长期的工作压力、紧张焦虑得不到缓解而造成的一种具有危害性的心理状态，是亚健康的主要表现。慢性疲劳综合症的患者并无明显的器质性病变，但会经常感到疲惫不堪，并伴有头晕、头痛、失眠、健忘、低热、肌肉关节疼痛和多种神经精神症状。人如果睡眠不足或过多、生活无规律、吸烟酗酒、饮食结构不合理、缺乏运动、精神压力过大、长期情绪抑郁或波动，都容易患上慢性疲劳综合症。疲劳综合症已经成为一种"现代病"。当然，消除疲劳的方法很多，保持良好、积极、愉快的心理状态是增进健康、摆脱疲劳的重要方法。此外，养成良好的生活习惯，培养健康的业余爱好，持之以恒的锻炼身体，都是消除疲劳的良方。

惫 【憊】
bèi

"惫"，繁体为"憊"。形声字，从心，备声。

"备"即"备"，指谨慎、警惕。"备""心"为"惫"，即为终日怀着警惕、提防的心思，担惊受怕，殚精竭虑，长期以往，必然疲倦不堪。"惫"即为极度困乏。"备"又为完备、齐备，所有经手之事力求完备，凡事追求细致全面，如此高的精神压力下，最终将导致精神和体力的疲惫、乏力。人心应该是清明之处，所谓内静而外安，也就是说心静自然就万事通畅，现在"惫"字是"心"上有"备"，时时刻刻地准备着防备着，整天提心吊胆不得心安，那不身心疲惫才是怪事，不过这也正意会出了"惫"字"疲乏"、"困顿"的本义。

《通俗文》中有："疲极曰惫"之语，也就是说"惫"是疲劳到了极点，唐代鲍君徽《关山月》："霜凝匣中剑，风惫原上旌"，其中的"惫"字是来形容旌旗的，表示旷野上朔风急烈，吹得旗幡都似乎疲惫异常，是极力渲染那种野旷人稀的感觉。而跟"惫"字组合的词语一般都表示疲乏的意思，像"疲惫"、"疲惫不堪"、"惫劳"等，因此"惫"也引申为"衰竭"、"危殆"。苏洵《辩奸论》："衣臣虏之衣，食犬惫之食。"其中的"惫"可以理解为"衰败"的意思。

休息

动可养身，静可养性。

休 xiū

禁 甲骨文　禁 金文　脓 小篆

"休"，会意字，从人，从木。"休"的甲骨文像一个人背倚大树乘凉歇息形。

《说文·木部》："休，息止也。从人依木。"本义为歇息、休息。农人耕作于田间，行人奔走于路途，习惯于树下乘凉休息，此为人依木。古时用以歇息的床或椅类器具皆以木制成，此亦人依木。因此，人依木为"休"，是休息、休整、休养。由于"休息"意味着某一事情的中断、停止或不再继续，故"休"又引申为完结、结束。如休书、休学、休战、退休等。"休"还可以做否定词，表示不要的意思。

"休"的本义是背靠大树休息。能够自由自在地背靠大树休息一下，对于在炎炎烈日下从事田间劳作的农人来说，无疑是一种享受，故"休"还表示美好、吉庆、福禄。《尔雅》："休，美也。"《左传·襄公二十八年》："以礼承天之休。"以礼来承待上天赐予的福禄。见到美丽、吉庆的东西自然欢喜，"休"表示喜悦、欢乐。如白居易《醉封诗简寄微之》："一生休戚与穷通，处处相随事事同。未死又怜沧海郡，无儿俱作白头翁。展眉只仰三杯后，代面唯凭五字中。为向两州邮吏道，莫辞来去递诗筒。""休戚"即忧乐，成语"休戚相关"指彼此间的忧喜与祸福息息相关。

自古以来，人与木的关系十分亲密。无论是古代还是现代，人在紧张的工作和生活之余，为放松自己，缓解疲劳，调节情绪，总要抽出一定的时间到绿树成荫、环境优雅、空气清新的地方消遣。"休"引申为休假、休养、休憩。"休养生息"是指在大动乱、大变革之后所采取的减轻百姓负担、恢复生产、安定社会秩序的一系列措施。西汉初年，刚推翻秦朝的暴政，国力衰竭，人口急剧下降。为恢复元气，汉高祖刘邦在很长一段时间里实行"休养生息"政策，以减轻百姓负担，恢复生产，安定生活，繁衍人口，恢复国力。

"休"还表示结束、完结、辞去。白居易《自问》："官途气味已识尽，此时不休何时休。""退休"指职工因年老或疾病而离开工作岗位。"休"由停止、完结又引申为休弃。旧时丈夫把妻子赶回娘家，断绝夫妻关系称为"休"，中国古代的"七出"（又称"七去"、"七弃"）是休弃妻子的七种理由。所谓"七出"，据《唐律疏议》记载，是指"一无子，二淫泆，三不事舅姑，四口舌，五盗窃，六妒忌，七恶疾"。《大戴礼记》则指的是"不顺父母去，无子去，淫去，妒去，有恶疾去，多言去，窃盗去"。

适当的休息并不是浪费时间，休息的目的是为了更好地工作。只有休息好，整个生物有机体才会处于平衡状态。所以"休"是最简单也是最行之有效的休闲方式，下棋、音乐、书画等都属休闲。古人云："弈棋者长寿。"老年人经常下棋，可以锻炼思维能力，消除孤独感，使生活多彩丰富。音乐是一门高雅的艺术，可以使人身心愉悦。不同的乐曲对人们有着不同的作用，如催眠、舒心、镇静、消除疲劳、排解忧愁、振奋精神等。创作与欣赏书画也有益于身心健康。古人云："寿从笔端来。"人于书画之时，可尽全身之力，使气血畅达，百脉疏通。书画艺术可调节情趣，陶冶情操。书画过程讲究体放松，心要静，以意引气，与练气功、练太极拳等有异曲同工之妙。"凡情志之属，惟心所统"，"玩琴以养心"，"歌咏以养性"（《类经》）。所以，适度的休闲娱乐有益于修身养性、益寿延年。

息 ^{xī}

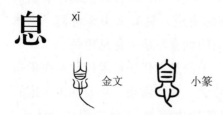

金文　　小篆

"息"，会意兼形声字，从自，从心，心亦声。

　　"自"的甲骨文是鼻形；"心"乃心脏、心理。古人认为心与鼻息息相通，《说文解字注》："自者鼻也，心气必从鼻出。""自""心"为"息"，表示心气从鼻而出。《说文·心部》："息，喘也。"本义指喘气、呼吸。进而指呼吸时进出的气，如鼻息、喘息、叹息。"息"是呼吸的延绵，代表生命的存在与延续，故而引申指儿女，如子息。又表示利钱，如利息、利率。

　　"自"又为自己、自我、自身，也为自在、自觉、自由；"心"为心情、心态、心绪、心境。"心"在"自"下，意为"息"是将自己的心放下来，不浮躁不安，不游离不定。心沉稳，才能气息平和，身心放松，才能得到真正的"息"，也就是轻松自在。"息"是休息、歇息之意。《广雅》："息，休也。"现代心理学认为，深呼吸可以缓解紧张的情绪。从"息"的字形上可以看出，早在几千年前古人就已经意识到呼吸与心理的微妙关系了，现代心理学研究进一步印证了这一现象。

　　"休息"中的"息"为歇息、停息、安息。《释言》："息，安也。"《玉台新咏·古诗为焦仲卿妻作》："鸡鸣入机织，夜夜不得息。"人们常用"休养生息"来形容养精蓄锐、蓄势待发的状态；用"自强不息"表示自我激励、努力向上、永不懈怠；用"生生不息"描述事物连绵不断地进行下去。

　　《说文·心部》："息，喘也。""息"指喘气、喘息。《汉书·扬雄传》："尚不敢惕息。""息"即为喘息。气息不畅就会"窒息"；"唉"声不断是"叹息"；看人脸色行事则是"仰人鼻息"。一呼一吸时间很短，"瞬息"表示时间的短暂。

　　"息"还表示气息，即呼吸时进出的气。魏禧《大铁椎传》："屏息观之。""屏息"是指屏住呼吸。气功修炼中有数息法、听息法等，都是通过有意识地调整气息来改变呼吸节奏，以达到调养身心的目的。对气息的调整，指的是呼吸方法的练习，这也是道家养生的入门功夫。道家注重调息功夫，力图使心息相依，从而凝神定志。如今，调息对运动员可以达到身心和缓、放松的效果，是完整的运动所不可或缺的。而对于躁动不安、心绪不稳定、压力繁重的现代人来说，调息也有很好的保健作用。

　　人生奔波劳碌，殚精竭虑，必须靠充分的休息来养精蓄锐。怎样才能保证休息的质量呢？"心"在"自"下为"息"表明：能把心放下的是自己，而不是他人。烦闷、焦躁皆由己而生，故也应该由己而息。谁能在烦恼之时找回自己的心，并且放下它，泰然恬淡，静处自息，谁就领略了"息"的要旨。真正的"息"不在于身体上，而是在心境上拥有自由自在、无拘无束、天马行空的境界。心田不为羁绊所扰、恬淡安然是养生之基础和目的。

安逸

不比较，不计较，莫烦恼，百病消。

安 ān

甲骨文　　金文　　小篆

"安"，会意字，从宀，从女。

甲骨文的"安"字是一位女子坐在屋下之形。"宀"指房屋，为家。"女"为女人、女性，在此专指成年女子。"安"以家中有女人会意安定。女人成家心则安；家中一女才能安，三妻四妾不能安。家中有女，表示男人已成家，有家室则为安。《尔雅》："安，定也。"

"安"还可以表示疑问，指什么、哪里、是与否。"安"还可以做虚词，放在句首。《木兰辞》："双兔傍地走，安能辨我是雄雌。""安"又有存心的意思，如"你安的是什么心，把他害成这样"。

"安"为安定、使巩固。"安邦定国"指使国家安定巩固。《新编五代史平话·周史》卷上："我这剑要卖与烈士，大则安邦定国，小则御侮捍身，您孩儿每识个什么？""安"还有安静、安逸的意思。《说文·宀部》："安，静也。"《论语·学而》："君子食无求饱，居无求安。"意思是贤人君子饮食不求过饱，居处不求安逸。"安"由安静引申为静止的意思。《战国策·秦策五》："贾原出使四国，必须绝其谋而安其兵。""安其兵"就是按兵不动。

"安"为稳、定，稳稳当当，所以"安"又有缓慢、安稳的意思。"安步当车"是以从容的步行代替乘车。《战国策·齐策四》："晚食以当肉，安步以当车，无罪以当贵，清静贞正以自虞。""安车蒲轮"指让被征请者坐在安车上，并用蒲叶包着车轮，以便行驶时车身更为安稳，表示皇帝对贤能者的优待。《汉书·武帝纪》："遣使者安车蒲轮，束帛加璧，征鲁申公。"

"安"还引申为安心、习惯、满足于。"安常处顺"是习惯于平稳的日子，处于顺利的境遇中。《庄子·养生主》："安时而处顺，哀乐不能入也。""安分守常"是规矩老实，安守本分，不惹是生非。《红楼梦》第二十三回："你可好生用心学习，再如不安分守常，你可仔细。""安贫乐道"是安于贫穷，以坚持自己的信念为乐。旧时士大夫所主张的为人处世之道。《后汉书·杨彪传》："安贫乐道，恬于进趣，三辅诸儒莫不慕仰之。""安于现状"是安于命定的本分，只做自己分内的事情。"安心本职"是说在工作上要遵守职业道德，兢兢业业，不好高骛远。贤人君子不追求饮食居所的安逸，那是因为其对于某种事业、精神的追求胜过对安逸生活的奢望。生活过于舒适，人就容易滋生懒惰的情绪。而过多的对安逸生活的欲望则会改变或污染人的灵魂。有些人为了享受奢侈的生活，大发不义之财，到头来虽然生活上荣华富贵，但内心深处却总是惴惴不安，胆战心惊，所以说"身安不如心安"。不做亏心事，不怕鬼叫门，求一个心安；不招惹是非，不违法乱纪，安分守己，保一个平安；自信事情做得合理，心里坦然，就会心安理得。

"安"字是一个与人们生活联系非常密切的字，也是人们十分喜欢的字，使用范围非常广泛并且相当频繁。清晨见面说早安，好友相遇互问安，为人送行祝平安，临睡觉前道晚安。父母都希望自己的子女平平安安，子女衷心祝愿自己的父母安康快乐。人们整天忙忙碌碌地学习、工作，图的也就是过个安逸舒适的生活。即使在参加葬礼时也要祝逝去的人安息。"安"是幸福的象征和保障，所以很多人名、地名都用"安"字。人名暂且不说，仅地名就有西安、安阳、安庆、安源、宝安、潮安等。从这也可以看出人们的安土重迁、求安宁、求平安的祈福心理。

逸 yì

小篆

"逸"，会意字，从辵，从兔。

"辵"表示忽行忽止，会意为行走；"兔"为哺乳类动物，前足短而后足长，擅长跳跃奔跑，生性胆小，若受到惊吓，逃脱迅速。"逸"从辵，从兔，意为出事之后，像兔子一样迅速逃跑。"逸"为跑、逃跑，如逃逸、奔逸；逃走后踪迹全无，故又有散失、消失的意思，如逸散、逸事。《说文·辵部》："逸，失也。从辵兔，兔谩訑善逃也。"对于兔子而言，也只有逃到别人看不见的地方日子才能安逸，"逸"又为安逸、逸乐、以逸待劳等。

"逸"的本义为逃跑。既然是逃，就怕被人追上，所以要拼命地往前奔跑，由此，"逸"泛指一般的快速奔跑、疾驰。《国语·晋语五》："马逸不能止。"韦昭注："逸，奔也。"

同样，也只有逃出对方的视线或者让对方在自己的视线内消失，逃跑者才会在心理上得到安全感，故"逸"有散失、亡失之意。不过这个义项现在多指散失的文稿、书籍、传闻之类。

《后汉书·儒林传序》："采求阙文，补缀漏逸。"采集寻求遗失的文章，添补连缀其中遗漏散失的部分。

"逸"有闲适、安乐的意思。《尚书·无逸》："生则逸，不知稼穑之艰难。"从出生时就过着安逸的日子，不知道农事的艰辛。班固《封燕然山铭》也有："兹可谓一劳而久逸，暂费而永宁者也。"劳苦一次，永得安逸。成语"一劳永逸"即出于此。

安逸、闲适的生活人人都向往，但生活太安逸了就是一种放纵淫靡。由此，"逸"又指释放、放纵、淫靡。《尚书·大禹谟》："罔游于逸，罔淫于乐。"告诫人们不要过度放纵，一味寻求快乐。这是我国历史上用文字表述反腐败思想的最早记录。历史上，周人灭了殷商之后，认真总结了纣王荒淫亡国的教训。他们看来，商纣王"生则逸，不知稼穑之艰难，不闻小人之劳，唯耽乐之从"的作风是要不得的，因而他们要求周王"无淫于逸、于游、于田"，始终保持励精图治、不贪图享乐、谨慎治国的作风。《国语·楚语下》："夫阖闾口不食嘉味，耳不乐逸声。"阖闾不吃美味的食物，不听淫靡的音乐，生活简朴，可见一代君王阖闾在生活上也很自律。

"逸"也有隐逸、避世隐居的意思。隐逸大都出于不满于社会现状，而又无力扭转乾坤，于是只好选择逃世一途。隐逸的方式多种多样，遁迹山林，远离尘世喧嚣是隐逸；云集雅客，莳花种竹，赋诗听曲是隐逸；放浪形骸，谈尚玄远是隐逸；徜徉自然，逍遥山水也是一种隐逸。

大凡避世归隐之人都比较超凡脱俗，清高而不愿意合群，所以在现代汉语中，"逸"另有超出一般、超绝之意。《三国志·蜀志·诸葛亮传》："亮少有逸群之才。"是说诸葛亮少年时就有超群的才华。徐渭《与两画史》："工而入逸，斯为妙品。"精巧并且到了超绝的地步，才是妙品。

"逃逸"指逃跑。在现代法律中，常指交通事故中肇事司机为逃避责任，不顾被撞者生命安危逃离现场的行为。近年来，交通肇事后逃逸的情况越来越多。交通肇事已对他人生命财产造成损害，事后逃逸更是失去挽救的机会和可能，属知法犯法或故意犯罪，性质恶劣，后果严重，要受到法律的严惩。所以，交通肇事逃逸其实是极其短见和缺乏理智的行径，结局都是逃而不逸（闲适、安逸），一时小聪明造成终生悔恨。

清爽　　心理不健康，锻炼亦枉然。

清 qīng

㵁 小篆

"清"，形声字，从水，青声。

"清"从"水"表示与水的特征有关；"青"指碧绿透彻。"清"的本义为水清澈透明，与"浊"相对。《说文·水部》："清，朖也。徵水之貌。""朖"为"朗"，指清澈、朗清。水清可鉴物，天清则湛蓝，心清则明理。"清"为纯净、纯洁，为官纯洁则为清正、清廉，做人纯洁则为清白、清逸。"青"可视为"静"省；无风而水静，此为"清"之清平、清静意。

"清"由水清可泛指其他液体或气体的清澈。如酒清、风清、天朗气清。又如空气的清澈常用"清新"一词来形容，即清爽而新鲜。"清"由本义又引申为纯净、洁净、纯洁。如冰清玉洁、一清二白。

清水为清纯的象征，故"清"又意为单纯、不复杂。如清炒、清蒸、清唱。由此引申指品德高洁，进而有清正、清廉之意。明代名臣于谦把保持高尚的节操和廉洁自律看得重于一切。他在《入京赋》中写道："手帕蘑菇及线香，本资民用反为殃。清风两袖朝天去，免得闾阎话短长。""清风两袖"指衣袖中除清风外，别无他物。比喻为官清廉，后作"两袖清风"。

清纯则不混乱，故"清"又引申为明白、清醒。《楚辞·渔父》："举世皆浊我独清，众人皆醉我独醒。""清"又特指天下太平，即清平、不乱。天下清，需要当政为官者的清廉，官清之日，方是山清水秀之时。《六德》对君主提出了修身要求："……人民少者，以攸（修）其身。为

（道）者必（由）此。"这里强调了修身之于治国的重要性。一个品行不端的人当然不会成为众望所归的君主。所谓"上梁不正下梁歪"，上行下效，为官者自身不正又焉能正人，又怎能使社会拥有良好的风气？

"清"又指平静、安静。欧阳詹《晚泊漳州营头亭》："回峰叠嶂绕庭隅，散点烟霞胜画图。日暮华轩卷长箔，太清云上对蓬壶。"道家的修炼讲清心，就是清除心灵上的污垢。因此道家主张"清虚"、"清净"，并以"清静无为"作为思想基础。

何谓清静？道教经典《云笈七签》中的解释是："专精积神不与物杂，谓之清。反神服气安而不动，谓之静。"道家认为"清静"是道的根本，万物清静，"则道自来居"。何谓无为？《老子》中的解释是："道常无为，而无不为。"即顺从自然发展而自化，不加以人为的影响和干预。因此，所谓"清静无为"，就是克制外欲，清神静心，顺应自然，不加强制。成语"清规戒律"，本义是佛教、道教寺院中僧尼必须遵守的规章制度。这些制度对于常人来说未免过于苛刻。因此用"清规戒律"比喻束缚人的不适宜规定与限制。

"清"又有清理、清除，结账付款之意。历史上的"清君侧"是指专门清除君主身边的坏人。当然，这个词也常常被那些起兵反对朝廷的统领们拿来做借口。"清"由此意进而引申，指一点不留、干净、无余。《越绝书·荆平王内传》："（女子）乃发其箪饭，清其壶浆而食之。"浣纱女从竹篮中取出米饭，清其瓦罐内的汤水让伍子胥吃。这里讲的是伍子胥全家被楚平王杀害，只身逃出，投奔吴国。行至溧阳濑水，见一女子在河边浣纱。伍子胥饥饿难忍，便向浣纱女求食，子胥食毕而去，关照浣纱女将竹篮、瓦罐收藏好，别让后面追来的楚军发现。浣纱女为使伍子胥放心，不暴露伍子胥之踪迹，便抱石投濑水而死。此女为明其志的所作所为可谓德高志洁，也可谓是清得彻底了。中国传统伦理之美德在此浣纱女身上体现得淋漓尽致，恐怕豪情壮志之男子也未必能有如此气概。

"清"也指颜色不重、气味不足、成分不多等。就饮食而言，常与"淡"字组成"清淡"一词，指含油脂少的食物。养生之道除饮食要求清淡外，还注重"清心寡欲"。"清心"是指内心清静而无杂念；"寡欲"指不要有过多的欲望。清心寡欲，保持思绪宁静、神气清灵是养生的重要途径。孙思邈指出，长寿对大多数人而言有"五难"，即名利难去，喜怒难除，声色难断，滋味难绝，神虑难散。如果不能排除以上杂念，是不可能颐享天年的。因此，节制对财、名、利、权、势、色的欲望，做到心清、神清，气清，再加上饮食之清，即"清心寡欲"，是养生的要旨。

爽 shuǎng

金文　　小篆

"爽"，会意字，从大，从二爻。

"爽"的金文像人站在窗前，因感到光线明亮、空气清新，而舒展四肢形。《说文》："爽，明也。"本义为明亮。今文"爽"从大，从二"爻"。"大"为人舒展四肢之形，意为心胸开阔，包容性强；二"爻"相并，除像通风的窗棂形外，也表示交叉、交错。故"爽"为通达、耿直、开朗的性格。无论多少错综复杂的事都夹于腋下，收至囊中。"爽"中二"爻"在"大"外，强调了暴露于身体之外，会意性格外向、爽快。

"爽"常用来表示一个人的性格。"爽直"指坦白诚恳，言行没有顾忌。李白《过汪氏别业二首》："酒酣益爽气，为乐不知秋。畴昔未识君，知君好贤才。""豪爽"指气度豪迈，言行大方。张耒《冬日放言二十一首》："元子本豪爽，颇复有俗气。孟嘉亦可人，乃与较权势。崛强尽百年，究竟成何事。江左无英雄，汝得免徒隶。""爽朗"指性格明快开朗。李鼐《鹧鸪天》："种得门阑五福全。常珍初喜庆华筵。玉环醉拍春衫舞，今见康强九九年。神爽朗，骨清坚。壶天日月旧因缘。从今把定春风笑，且作人间长寿仙。"

"爽"也表示一种畅快、舒适的心情。俗话说"人逢喜事精神爽"。人们遇到了欢喜高兴的事情，心情舒畅，自然精神十足。又如"身体不爽"指身体不很舒服；"清爽"指轻松爽快、舒畅愉快或清洁凉爽。如"雨后空气清爽"、"任务完成了，心里很清爽等"。"秋高气爽"指秋天天空蔚蓝明净，天高云淡，空气非常凉爽舒适。人们在吃到可口食物的时候，也会产生舒适感。"爽口"指食物味道美，入口非常清爽。

"爽"的本义是明亮。在黑暗的时候能见到光明，自然十分高兴，因此"爽"所表示的大都是令人喜悦、愉快的事情。不过，有时"爽"也表示一些让人不高兴的事情，常用来指差错、失误等。如"爽约"指的是失约。成语"屡试不爽"里的"爽"为差错，"不爽"就是没有差错。《诗·卫风·氓》："女也不爽，士贰其行。"女人我并没有过错，男人你却反复无常，三心二意。

"爽"又引申为败坏、不好。《老子》："五音令人耳聋，五味令人口爽。"常常听五音会使人耳聋，常常食用五味会让人胃口伤败。可见凡事皆有度，不应过分耽于外欲，过度的外欲会损害人的身体。生活中一些人常常因贪图一时爽快，酒色玩乐无度，造成健康透支，爽了一时，毁了一生。真正的、持久的"爽"来自精神生活的丰富高雅。健康的情趣和高尚的情操会让人充满活力，使人生丰富多彩。

享受

那些身体健康的乞丐，比患病的富翁幸福百倍。

享 xiǎng

甲骨文　　金文　　小篆

"享"，会意字，从高省，从子。

"享"的甲骨文像高大台基上建有殿堂之形，象征祭祖的宗庙。"享"的金文和篆文稍讹，中加一点，指明在这里祭献神祖。《说文》："享，献也。"本义是祭献、上供。楷书分别写作"亯"与"享"。如今规范化用"享"。

"享"字的上半部为"高"省"冋"，指等级在上，表示地位、辈分高；下半部的"子"为子孙、子弟，表示后代、小辈。"子"于"高"下，强调"享"是以下敬上，使高者享受、受用，此为"享"之供奉、上供意；"享"也表示上有高堂，下有子孙，和乐融融，享尽天伦之乐，此时，"享"为享福之意，如安享、享乐。"子"置于"高"下，也说明了后人为先人所庇佑，享用的大都是前人创造的劳动成果与财富。

"享"由贡献、上供之意引申，凡是恭敬地献给都可以说成"享"。古时，臣民或别国使节进贡、朝觐王朝君主也用"享"。朝见天子进献贡品称为"享觐"。"享礼"是上供的礼品；"享上"意为奉承上级。《史记·司马相如列传》："康居西域，重请朝，稽首来享。"西域小国康居再三恳请朝觐天朝。有时，"享"也指孝、孝道。《尔雅·释诂下》："享，孝也。"

"享国"、"享御"等是在帝王驾崩之后的用词，如刘禹锡《文宗元圣昭献孝皇帝挽歌三首》："圣情悲望处，沉日下西山。享国十五载，升天千万年。""享"也指有生之年的享受、享用，因此，人寿命的长短称为"享年"。

人们对宴请宾客、酒食款待等活动也称为"享"，后也用"飨"表示。

司马光《训俭示康》："享卫灵公。"用好酒好菜招待卫灵公。"享"也有拥有之意，如"享有"指在社会上或某个领域拥有的权利；"享誉"用于名声显赫的人，指享有某种声誉。

能谈得上"享"的，自然是人们所乐意受用的。不仅食物精致可口、居住环境舒适、衣服穿戴华美可称为"享"，声乐养耳、美景养眼、香味养鼻、气候养身等也都可以称为"享"。自有人类以来，人们就开始不懈地追求幸福生活。人类的整个历史，就是一部不断实现这一目标的历史。我们今天享受到的，是前人留给我们的。因此我们应当摈弃坐享其成、不劳而获、"享"而不"做"的人生观，继续传好"接力棒"，将美好的生活留给后人。

享福经常与吃苦相提并论。苦尽甘来，吃得苦中苦，配享福中福。佛家认为：吃苦了苦，苦尽甘来；享福了福，福尽悲来。吃苦的体验有多真，享福的感受就有多深。遭祸吃苦而不惊不怨，得福享乐而不浮不狂，把福与祸、甘与苦看得平常一些，人生就少却了诸多悲剧和凄凉。

受　shòu dào

甲骨文　金文　小篆

"受"，会意字。

"受"甲骨文像一条小船在两手之间交接，会意为传递东西。据此推测，殷商时的船只设有专人掌管，每次出航前，管船人把船交给用船人，返航后，用船人再把船交给管船人，一交一接，一借一还，会意为"受"。金文和小篆由甲骨文演化而来，也是两手之间一小船，不同的是两手从两侧移到了上边。《说文》："受，相付也。""受"本义为接受、承受。

今"受"从"爪"，从"冖"，从"又"。"爪"指禽兽足爪，代指手的动作；"冖"古同"幂"，意为覆盖，视为"冥"省时，表示彼此联系；"又"本义为手。"受"字结构为两只手通过传递东西发生联系。所以，

"受"本身含有接受、承受的意思。如《书·大禹谟》:"满招损,谦受益。"骄傲自满,整天把尾巴翘到天上,会招致很多损害,而保持谦虚的姿态则好处多多。两手交接,有承受的一方,必有授予的一方。所以,"受"又表示给予、授予,用法和意义通"授"。韩愈《师说》:"师者,所以传道受业解惑也。"韩愈对于教师的职能和任务给出了明确的界定,认为教师应以讲述道理、传授知识、解疑释惑为己任。"受"由接受引申为继承。北宋王安石《寄吴氏女子》:"儿已受师学,出蓝而更青。"

"受"由本义引申为收、取。如《周礼·春官·司干》:"祭祀,舞者既陈,则授舞器,既舞则受之。"舞蹈表演者站好以后,就发给他们跳舞的用具,等到舞蹈跳完之后,再把用具收回来。这里的"授"表示给予,"受"表示收取,二者成对出现,相互依存。

有形之物被人接收后,所有权发生转移,被新主人据为己有,接纳收藏;接收了新的知识学问,就要努力消化吸收,纳入自己的知识结构。所以,"受"又引申为盛装、容纳。《宋史·岳飞传》:"此其受大而不苟取,力裕而不求逞,致远之材也。"能够盛放很多东西却宁缺毋滥,力量很大却不在人前逞能,这就是可造之才。盛放东西的器具应适合所装之物,不能以虎笼关鼠,也不能以鸡笼装鱼。"受"由此引申为适合。《吕氏春秋·圜道》:"宫徵商羽角,各处其处,音皆调匀,不可以相违,此所以无不受也。"古代音律讲究协调,宫、徵、商、羽、角应该各居其所,方能达到协调演奏的效果。

从别人手里获取东西,经常不会轻易得手,甚至受到刁难和拒绝,遭遇挫折和不顺。"受"又引申为遭到、遭受。为了把东西求到手,把本领学到家,有时必须克制忍耐。所以,"受"又有忍受、禁受之义。

"受"中间的冖字头,含有无形无影、触摸不到的意味。接受别人的东西,不一定都是有形的实物,很多时候也可以是无形的东西,比如知识、学问、观念、思想、技术、答案、密码,或者感谢、道歉、安慰、欣赏等等。

探究历史,"受"字也是大有来头。中国历史上第二个奴隶制王朝商朝的末代君主纣王的名字就是受。这名贪婪残暴的君王名符其实,对于百姓臣民只知道"受",而不舍得授,所以落得身死国灭,骂名千古。

"受"读 dào 时,是一个姓氏,但极为少见。

欲望

欲乃百病之首，静为养生之本。

欲 【慾】
yù

籲 小篆

"欲"，异体为"慾"。会意兼形声字，从欠，从谷，谷（yù）亦声。"谷"为供人食用的五谷杂粮；"欠"为缺少、缺乏、欠缺，表示有所不足。生存是人类的本能。缺少五谷人就会饥饿，就会产生对食物的需求和获取食物的愿望，故"谷""欠"为"欲"。

《说文·欠部》："欲，贪欲也。"本义为欲望、愿望。异体字"慾"由"谷"、"欠"、"心"组成："谷"又为深谷，是大地表面因土石不足而形成的坑穴；"心"为心情、心绪、心灵、心理等。"心"在"欲"下，可理解为欲望由心底而发，是因心有所需、情有所好而致。但若欲望似两山之间的沟壑一样既深且宽而"欲壑难填"，那就非人之正常欲望了。《荀子·正名》："欲者，情之应也。"如欲火、欲念、欲求等。欲望来自人们对某种东西的企求，所以"欲"引申为想要、希望、将要等。如"欲盖弥彰"、"欲罢不能"、"欲速则不达"等。食物同阳光、空气一样，是人类生存必不可少的主要物质。远古时代生产力低下，人们对食物的欲望，不仅源于它的重要，更源于它的缺乏。人有欲望是人的本性。欲望分为生理和心理两种。人作为高等动物，生理欲望不仅仅限于食欲。肚子的问题解决了，就会产生衣、住、行等愿望。

随着农业的发展和手工业的兴起，出现了商品交换活动。为满足这些需要，人们又通过自己所掌握的手艺来获取除食物以外的生存所需，如会种谷物的种谷物，会制陶器的用制陶所得换取谷物；会作画的用作画所得换取谷物或陶器。总之，发挥个人的特长与潜能，创造生存的条件，并通过交换，来满足各种物质需求，满足自身对物质的欲望。物欲是人们正常、本能的需求。当一个人在干涸的沙漠中奄奄一息的时候，最大的欲望就是饮水；赤足走在寒冰雪地里，承受着深入骨髓的严寒时，最大的欲望就是有一双裹足的鞋子。物欲得到满足后，人们还有心理上的欲望。如认识世界，探索未知，是求知欲；展示自我，突出个性，是表现欲；掌握技能，提高水平，是发展欲。人的种种欲望都源于某种生理需求或心理需求。人总是在不断地努力争取以满足欲望。然而多欲乃人之大患。《淮南子》："患生于多欲。"有欲望本身并没有错，关键是要适度。适度的欲望可使人不懈追求，可使上下团结一心，可使国家繁荣富强，而过分的欲望则是万罪之源。无限膨胀的不良欲望会使人身心扭曲，甚至导致走上不归之路。所以老子推崇"少私寡欲、恬淡为上"的养生观。"少私寡欲"的养生观主张人们应尽量地保持心灵纯粹而不杂，要求人们少私欲，去贪心。如此养生处世，就能延年益寿。而追逐名利，嗜欲无穷，则是招灾惹祸之源，伤身损寿之根。

望 wàng

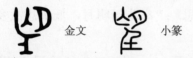

金文　　小篆

"望"，会意字，从亡，从月，从壬。

古"望"字从臣，从壬。"臣"为一只竖立的眼睛形；"壬"则是一个人站在土堆上远望之形。"望"的甲骨文即指人站在高处，向远方眺望。《释名·释姿容》："望，茫也，远视茫茫也。""望"的本义为向高处、远处看，如"张望"、"眺望"。金文的"望"字，在甲骨文的基础上加了一个月字，上半部分变成了眼睛和月字的并列，用以表示"望日"，即每月的阴历十五。夏历每月十五，地球运行到太阳和月亮之间，当太阳从西方落下去时，月亮刚好从东方升上来，地球上看月亮呈圆形，这时的月相称之为"望"。金文的"望"另变为从亡，即上半部分是亡与眼的并列。小篆和隶变后的"望"承接金文整齐化，没有太大的改变。

今体"望"从亡，从月，从壬："亡"为无，表没有；"月"为月亮，表夜晚；"壬"为头仰起，表盼望。夜色降临，却无明月，人们仰看天空，企盼那皎洁的月光。"望"是人们对当下未出现的某种状态的期盼。《说文·壬部》："望，出亡在外，望其还也。""望"为思念、盼望远离家乡的人，后引申泛指希图、盼，如"期望"、"欲望"、"盼望"。"望"是对心中所想念或崇敬的人有所希望，引申有拜访之意，如"看望"、"拜望"、"探望"。"望"也指人所敬仰的、有名的，如"望族"、"名望"、"声望"。

"望"的本义是远望。《庄子·天运》："望之而不能见也，逐之而不能及也。"云南有一座亭亭玉立的土峰叫作望夫崖，关于它的来源，有一个美丽的传说。相传在很久以前，在一个美丽的森林里，有一座彝族山寨，村民们在这和平、宁静、安详的环境里快乐地生活着，没有忧虑，没有烦恼。然而，天有不测风云，某天一群恶魔来到这里，他们毁坏森林、践踏山花，赶走鸟兽。彝寨一个叫扎朵的小伙子，为了保护寨民的安全，带领全寨青年和恶魔作战，杀得恶魔四处逃窜，扎朵为了彻底清除祸患，紧追恶魔不放，他追了九十九道山梁子，九十九座山岗，追得月亮也把大山压了一个半圆的芽儿……从那以后，扎朵再也没有回来，他的妻子马缨花便天天站在村口等待丈夫的归来。年复一年，不知过了多少个春秋，她便化成了这座望夫崖。李白在其《静夜思》："举头望明月，低头思故乡"的诗句，以此表达自己的思乡之情。

"望"由本义远望引申为往高处看。"大旱望云"比喻渴望解除困境，如久旱盼望下雨一样。《孟子·梁惠王下》："民望之，若大旱之望云霓也。""昂首望天"意思是仰起头，望着天，喻指眼光向上，作风浮泛，不肯放下架子、深入基层。清代归庄《王大痴像赞》："昂其首，睅其目，举觞而望青天者，是为王大痴。""望岫息心"多指遁世隐居，亦喻知难而止息。《南史·何点传》："豫章王嶷命驾造点，点从后门遁去。司徒竟陵王子良闻之，曰：'豫章王尚，吾当望岫息心。'""望洋兴叹"意思是仰望海神而兴叹，原指在伟大事物面前感叹自己的渺小。现多比喻做事时因力不胜任或没有条件而感到无可奈何。《庄子·秋水》："于是焉，河伯始旋其面目，望洋向若而叹。""望云"犹望气，也指仰望白云，比喻仰慕君王。

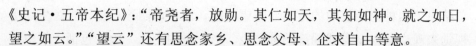
《史记·五帝本纪》："帝尧者，放勋。其仁如天，其知如神。就之如日，望之如云。""望云"还有思念家乡、思念父母、企求自由等意。

无论是向远处望还是向高处望，都有要"望"的对象，而所要望的对象从空间上来讲往往是距离很远，从时间上来看已经日久不见了，所以才会登高远望以此寄托自己的思念之情。故"望"有期望、盼望之意。人们常以"望穿秋水"一词来形容其期望之迫切。《史记·项羽本纪》："日夜望将军至，岂敢反乎？"日夜盼望着将军您的到来，哪敢反叛您呢？词语"望幸"是指臣民、妃嫔希望皇帝临幸。"出人望外"犹出人意表，指超出人们的意料。宋代叶适《高夫人墓志铭》："每族里计较家事，极为退懦卑约，示若无有，人或颇忽易，逮其一旦张丰大，出人望外数等，人皆惊不意，以为何术能然，直以为勉强然尔；至其久无不然。""大喜过望"指结果比原来希望的还好，因而感到特别高兴。《史记·黥布传》："出就舍，张御食饮从官如汉王居，布又大喜过望。""众望所归"意思是大家一致期望的，指得到群众的信任。《晋书·列传三十传论》："于是武皇之胤，惟有建兴，众望攸归，曾无与二。"

"望"有遥祭之意，指古代帝王祭祀山川、日月、星辰。"望祀"是古代遥祭山川地祇之礼。"望表"指古代祭祀山川时所立的木制标志。"望衍"为古祭名，犹望祀。

"望"有接近之意。"望七"指将至七十岁；"望五"指年龄近五十岁；"望秋"指临近秋天。"望参"谓官员每月十五日参朝。"望"还有名望、声望之意。《三国演义》第八十三回："陆逊年幼望轻，恐诸公不服。"这里的"望"就是名望。

"郡望"是"郡"与"望"的合称。"郡"是行政区划，"望"是名门望族，"郡望"表示某一地域范围内的名门大族。秦汉以后，以家族地望明贵贱的内涵成了姓氏文化最为突出的特点。地望即郡望，指魏晋南北朝至隋唐时每郡显贵的家族，意思是世居某郡为当地所仰望，并以此而别于其他的同姓族人。"望履"为求见的谦词。《庄子·盗跖》："孔子复通曰：'丘得幸于季，愿望履幕下。'"陆德明释文："司马本幕作'綦'，云：言视不敢望跖面，望履结而还也。"

"望"在中医中是一种诊断病情的方法。中医在长期的医疗实践中，总结出了四种论断疾病的方法，即望、闻、问、切四诊。望诊是医生运用视觉来观察病人全身或局部的神、色、形、态的变化。望诊包括一般望诊和舌诊两部分内容，一般望诊又包括望神、察色、望形态、望五官等，舌诊包括望舌质、望舌苔。望诊首先是望神，神是人体生命活动的体现，如神志清楚，语言清晰，目光明亮，反应灵敏，称为有神，是健康或病情轻浅的表现。如精神萎靡，表情淡漠，目光晦暗，反应迟钝，甚至神志不清，称为无神，表示病情较重。察色主要观察面部的颜色和光泽，根据不同的色泽可以看出气血盛衰和疾病发展变化。中国人为黄种人，故正常的人为面色微黄，红润光泽，若出现异常色泽称为病色。望形态是指望形体和动态，如形肥食少为脾虚有痰；形瘦善饥，为胃中有火；踯卧喜静，多属寒症；烦躁喜动，多属热症；张口抬肩，喘息不能平卧是喘症；项背强急，角弓反张是痉病；久病循衣摸床，撮空理线是危重症候。中医学认为五脏开窍于五官，五官即鼻、目、口（唇）、舌、耳五种器官，中医学上亦称"苗窍"。《灵枢·五阅五使》："鼻者肺之官也，目者肝之官也，口唇者脾之官也，舌者心之官也，耳者肾之官也。"说明五官内应于五脏，通过望五官可以了解一定的内脏病变。

望舌诊病是中医长期实践积累的独特察病手段，主要观察舌质和舌苔。舌质是舌的肌肉部分，舌苔是舌面附着的苔状物。舌质可以反映五脏的虚实，舌苔可以察外邪侵入人体的深浅，正常人是淡红舌，薄白苔。若舌质淡白主虚，主寒，舌质红主热，紫舌主瘀血，白苔主表症寒症，黄苔主黑症热症，黄而厚腻是湿热或痰热，苔薄病情轻，苔厚病情重，舌苔由薄增厚，表示病进，由厚变薄表示病退。临床上通常把舌质和舌苔变化联系起来，综合判断。

劳动

锻炼使人健康，活动使人长寿。

劳 【勞】
láo

金文　　　　小篆

　　"劳"，繁体为"勞"。会意字，金文从二亦，从衣。

　　"亦"是"腋"的本字，意为腋下。二"亦"强调多；"衣"为衣服。"勞"的字形像集腋成裘，是集积许多狐狸腋下的皮而成为裘衣，其费时也长，其费心也繁，其费力也剧，"勞"即费时、费心、费力，意为辛勤、劳苦。

　　繁体"勞"从"力"，从"熒"。"力"为力气、力量；"熒"即"熒"省"火"，为火光。有火光意味着黑夜，"勞"即在夜里、在火光之下干力气活，故有辛勤、劳苦之意。"勞"中有二"火"，意谓红红火火，既表现了红红火火的劳动场面，也表明竭尽全力、流血流汗是为了红红火火的生活。《说文·力部》："勞，剧也。从力，熒省。熒，火烧冂，用力者勞。"许慎认为"勞"从"力"、从"熒"省表示火灾烧屋，用力救火的人十分辛苦，故而有辛劳之意。

　　可以将"勞"上二"火"视作思想的火花，表示劳心者；"勞"下之"力"表示劳力者；"冖"为覆盖，有以上凌下之势。《孟子·滕文公上》："劳心者治人，劳力者治于人。""勞"的字形正说明了这点。

　　"劳"又可视为从"力"，从"荣"省。"荣"为光荣，"力"是脑力劳动者与体力劳动者的合称。"劳"所体现的是脑力劳动者与体力劳动者都是通过辛勤劳动创造自身价值，都是光荣的，只要劳动者齐心协力，事业就会蒸蒸日上、繁荣昌盛。

　　《说文》："用力者劳。"《尔雅·释诂》："劳，勤也。"《庄子》："是犹推舟于陆地，劳而无功。"在陆地上行船，再辛勤也不会产生什么功效。"按劳分配"是一种分配制度，根据劳动者劳动创造出的价值分配给他相应报酬。

劳动是需要付出力气的，尤其是辛勤劳动后，人会感到很辛苦，由此"劳"引申为辛苦、劳累的意思。"案牍之劳"指办理公文的劳累。唐代刘禹锡《陋室铭》："无丝竹之乱耳，无案牍之劳形。""鞍马之劳"指长途跋涉或打仗，形容旅途或战斗的劳苦。明代许仲琳《封神演义》第二十二回："耳不闻兵戈之声，眼不见征伐之事，身不受鞍马之劳，心不悬胜败之扰。"《孟子·告子下》："天将降大任于斯人也，必先苦其心志，劳其筋骨，饿其体肤，行拂乱其所为，所以动心忍性，增益其所不能。"意思是上天要对这个人委以重任，一定先使他心情忧郁，筋骨劳顿，体态瘦弱，行为混乱，通过这些磨难来使他的性格坚韧，增长以前没有的才干。《韩非子·五蠹》："事力劳而供养薄。"意思是付出的劳动非常辛苦，得到的报酬却非常微薄。"劳"由辛劳引申为效劳的意思。"主忧臣劳"意思是君主有忧虑，做臣子的要立即效劳。《国语·越语下》："为人臣者，君忧臣劳，君辱臣死。"西汉司马迁《史记·越王勾践世家》："臣闻主忧臣劳，主辱臣死。昔者君王辱于会稽，所以不死，为此事也。今既以雪耻，臣请从会稽之诛。"

"劳"和"逸"是相对的。《孙子兵法》中有以逸待劳的战术，就是说让自己的部队安逸休整，让敌人的部队奔走疲劳，显而易见我军占了优势。三十六计中也有一条计策叫"以逸待劳"。清代黄宗羲《原君》："好逸恶劳。"喜欢安逸，厌恶劳动。"一劳永逸"指劳苦一次，可望永久安逸。关于劳与逸的关系，欧阳修在《伶官传序》中有一句名言："忧劳可以兴国，逸豫可以亡身。"意思是统治者为了国事操劳忧虑，可以使国家昌盛，贪图安逸享乐则会导致国破家亡。这和孟子所说的"生于忧患，死于安乐"是一个道理。"劳思逸淫"意思是参加实际劳动，才能想到爱惜物力，知道节俭；贪图安逸就容易放荡堕落。《国语·鲁语》："劳则思，思则善心生；逸则淫，淫则忘善，忘善则恶心生。"

人辛苦了就会感到忧伤，由此"劳"又引申为忧伤、愁苦的意思。《诗·邶风·燕燕》："瞻望弗及，实劳我心。"意思是抬头看不见她的身影，我的心里非常忧伤。"劳心忉忉"形容极度忧心的样子。"忉忉"是忧念的样子。《诗·齐风·甫田》："无思远人，劳心忉忉。"南朝徐陵《玉台新咏·古诗为焦仲卿妻作》："举手长劳劳。"指的就是惆怅忧伤的样子。"劳人"指劳苦忧伤之人。"劳结"指郁积在心中的忧思。一个人劳累、忧伤的时候，需要别人来安慰，由此"劳"又引申为慰劳的意思。《诗·魏风·硕鼠》："莫我肯劳。"意思是不肯慰劳我。"劳师"指慰劳军队。"秉政劳民"意思是掌握政治，抚慰百姓，旧时指统治者执政亲民。"秉"是掌握；"劳"是抚慰。章炳麟《秦政记》："天子以秉政劳民贵。""劳问不绝"意思是慰问的人接连不断。"劳问"即慰问。东汉班固《汉书·张延寿传》："永始、元延间，比年日蚀，故久不还放，玺书劳问不绝。"

"劳"字上面是两个"火"字，火是光明的象征，两个"火"字在一起，更表现出盛大的光明，劳动是一件光荣的事情，物质文明和精神文明都是通过劳动人民的辛勤劳动创造出来的。人们应该热爱劳动，好逸恶劳是可耻的，应该遭到唾弃。"劳"下面的"力"说明了劳动是要付出努力的，不劳而获是不可能的。没有耕耘，哪有收获？劳动都是光荣的，没有贵贱之分。中间的"冖"代表界限，劳动也是有限度的，有的人超额劳动，不注重自己身体，以致积劳成疾，反倒影响了正常的劳动，这种做法是不可取的。"冖"也表示朦胧不清的意思。人们在劳动中不断地摸索总结规律，通过劳动创造出以前没有过的新事物，破解以前不明白的难题。

动 【動】
dòng

金文　小篆

"动"，繁体为"動"。会意兼形声字，从力，从重，重亦声。

"重"是一个头上带有标志的人身背竹篓形，是以背重物的人来会意物体之重。"重"表示物体的重量、分量，与"轻"相对；"力"为力气、力量、用力、使力。"重""力"为"動"，表示使一个沉重的物体移动位置须要花费气力或物体在外力的作用下都会移动或摇动。《说文》："动，作也。"本义为发作、行动，与"静"相对，如变动、波动、振动等。

简化字"动"从云，从力。"云"指云彩；"力"为外力，这里可解为风力。风以力吹云，云遇风则动，故"云""力"为"动"。

"云"也是动词，表示说、曰。语言本身就含有鼓动力、感染力，既可使人积极向上，也可使人消极懈怠；既可使人行善，也可使人作恶。语言的力量可使人感动，可动人心弦，故"动"可指感动，是一种情感上的反应，如动人心弦、娓娓动听。

"动"表示活动。李白《梦游天姥吟留别》："忽魂悸以魄动，恍惊起而长嗟。"句中之"动"为惊动、震动；王柏《和易岩春雪韵》："坯户当坚凝，阳气乃舒发。草木既萌动，龙蛇起窟穴。"其中的"动"即萌动，有苏醒之意；贾岛《宿姚合宅寄张司业籍》："松枝影摇动，石磬响寒清。谁伴南斋宿，月高霜满城。"这里的"动"则为摇动、晃动。无论是移动、摇动、萌动，还是其他种种不同的"动"，都是一种变化，变化即是动。动象征着生命的存在，生命的永恒。动是绝对的，静是相对的，世界上没有绝对的静，万事万物都在动与静中变化发展。"动"与"静"组成"动静"一词，常用来指情形、情况的发展变化。"动"有劳作之意。如元稹《新政县》："须鬓暗添巴路雪，衣裳无复帝乡尘。曾沾几许名兼利，劳动生涯涉苦辛。""动"又指开始，如兴师动众、动身、动笔。"动"还指常常、往往，如"动不动"。诸葛亮《后出师表》："论安言计，动引圣人。"

"动引圣人"意为动不动便引用圣人的话。《坛经·行由》："至广州法性寺，值印宗法师讲《涅槃经》。时有风吹幡动，一僧曰：'风动。'一僧曰：'幡动。'议论不已。慧能进曰：'不是风动，不是幡动，仁者心动。'众骇然。"二僧争论风动还是幡动，只看到施受关系，慧能人心自动之说，则纯属禅门本色。在慧能看来，凡所有相，皆属虚妄。因为诸相都是心念妄起执著的产物。而慧能所言之"心"，是直指当下妄起执著的人心。慧能在否定了风动、幡动等观点后，直接指明风幡之动，根源于一念妄心。正是这一念妄心，决定了眼识追逐风幡色尘，不能解脱。

"运"有运行之意，与"动"有相通之处。"运"与"动"组成"运动"一词，主要有三种涵义：一是物体位置不断改变的现象，如直线运动、匀速运动等；二是向民众公开宣扬某种思想、见解、主义的活动，如著名的五四运动；三是可促进身体健康的活动，如球类、游泳、武术、气功等。

　　世间万物无时无刻不在运动。古代养生之道注重内外兼修，动静结合，当动则动，当静须静。体壮之人，以动为主，静为辅；体弱之人，以静为主，动为辅。年少者，以动为主，静为辅；年长者，以静为主，动为辅。夏以动为主，冬以静为主；早为先静而后动，晚则先动而后静。总之，"动""静"结合是最佳的养生方法之一。比如太极拳就是一种典型的动静结合的养生功法。它动中有所收敛，静中有所释放；在运动中追求静止，在静止中体现运动；动静结合，收放自如；从而达到动与静的完美统一。

滋润

有病后及时治疗，不如无病时提前保养。

滋 zī

甲骨文　　小篆

　　"滋"，形声字，从水，兹声。"滋"的甲骨文似水中有丝形，与"兹"形似，可以理解为水中漂着丝的水流。《说文·水部》："滋水，出牛饮山白陉谷，东入呼沱。""滋"为水名，即滋水，从牛饮山白陉谷流出，向东注入滹沱河。

　　《说文》所说的牛饮山位于石家庄行唐县，其地盛产野生蚕茧。历史上亦有与此相关的记载。《宋史》载："元符元年七月，藁城县野蚕成茧；八月，行唐县野蚕成茧；九月，深泽县野蚕成茧，织纴成万匹。"其中所云之行唐县地处河北省西南部，隶属河北省石家庄市，便是牛饮山所处之地。而藁城县地处石家庄市东大门、深泽县位于河北省中南部。三者共处一个区域，说明此区域称得上是蚕丝盛产地。尤其是在野生蚕茧的丰收之时，在没有专人照管下，所产之丝自是随水而走，顺流而下了。故发源于牛饮山白陆谷，向东流入滹沱河的水以"水""兹"相合之"滋"作为名称，想是有此原因罢。

　　古人云："水为万化之源，土为万物之母，饮资于水，食资于土，饮食者，人之命脉也，而营为赖之。""水"是生命的基础，是万物生长的源泉；"兹"有草木旺盛之意，如《说文》云："兹，草木多益也。""水""兹"为"滋"，意为草木滋生有赖于水源，水使草木滋蔓，故"滋"指水使草木滋生。《说文·水部》："滋，益也。""滋"字意为增益，也就是滋生、繁殖，如滋生、滋芽、滋事、滋扰、潜滋暗长。引申表示滋补、滋养。又指润泽，如滋润。

有了阳光雨露对土地和植物的滋润，植物才能茁壮生长；有了五谷甘露对人体的滋养，人才能健康成长。所以"滋"引申为一切事物的发生成长。"滋演"为滋生演变；"滋茂"指植物生长繁茂；"滋扰"即骚扰生事；"滋疑"就是引起怀疑。对于好的事物，当然要维护并给予一定的空间以促进其生长；而对于不好的事物，则要扼杀其滋生、滋长，勿使滋蔓。"滋蔓"是指滋生蔓延，常用来指祸患的滋生扩大。

以水的养分滋润可使草木生长，引申为食物对人的滋养。人具有味觉，因此对于滋养人的食物的味觉感受称为"滋味"。"滋味"意为一种香味、美味。人若觉得活得有滋味，便说明其生活质量之高。

人体获得滋养的主要方式是饮食。"水""兹"为"滋"。滋养人的首要之饮食就是水分。《本草纲目》云："人赖水以养生，可不慎所择乎。"《保生要录》说："土厚水深则不易病，土坚润水甘美。"可见，饮水与健身祛病的关系十分密切。没有水的滋润，人将和枯萎的草木一样缺乏生机。阴虚之人，症状有手足心烦热、骨蒸潮热、面红上火、咽干口燥等，如同草木干热缺水，萎靡不振，须要滋润，谓之"滋阴"。《黄帝内经》指出"春夏养阳，秋冬滋阴"。意思是，在春季和夏季，人们应注意对体内阳气的保养。秋天，空气中的水分减少，会引起口渴咽干、声哑干咳、皮肤干燥等生理变化，称为"秋燥"。为防秋燥，须要食用滋阴的饮食，如黑木耳、枸杞、鸡蛋、芝麻等。中医又认为水是阴气之源，滋阴的原则首先多喝水。水是几乎所有滋养人体的食物的载体。因此，"滋"亦是食物对人的养分供给，谓之"滋养"。冬季万物敛藏，人们也应注意顺应自然界收藏之势，收藏阴精，以润养五脏。

润 【潤】
rùn

潤 小篆

"润"，繁体为"潤"。形声字，从水，闰声。

"润"从"水"表示与水的功能、特征有关；"闰"为闰月。阴历以月球绕地球定历法，每年和回归年的 365 日 5 时 48 分 46 秒相差约 10 日 21 时，积累起来，每 3 年要差 1 个月，因此加 1 个月作为闰月。每 5 年闰两个月，每 19 年闰 7 个月。

闰月必须加在没有"中气"（二十四节气中的偶位节气）的月份之后。第一个中气是"雨水"，因此第一个闰必定是在雨水节气前后，这时正是春雨降临滋润万物生长的季节，水分充足，而"闰月"又是指一年中余出来的月份，所以，"闰"有余出之意，故"水""闰"为"润"就指水分充足有余。

水多为"润"。水经常冲刷的地方通常都是细腻光滑的，所以当某种东西细腻又有光泽时，也可以用"润"来形容。如光润、滑润、细润、圆润等。"玉珠圆润"形容歌声婉转优美或文笔流畅；"润色"指修改文章。

杜甫《春夜喜雨》中有"随风潜入夜，润物细无声"的诗句。诗人用一个"润"字，描写了春雨悄悄降临滋润万物的景象。万物得到水的滋润，生命才能焕发出光彩。植物缺少了水的滋润，会干枯萎黄；动物没有水的滋养会萎靡不振导致死亡；人体缺水会造成生理机能的紊乱。水是人体六大营养素之一，是保持人体内环境稳定的基础，在保持体温平衡和维持新陈代谢等方面，起着极其重要的作用。体内如果缺水，轻则易于疲劳，代谢障碍；重则出现代谢紊乱，甚至危及生命。只有保证充足的水分摄入，才能在维持人体生理机能正常的同时拥有丰润的体形和红润的脸庞。《黄帝内经·素问·脉要精微论》："夫精明五色者，气之毕也。"意思是面色是人体五脏气血的外荣。气血旺盛，则面色荣润；若气血衰减，则色泽枯槁。故而通常情况下，面色红润者为健康的象征。《黄帝内经·素问·阴阳应象大论》："心主舌。"心脏的功能正常，则舌体红活荣润，柔软灵活，味觉灵敏，语言流利。若心有病变，则可从舌上反映出来。因此，舌头的润活与否，反映了心脏功能的好坏。传统中医学认为，"发为血之余"，而肝藏血，所以头发是否润泽，反映肝的藏血功能。同时，头发的好坏，又赖于肾之精气的盛衰。《黄帝内经·素问·六节脏象论》："肾者……其华在发。"头发的生长、脱落、黑白润泽，又反映了肾气的旺衰状况。

保护

生命的补品是愉悦，健康的敌人是烦恼。

保 bǎo

甲骨文　 金文　 小篆

"保"，会意字，金文从人负子。

"保"的金文像大人背负小孩的形状，同时反手回抱，防止下坠。"保"的本义为负幼儿于背。《说文》："保，养也。"唐兰《殷墟文字记》："负子于背谓之保，引申之，则负之者为保；更引申之，则有保养之义。然则保本象负子于背之义，许君误以为形声，遂取养之义当之耳。"后"保"中之反手简化为两点，隶变后字形讹为"保"，从"亻"，从"呆"。

"亻"为人，是成人、站立的人、有自理能力的人；"呆"为发呆、不灵活和痴傻之人，是弱者。"保"字左"人"右"呆"，表示"呆"者受"人"保护，每个人都有权利和义务保护"呆"人。保护他人的人，需要有保护的意识和保护的能力，是站立的人；危险事件发生时，脑筋与行动不灵活的人、痴傻的人和孱弱的人都缺乏自我保护意识或能力，需要得到他人的保护；人们往往更倾向于保护那些行为或思想不灵活的人。

"呆"又为暂时处于某地，有临时性、稳定、安全、可靠的意思。保卫者以及被保卫者要待在一个相对固定的地方。保护是为了让人得到稳定、安全，要找可靠的人担当保护的工作。担保、保持、保护是暂时的。为他人担保、负责是暂时的，事物原状的保持也具有时限性；谁都不能保护他人一辈子，也不能一辈子让人保护，当脱离危险或有了自我保护能力后便不需要倚仗他人，故"保"从"呆"。

"保"有保卫、守卫之意，保卫国家、保卫领地的人待在一个相对固定的、局部的范围之内履行其职责，使负责保卫的区域稳定安全。"保安"是保一方平安的人，也指保障施工安全，使不发生工伤事故。古代镖局接受客商委托，派遣有武艺的镖师，保护行旅安全，称为保镖。今称受雇为别人保护财物或人身安全的人为保镖。人都有保护自己的本能，但在关键之时，也总有人为了保护他人而奋不顾己，这是见义勇为，是人人敬仰的行为。相反，有的人则毫无正义感，不要说舍生取义，为了明哲保身，有时连一句公道话都不敢说。

成语"明哲保身"出自《诗·大雅·烝民》："既明且哲，以保其身，夙夜匪懈，以事一人。"聪明智慧懂事理，高风亮节万年长。昼夜操劳不懈怠，竭诚辅佐我周王。这首诗是周朝的尹吉甫写给仲山甫的，诗中赞美了仲山甫的品德和才能，当然也对周宣王任贤使能，使周朝得以中兴作了一番歌颂。所以"既明且哲，以保其身"这两句诗是表达着赞美之意的。后来人们用"明哲保身"指因怕连累自己而回避原则斗争的处世态度。

把孩子背在背上为"保"，引申为抚育、养育孩子。背负的人担当保护的角色，引申开来，婴儿又需要大人的爱护，故"保"又有保护之意。《荀子·议兵》："长之养之，如保赤子。""如保赤子"的意思是如同保护养育一个婴儿一样。这里是用人们精心保护、培育自己的亲骨肉的心情来比拟保护、爱护心爱之物时的心态。

"保"引申指保养，好好调养。"保养"首先是对人自己身体的保护调养。为人父母者，在担负抚养孩子之责任的同时，也要懂得保养自己。在今天，随着生活水平的提高，人们养生保健的意识也越来越强了，已经越来越注重身体的保养，人们开始注意科学合理的饮食，开始注意健康的生活方式。

父母对孩子有责任，才会极力去保护，使之不受伤害，故"保"有负责之意。"保险"是指按约定的条件或按给定的费率，对有可能发生的事件（如死亡、火灾、水灾、事故或疾病）所引起的损失或破坏提供补偿。"保修"是商店或工厂对售出的某些商品在规定期限内免费修理。

不论是人、物，还是思想，应该保护的，我们都要努力保护，善视珍重。"保"有维持原状，使不消失和减弱的意思。保护文物，就是保护我们祖先留下的文化艺术遗产，以尽后人的传承之责。保护资源，是为了制止无度开采、滥用资源，是从长计议。但在社会发展过程中，总会有陈旧过时的东西，需要剔除、淘汰或改进，这时就要锐意革新，不能思想保守。梁启超《饮冰室合集·文集》："惟留恋也故保守。"不能适时的跟进发展，就会落伍。保残守缺，指保存收藏残缺不全的文物，也形容思想保守，不肯接受新事物。亦作"抱残守缺"。长江后浪推前浪，大浪淘沙是必然趋势，有些东西是保不住也守不住的。

"保"还是古代户口的一种编制，可能因为这种编制可以使统治者更加稳固地保持自己的地位吧！宋代王安石始创保甲制度，这是一种户籍编制制度。若干家编作一甲，设甲长；若干甲编作一保，设保长。这种制度一直沿用至解放前才被废除。

护 【護】
hù

護 小篆

"护"，繁体字为"護"。形声字，从"言"，"蒦"声。

"護"的左边是"言"，右边是"草"、"隹"和"又"。这里的"隹"是一只需要保护的小鸟，可以比喻受保护的对象。左边上面的"草"用来遮掩小鸟，使它免受其他动物的侵害。"又"是古代的"手"字，用手托起幼鸟，寓保护之意。"护"的本义为保卫、保护、救助。西汉司马迁《史记·萧相国世家》："高祖为布衣时，何数以史事护高祖。"清代邵长蘅《青门剩稿》："从我杀贼护家室。"

"护"引申为遮蔽、掩藏的意思。《古乐府·捉搦歌》："粟谷难春付石臼，弊衣难护付巧妇。"谷子难去皮就放在石臼中春；破衣服不能遮蔽身体就交给巧妇去补。清代王夫之《宋论·仁宗》："陈言不适于时，则以先圣以护其迁。""护"由遮蔽、掩藏之义引申为袒护、包庇。袒护自己的过错叫"护失"，包庇自己家的孩子所犯的错误叫"护短"。"不护细行"指不注意小节。《书·旅獒》："不矜细行，终累大德。"三国魏曹丕《与吴质书》："观古今文人，类不护细行，鲜能以名节自主。""护身符"是一种小巧的装饰品，上面刻有符咒、咒文或符号，古人戴上这个护身宝贝可以防止灾祸，或者帮助佩戴者。

《史记·乐毅传》："乐毅于是并护赵、楚、韩、魏、燕之兵以伐齐，破之济西。"这里的"护"是总领、统率之义。《南史·羊玄保传附羊希》："占山护泽，强盗律论。"这里的"护"与"占"是同样的意思，指占领。

在古代社会，战争的主要方式是人与人的直面搏击，最佳的防御措施是把敌人拦截在自己的领域范围之外，中国古长城的建立就是为了把敌人挡在国门之外。古代皇城周围有护城河和护城墙，"金城汤池"就是指城墙和护城河，"金"喻指坚固牢靠，"汤"指沸热不可近。"固若金汤"也形容城池、阵地坚固异常。

佛教中"护法"是保护、维持正法的意思。传说佛陀派请四大声闻、十六阿罗汉等护持佛法。又梵天、帝释天、四天王、十二神将、二十八部众等善神听闻佛陀说法后，皆誓愿护持佛法，此等诸神总称为护法神，或称护法善神。八大护世指佛教中大梵天王、帝释天、净居大自在天、妙音天、持国天王、增长天王、广目天王、多闻天王八位护法天神。

呼吸

人为什么有呼气和吸气，呼气是为出一口气，吸气是为争一口气。

呼 【嘑】
hū

屮 甲骨文　乎 金文　吗 小篆

"呼"，异体为"嘑"。形声字，从口，乎声。

"口"是进出气的出入口；"乎"的甲骨文字形上面的符号表示声音上扬，下面的符号表示舒气，"乎"是"呼"的本字。"口""乎"为"呼"，即口鼻出气，是为呼气。"呼"的读音本身就是口呼气时的象声。《说文·口部》："呼，外息也。"本义为呼气、吐气，与"吸"相对。异体字"嘑"从口，从虖。"口"为嘴，有发声之功用；"虖"本义为虎吼。虎口发出吼声，地动山摇，声势非凡。故"呼"还有呼喊、大声叫喊之意。《广韵》："呼，唤也。"成语"呼天抢地"中的"呼天"就是对天叫喊、恸哭；"抢地"是以头撞地，形容极度悲伤、绝望至极。由大声叫喊引申，"呼"也表示唤、叫、召唤。"一呼百应"是说召唤一声，就会有很多人应诺。苏轼《郭忠恕画赞》："恕先在焉，呼之欲出。"好像叫一声，他就会从画中走出来。后人常以"呼之欲出"来形容人像画得十分逼真，或文学作品中人物描写得十分生动。古人认为天上居住着各种神灵，有法术的人可以通过一定的方式与众神对话。《西游记》中的孙悟空就具有"呼风唤雨"的神通。他可以对雷公、电母、龙王、土地等诸神仙呼来喝去，让他们几时打雷便几时打雷，几时下雨便几时下雨。现在常用"呼风唤雨"比喻能够支配自然或社会的力量。"呼"做象声词用时，一般形容迅疾、风声等。如"风呼呼地吹"、"风吹树叶呼啦啦地响"等。

"呼"常常与"吸"联在一起，组成"呼吸"。呼吸是生命的主要体征之一，是人一生不可停歇的运动。呼吸之间，生命得以延续，万物得以不绝。呼为出，吸为入；一呼一吸，一出一入，是生命延续的基本形式。天有白天黑夜，海水有潮涨潮落，人有呼气吸气，一切有生命的物体皆是如此。没有了呼吸，生命也就停止了。呼即呼出体内之浊气，吸乃吸进宇宙之真气。没有呼就不存在吸。有呼必有吸，二者相辅相成，互为依存。呼吸是生命的基础，是维持生命的条件，是延续生命的根本。

《庄子·刻意》："吹呴呼吸，吐故纳新。"呼与吸是中国传统养生理论的重要组成部分，"呼吸行气"是养生健体的有效方法。庄子说不是"我"在呼吸，而是广大的、无限的、环绕四周的自然在让我呼吸，呼吸将人与天地自然紧密地联系起来，使人融合于天地之间，成为自然的一部分，使人体保持健康状态，益寿延年。要养生就得注意调练呼吸，即调息。苏轼常在"息轩"静坐调息，还题诗道："无事此静坐，一日是两日，若活七十年，便是一百四。"朱熹则专门著有《调息箴》。

呼吸是一个过程中的两个不同方面，自有其法门所在。吐故纳新，循环不断。人在与自然结合的同时，实现了肌体的新陈代谢。中国的气功非常重视有意识的呼吸，并总结出自然呼吸、腹式呼吸等多种不同的呼吸方法，或快或慢，各有奥妙。如早在战国初年就有了关于呼吸养生的记载："行气，深则蓄，蓄则伸，伸则下，下则定，定则固，固则萌，萌则长，长则退，退则无。天几春在上，地几春在下。顺则生，逆则死。"（《行气玉佩铭》）大意是：吸气深入则量多，于是向下延伸，向下伸则定而固；然后呼出，如草木萌芽向上生长，与吸入时的路径相反而退，一直退到气息消失。气功所倡导的呼吸方法实际上是一个深呼吸的运气过程。如今，我们仍可以根据自己身体的情况，选择适宜的呼吸养生方法进行练习，长期坚持，定会达到健身的目的。现代医学证明，正确的呼吸方法对人体健康有很大的帮助，尤其是对生活在激烈竞争之中的现代人。

吸 ^{xī}

吸 小篆

"吸"，形声字，从口，及声。

"口"是进食和发声的器官；"及"为赶得上、够得着、碰得到。"吸"为口所能及，若口不能及，则无所谓"吸"；由于口鼻相连，"吸"突出了进入口鼻之中的动作。因此，"吸"是气体进入口鼻继而进入身体的行为，本义指吸气入体内。"吸"是一种使空气进入体内的过程，由此引申指饮，如吸血、吸水。"及"可通"给"，指供给。"口""及"为"吸"，指通过口给身体供给养分，即吸收。

用嘴吸水，用鼻吸气，此乃"吸"之主要意义。生命必然遵循自然规律的运动法则而存在，需要食物、空气和水。婴儿一诞生，就本能地用鼻子来呼吸，用嘴巴来吸吮母乳。古人有"人产而所不学者二，一曰食，二曰息"的说法。屈原《楚辞·九章·悲回风》："吸湛露之浮凉兮，漱凝霜之雾雾。"玉露清霜也为可食之物，一"吸"一"漱"顿时让诗人超凡脱俗起来：这可是神仙的食谱呢！

古往今来，"吸"得最惊心动魄、旷古绝今的，要数传说中的夸父了。他逐日"于隅谷之际，渴欲得饮，赴饮河渭。河渭不足，将走北饮大泽。"渴到了极点竟然将河渭之水都吸干了。

"吸"驱使被吸者靠近，所以，"吸"又用于自然界相互接近靠拢的现象。如物理学中的"异性相吸"现象。而人们在日常生活中发现有一些事物具有互相亲近的"意向"，如磁力现象，只要在一定条件和范围内，两种（或以上）物体就会彼此牢牢地紧贴在一起，于是人们用"吸"这一动词来表述，并由此引申出"吸引力"一词。有些人具有突出的人格魅力，成为人际交往的核心。他们对周围的人产生巨大的吸引力，使人爱恋追随，忠诚于他。两性之间的交往，也是依靠这种自然而崇高的"吸引力"，才使得爱情理所当然地成为历久弥新的话题。

"吸"为呼吸。几个昼夜不进食、进水，人仍然能够维持生存，但几分钟不呼吸空气就会窒息死亡，所以养生要从呼吸开始。中国道家养生学中讲究吐纳之术，呼出体内的污浊之气，纳入空气中的清新之气，即所谓的"吐故纳新"。通过吐纳使精气内敛，神明内守，百脉交通。呼吸（调息）也是练气功乃至打太极拳的重要内容。练功和练拳如果能与呼吸相结合，就能达到事半功倍的效果。练气功和打太极拳讲究呼吸与动作的配合，呼吸的长短和动作的过程相关，吐纳也和动作的开合屈伸相联：动作外展时呼，内收时吸；沉降时呼，提升时吸；发劲时呼，蓄劲时吸。根据动作的变换情况，自觉调整气息，意动身随，身动息随，最终达到意、息、气、形自然同步协调，最后达到"忘息"的境界。实践证明，练气功和打太极拳时，自然、细长、缓慢、均匀的呼吸，使腹腔压产生有节律的变化，使腹腔器官得到按摩，从而促进胃肠蠕动和腺体分泌功能，使新陈代谢加快加强。因而练气功和打太极拳对强身健体十分有益。

松静　　淡薄可健体，宁静可养心。

松【鬆】

sōng　sóng

松　金文　松　小篆

"松"，繁体为"鬆"。汉字简化前，"松"与"鬆"的意义并不相同。"松"为形声字，从木，公声。

《说文·木部》："松，木也。"本义为树木名。"木"为树木；"公"常用以代指对男性长者的尊称，此处可意为年长、长寿。"木""公"为"松"，表明松为长寿之木，松树树龄可达数百年，故云。松树为乔木，枝干直而挺，枝叶针形，形状蓬散，枝和叶松散，不紧密，不靠拢，与"紧"相对。

"鬆"从髟，松声，意为头发散乱的样子。"髟"为头发下垂之貌；松针细如毛发，蓬突枝张。"鬆"字即以松针之蓬散与下垂的头发表示鬆散、蓬鬆之意，引申为宽鬆、放鬆。

宽而不紧的东西容易散开，于是"松"有不坚实之意。如疏松、宽松、松散等。"松软"指松散绵软或指肢体软而无力；"松垮"指结构不紧密、容易松动脱落。"松"还指经济宽裕。如"现在我手头松了点儿，经济不紧张了"。在方言中，"松"还当"不中用"、"不行"讲，读"sóng"。如"这个人怎这么松"、"他的身体真松"等。

《字说》："松，百木之长。"《论语·子罕》："岁寒，然后知松柏之后凋也。"到了一年中最寒冷的时节，才知道松树和柏树是最后凋零的。松有抗旱耐寒的特性，所以松的生长能力是其他许多植物无法企及的。在冰封的雪山之巅，松可以"半依岩岫倚云端，独立亭亭耐岁寒"；在陡峭的悬崖之上，松可以"插根拥岩穴"；在霜雪的压迫之下，松更能够"贞松不改苛"。所以，松与梅、竹合称"岁寒三友"。

《礼·礼器》："松柏之有心也，贯四时而不改柯易叶"。正因为松岁寒不易其色，霜雪不改其心的特性，在中国传统文化中，松既是志、节的象征，又为长寿的代表。松树被人视为是长寿之木，同时也认为服食松针、松脂可以益寿延年。如《本草纲目》记载："松为百木之长，其叶、皮、膏主治风湿、风痛、生毛发、安五脏、健阳补中、不饥延年，久服，固齿驻颜，肌肤玉泽，轻身不老。"

随着现代社会生活节奏的加快，人们生活的压力越来越大。在这样的环境中人们应调整自己的心态，主动去创造有利于自己工作与生活的宽松环境，适当放松身心。在古代养生"八言"（松静自然，恬淡虚无）中，第一个字就是"松"。松与静是相辅相成、互相促进的。全身放松能促进入静，而入静后，也必然全身放松。"松"是指形与神、身与心的放松。在姿势上要做到两眉舒展、含胸拔背、沉肩垂肘、松腰松胯等，以使全身肌肉达到最大限度的放松。与此同时，还要求精神上、情绪上和意念上的放松，也就是排除一切紧张状态，消除杂念，使自己处于非常轻松舒适的状态。此外，还要做到呼吸的放松，也就是在意念的支配下，在肋间肌、隔肌、腹肌放松的状态下，使呼吸达到深、长、细、匀。所谓入静，是"清静虚无，心无杂念"的状态。练功中的放松入静，可以增强全身放松及大脑的休息，使皮层细胞恢复机能，周身舒适，气血通畅，达到养生保健之目的。

静 【靜】
jìng

金文　小篆

"静"，繁体为"靜"。形声字，从青，争声。

"青"的金文上为"艸"，下为"丹"。"丹"为朱红色，此处代指颜色。故"青"的本义为草色，即绿色；"争"的篆文是上下两手相夺形，为争夺、争执，借指按己所需，辨别好坏。"静"是根据判断分析明辨。《说文·青部》："静，审也。"本义为明审、色彩分明。心静才能明理，水静方能鉴物。徐锴曰："丹青明审也。"又，"青"可视为是"清"省"氵"，"争"是"净"省"氵"。清净为静，"清"为清澈、透明无杂质；"净"为干净、纯洁无杂念。水止无波谓之"静"，心净脱尘谓之"静"，声停音息谓之"静"。"静"与"动"相对。"静"为无声，为平和。"静"即静止、宁静、安静、清静。

"静"的本义是纯洁，即无污染、无杂念。由此，"静"还可引申为贞静，形容女子不轻佻。贞静是淑女的标准，包括言谈话语把握分寸，神态举止得体有度，内心自制自律、安分守己。可见，真正的"静"应当包括身静、心静、神静三个层面。《诗·邶风·静女》："静女其姝，俟我于城隅。""静女"是温静娴雅的女子。另外，"静"还给人一种处子的美感。《红楼梦》中，曹雪芹用"娴静时如娇花照水，行动处似弱柳扶风"来形容黛玉娴雅文静的美。

"静"意为"使……静"，比如"静场"指剧场、电影院等演出结束后请观众退出场地的行为；也指演出中，舞台上出现的短暂没有声响的场面，目的是吸引观众的注意力，然后提示观众节目即将开始。古时讲评书的人在开讲正文之前，都要讲一个与正文有关或无关的小故事，或者是朗诵一段诗词，目的同样是为了起到静场的作用。

韩婴《韩诗外传》卷九："树欲静而风不止，子欲养而亲不待也。""静"是止息之意，与"动"相对。王安石曾用谢元贞的一句诗"风定花犹落"与"鸟鸣山更幽"合成一对。上句静中见动意，下句动中见静意，动静相衬，令人拍案叫绝。陆采《怀香记·赴辟登科》："牛羊已下山径静，鸟鹊争归林木扰。"此"静"则与嘈杂相对，表示无声的意思。

"动"与"静"不仅是一对哲学范畴，还是人生的要旨，是修身的关键。动静要相宜，过则无益，偏则有害。心境的平和是一种不受外界事物干扰的修养。诸葛亮说："静以修身，俭以养德。"又说："非淡泊无以明志，非宁静无以致远。"都意在说明通过"静"可以有所修为。王康琚《反招隐诗》："小隐隐陵薮，大隐隐朝市。"人总会因时、因地、因事而产生不同的心理状态，能动中求静，方见静之可贵。

道家的养生八字真言"松静自然，恬淡虚无"，"静"字就排在第二位。

意念

心无散乱，不起邪念；恬淡寂寞，其神自宁。

意 yì

意 小篆

"意"，会意兼形声字，从心，从音，音亦声。

"音"为声音、发音、音调；"心"为心灵、心思、心志。"音""心"为"意"，表示来自于内心的声音。"音"在"心"上，表示音先发而心察之，耳听音，心知意，用心去体察别人发出的言语声音就知道他的意向。《说文·心部》："意，志也。从心察言而知意也。"本义为心志、心意。

"心"于"音"下，表明心中有底，心中有数，心中明了，然后发之于音，"意"在这里泛指心思。传其心意、意思、意念、意见，达其情意、意志、意味、意愿，此为心愿之意。"意"又引申表示人或事物流露的情态，如春意、诗意、惬意。进而有料想、猜想之意，如意料、意想、意外。

心音未发，在心中回旋，即思也。故"意"由心意引申为考虑、放在心上。《玉篇》："意，思也。""意"有考虑、思念之意。《礼记·王制》："意论轻重之序，慎测浅深之量，以别之。"要考虑犯罪情节的轻重程度，审慎分析深浅分量，来区别对待。语言是表达"意"之心灵之音的载体之一，语言、文字对"意"的表达即为意思、意义。《易·系辞上》："书不尽言，言不尽意。"语言只是表达思想的一种手段，在"言不尽意"的情况下，人们往往会追求"言外之意"，即在语言之外去寻找那不能言说的、朦胧的、只能凭借心灵去领悟的"道"。心灵的声音有时只可意会，不可言传。因而"意"引申为意味、意趣。刘勰《文心雕龙·神思》："登山则情满于山，观海则意溢于海。"

人的思想是"意"，人的感情也是"意"。"意"亦表示感情、情意。如刘禹锡《竹枝词》九首："花红易衰似郎意，水流无限似侬愁。""意"又由情感、情趣引申为意气、气势。魏徵《横吹曲辞·出关》："季布无二诺，侯嬴重一言。人生感意气，功名谁复论。"卢照邻《于时春也，慨然有江湖之思，寄赠柳九陇》："形骸寄文墨，意气托神仙。我有壶中要，题为物外篇。"

养生方法中常提到"意念"一词。意念与养生息息相关。意念可以调动气的运行。我国传统的气功就是古人为保健养生而发明的，主要是通过呼吸加意念加形体动作的方法达到养生的目的，达到意到气到，气到血到，血到力到的境界。

念【唸】
niàn

金文　（念）小篆　（唸）小篆

"念"，异体为"唸"。会意字，从今，从心。

"今"为眼前、现在；"心"为心思、心绪。"念"小篆从今，从心，意为用现在的心与过去相对，想过去的事情，是思念、怀念、追念。"念"是把所想的人、事、物随时放在心头，不论时间过去多久，都会像在眼前一样。放在心里的事，现在想起来是思念；时至今天心里仍放不下则是挂念。异体字"唸"从口，是用心把眼前见到的，用口读出来，即念诵、诵读。"念"常用为念佛、念经，"心"在"今"下，表示现在把心放下，清心净虑；而"心"又不能丢掉，仍要有"心"存在，念诵、诵经要用心，要诚心诚意，心诚则灵。

"念"的本义即表示思念、想念。《诗·大雅·文王》："王之荩臣，无念而祖。"周天子任用殷商的旧臣，他们不再想念先祖殷商王。柳永《雨霖铃》："念去去千里烟波，暮霭沉沉楚天阔。"词中写与佳人离别的苦楚，想到马上就要相隔千里了，心情就像是那天边的暮霭一样沉重，天地在这暮霭之中仿佛显得更加广阔，而我内心中的思念也会如此般无边无际。思念是发自内心的，是把自己喜爱的人或物深藏于内心，不时回味和遐想。思念是一种感情的具体体现，只有内心充满对某人或某种事物的强烈感情，才有可能对之产生真切而深刻的思念之情。

"念"由本义延伸，又有思考、考虑之意。《新唐书·魏征传》："安不思危，治不念乱，存不虑亡也。"这里的"念"与"思"、"虑"都是同一个意思，是思考、考虑之意。

"念"为想法、念头，是思考、考虑的结果。贯云石《清江引·知足》："识破幻泡身，绝却功名念。"佛学认为，人世间一切都是虚幻的，如梦幻泡影。这两句的意思是说，自己已经看破了人生虚幻的本相，断绝了追求功名利禄的念头。"念"为"念头"，又不同于一般的深思熟虑、反复思考所得出的想法。它在人头脑当中的思考时间往往很短，而且是在潜意识里进行的。其中的思维过程可能连自己都意识不到，似乎是在一瞬间就完成了。如闪念、转念。佛家常说的天堂和地狱往往只在一念之间。此"念"指的就是想法，说的是人行善还是积恶，往往就因一时的想法而决定了。

"念"是佛家常用语。佛家认为：人世之所以为苦海，就是与人的许多贪欲之念有关，必须通过修行而破除恶念，使内心之念有所安处。佛学中有"四念处"之说，指身念处、受念处、心念处、法念处四者。四念处是四个安顿心念的处所，分别对应四种需要破除的执著颠倒之念，即净（执著身心是干净）、乐（执著世间有快乐）、常（执著世间为永恒）、我（执著有一个实在的我）。

"念"还有念诵、诵读的意思。"念诵"指凭借书本或心中的记忆把想要念的东西读出来。古人念书的时候，习惯于出声诵读，往往手拿书本、摇头晃脑、口中念念有词，所以读书、上学也称念书。"念"亦是信奉宗教之人的修行方法之一。如"念佛"，指佛教净土宗信徒对"阿弥陀佛"名号的反复念诵，希望以此能够往生净土；"念经"指宗教信徒朗读或背诵经文，是最基本的修行功课。佛教徒诵经一般是需要根据记忆来背诵的。佛教用语中，"念"有时也指记忆。如《俱舍论》曰："念谓于缘明记不忘。"认为"念"是对于和自己有缘之事物明白地记住不忘。

锻炼

爱生病的人熟悉医院，爱锻炼的人熟悉公园。

锻 【鍛】
duàn

鍛 小篆

"锻"，繁体为"鍛"。形声字，从金，段声。

"鍛"从"金"表示与金属的性质特点有关；金文"段"为手持物在悬崖峭壁上敲击棰石状，其本义为敲击、锤打。"锻"是用以金属为材料的工具敲击、锤打物体，使其成为所需的形状。"段"又为"煅"省"火"，表示将物体放在炉中加温，使其炽热，然后锤打。古人将金属用高温熔成液状的过程称为"冶"；而把金属坯件放入火中烧红软化，然后锤打成型的过程称之为"小冶"，即现在所说的"锻"。整个过程谓之"锻炼"。

《说文·金部》："锻，小冶也。""段"又为分段，表示有步骤、按层次、分阶段进行。"锻"是将金属坯子塑造成有用器具或打造成型的过程。

"锻"是冶金技术，确切地说是冶铁工艺中的一个环节。冶铁所需的温度比冶铜高，对杂质的处理也要比冶铜复杂，古代冶铁技术就是在冶铜技术的基础上发展起来的。春秋晚期我国即出现人工冶铁，称为"块炼法"。此后不久，古人就能冶炼出生铁了。最迟在春秋战国之际就发明了生铁柔化处理技术。这一技术能够把既硬又脆的生铁加以柔化处理，使之成为可锻铸铁。锻的工艺在此基础上更加精细化，将原本粗糙的铸件锤打成所需要的各种形状，然后再经过淬火、抛光、开锋等工艺制为成品。《晋书·嵇康传》："康居贫，尝与向秀共锻于大树之下，以自赡给。"西晋"竹林七贤"之一的嵇康生活贫困，曾经与向秀一起在大树下开了个小铁铺打铁，赚取些许铜板糊口。

斧、镰、菜刀、锄头之类的用具是锻造出来的。"锻打"、"锻击"就是锤打、敲击，用一把特制的大铁锤，砸击烧红的铸件，使其延展延长，这种锤子叫作"锻锤"。焊接工艺中还有"锻焊"、"锻接"、"锻压"，现代冶金业还有"锻炉"、"锻模"等。俗话说的"趁热打铁"，就是说当铁烧得炽热时，质地最软，此时锻打比较容易，不用那么费力气。后用来比喻做事情要抓住有利时机，在已经成功的基础上进一步取得更大的成功。

"锻"又指磨砺金属的砥石。"锻"由此引申为打磨，后也比喻做文章时在文句上下功夫，费心琢磨，仔细推敲，力求精益求精。

"锻"是一个分阶段、有计划、按步骤的循序渐进的过程，需要掌握火候、把握时机，不可急于求成。人们为了增强体质，要坚持锻炼。但锻炼身体决非一朝一夕之功，而应该循序渐进，持之以恒，既有"锻"中之"金"不怕火炼的精神，又有字中之"段"的分阶段渐进的练习方式。急于求成，不但达不到锻炼身体的目的，反而可能会使身体受到损伤。

炼 【煉鍊】
liàn

煉（煉）小篆　　鍊（鍊）小篆

"炼"，繁体为"煉"、"鍊"。形声字，从火，柬声。

"火"指物体燃烧时所发出的光和焰；"柬"是"拣"（拣）的本字，表示挑选、挑拣。挑选的目的是为了去粗取精、去伪存真。"炼"从火，从柬，表明是通过火以达到纯净的程度。《说文·火部》："炼，铄冶金也。"本义指销熔并使金属纯净。段玉裁注："铄而治之，愈消则愈精。""煉"是在火中对金属的精炼和选真的过程，故"火""柬"为"煉"，也写作"鍊"，从金，从柬，强调被挑选的对象为金属。

早在上古时期，勤劳智慧的中国人就发明了冶炼金石的方法，懂得从天然的金石中提炼出人们所需要的物质，应用于生产生活中。商代青铜器已经盛行，至春秋晚期炼铁技术已经比较成熟。

刘琨《重赠卢谌》："何意百炼钢，化为绕指柔。"经过许多次冶炼而成的精钢，质地柔软得可以绕在手指上。金石经过不断的冶炼、加工才变成人们需要的东西。炼是一个提纯，提高质量、品质的过程，由此，"炼"引申为锻炼、修炼、造就。人的身体须要坚持不懈地锻炼才能变得健康强壮；人的思想须要持之以恒地修炼才能变得纯正完善；人的一生须要久经考验方能成正果。人在做文章的时候，也要反复推敲、思考、修改，才能写出一篇精炼的文章。"炼"由此引申为用心琢磨使之精炼。如"炼字"指琢磨用字，以求遣词准确精当；"炼句"指用心推敲，使词句简洁优美；"炼之未定"指用心琢磨，反复锤炼，还是不能决定。文章是写给他人或后人看的，是展现和证明个人生活、思想和情感的途径。写文章要对自己负责，要对读者负责，所以要字斟句酌，反复锤炼。

道教曾盛行"炼丹术"，最初是指在炉鼎内烧炼矿石药物制造丹药，服用此药或可长生不老，或可羽化登仙。早期术士远居深山，造炉炼丹，到后来，帝王重臣，文人雅士纷纷寻丹问药，以求青春永驻，益寿延年。

炼，既在修身，亦在修心。长寿的秘诀是锻炼身体，修炼精神。锻炼身体要有毅力，持之以恒，修炼精神同样需要一个漫长的过程，方可臻于极致。

脉搏

西医验而知之，测而知之；中医望而知之，切而知之。

脉

【脈衇】

mài mò

小篆

　　"脉"，异体为"脈"、"衇"。会意字，"脉"与"脈"皆从肉，"脉"从永。

　　"脉"、"脈"从"肉"，表示与人或动物的身体有关；"永"的小篆字形像水有支流貌，意为水流。"肉""永"为"脉"，既指身体里像水一样流动的液体，又指身体里血液流经的管道。"脉"为血脉，读为"mài"，是分布在人和动物周身内的血管。异体字"衇"从"血"，表示"衇"为血之府。《素问·脉要精微论》"夫脉者，血之府也。"《说文》："衇，血理分衺行体者。……脈，衇或从肉。"后"脉"引申指像血管那样分布的东西，如山脉、叶脉。

　　"脉"指经脉。《史记·扁鹊仓公列传》："传黄帝、扁鹊之脉书。"《周礼·天官·伤医》："凡药以酸养骨，以辛养筋，以咸养脉。"这是中医里所讲的五味与身体调养的关系，酸性物质有助于骨骼生长，辛味饮食则有利于筋肉，咸味有利于经脉。医生给人治病，必先知脉之虚实。号脉讲脉搏、脉气、脉侯、脉象。诊脉的脉门又称脉口，在拇指根部半寸处。脉搏缓急，脉象沉浮，脉侯虚实，左手和右手脉口的差别，都是医生对病人的病情做判断的依据。佛教密宗修炼有"三脉七轮"之说：心轮八脉，喉轮十六脉，顶轮三十二脉，脐轮六十四脉。"十一脉"为手足十一条经脉的总称，指足太阳、足少阳、足阳明、足少阴、足太阴、足厥阴、手太阴、手少阴、手太阳、手少阳、手阳明等十一条脉。"六脉调和"指人身体健康，精神愉快。人左右手各有寸、关、尺三脉，合称六脉。清代蓬园《负曝闲谈》第二十九回："刘理台至此，方才六脉调和。""急脉缓灸"比喻用和缓的办法应付急事，也比喻诗文在进行中，故意放松一笔，以造成抑扬顿挫之势。《红楼梦》第七十六回："对句不好，合掌。下句推开一步，倒还是急脉缓灸法。"

"脉"指血管。"张脉偾兴"指血管膨胀，青脉突起，后以指因冲动而举措失宜。《左传·僖公十五年》："乱气狡愤，阴血周作，张脉偾兴，外彊中乾。"杜预注："气狡愤於外，则血脉必周身而作，随气张动。""脉"又可指像血脉那样连贯而自成系统的事物，如山脉、矿脉。唐代王建《隐者居》："雪缕青山脉，云生白鹤毛。""脉起"指春暖地温回升，地下水蒸发，滋润土壤使之冒起。这是把大地底下蕴藏的地下水比作是在血管中运行的血。地上水的通道，又称河脉、水脉。脉散则水道分流，脉聚则江河交汇。"人脉"即人际关系、人际网络，体现人的人缘、社会关系。

风水学里讲地脉、山脉、水脉的走向，选宅基地要看看是不是风水宝地，可以使子孙兴旺、家族显扬。依山抱水，气机流动，天地灵气交汇于此，居住在这里的人自然而然就身体康健，聪明俊秀。办丧事要选坟地。皇家有龙脉，历代帝王都对此非常重视，认为是保证帝业永昌的根基，民众反抗也千方百计地要挑了皇帝老儿的龙脉，矛盾激化后，双方大动干戈，围绕着龙脉展开一场血雨腥风的争斗。人们对龙脉既好奇又有一种崇拜心理。

"脉"还指血统、宗派等相承的系统。"一脉相传"就是指从始至终，传承至今，没有断过。"脉"又可引申代指婴儿，特别是男婴。如怀孕的妇人称自己的胎儿为丈夫的血脉。家族人丁不旺，特别是儿子不多，一代只有一个独苗，就称"一脉单传"。"斯文一脉"指文人学者或学问归属同一流派。清代李宝嘉《官场现形记》第二回："赵世兄他目前虽说是新中举，总是我们斯文一派，将来昌明圣教，继往开来，舍我其谁？"

"脉"又可做形容词，念"mò"。"脉脉含情"意思是饱含温情，默默地用眼神表达自己的感情，常用以形容少女面对意中人稍带娇羞但又无限关切的表情。唐代李德裕《二芳丛赋》："一则含情脉脉，如有思而不得，类西施之容冶。""脉"或用于形容水没有声音，好像深含感情的样子。

搏 bó

搏 金文　　搏 小篆

"搏"，形声字，从手，尃声。

"搏"从"手"，表明与手的行为动作有关；"尃"有普遍之意，也同"敷"。"敷"有给予之意。"搏"从"手"，从"尃"，表明手的最普遍的功能，即索取或击打等。《说文·手部》："搏，索持也。"《广雅》："搏，击也。""搏"的本义为搏斗，对打。后引申为跳动之意，如搏动、脉搏。也指捕捉，如搏噬，《庄子·山木》："睹一蝉，方得美荫而忘其身，螳螂执翳而搏之。"将"搏"视作从"手"，从"甫"，从"寸"。"甫"为古代对男子的美称，此处既表示有力量、有实力的人，也表示美好的目标；"寸"为手腕下一寸之处，此处代指手。"搏"中有二"手"，意为彼此双方的存在以及双方进行较量。"手""甫""寸"为"搏"可理解为：为了一定的利益或目的，双方进行较量，也就是有勇气、有才能的人通过两只手的行动不断地抗击、奋进。《左传·僖公二十八年》："晋侯梦与楚子搏。"杜预注："搏，手搏。""寸"也为寸心或尺度，"搏"从"寸"，表明搏击、奋进需要有一颗诚心，并且要树立正确的方向和目标，不能越轨而行。

上古时期，原始人生活在野外，常常受到野兽的侵袭，为了保障自己的安全，他们要同野兽搏斗，将其捕捉后作为食物。"搏"遂有捕捉的意思。《周礼·夏宫·环人》："搏谍贼。"随着社会的发展，人们分居成部落，各部落间发生矛盾，通常要靠武力来解决，这就需要人们相互搏击了。到了封建社会，战争更是层出不穷，只要有战争，必然少不了搏击，取得胜利的往往是擅长搏击的一方。由于搏击对增强人的体质，锻炼人的意志能起到显著作用，在近现代的世界各国，搏击逐渐发展成一项体育运动。民国时期，国民党政府曾分别在南京和杭州举办过两次国考，搏击对抗是主要形式之一。新中国成立后，国家开始举办散打比赛，近年来又兴起了散打王争霸赛，对搏击的普及推广起到了一定的促进作用。在国外，搏击运动也非常普遍，如韩国的跆拳道、泰国的泰拳、日本的空手道、西洋的拳击、缅甸的斌道、巴西的格雷西柔术等，都已经风靡全球。

搏斗过程中，双方处在不停的运动中，由此，"搏"引申为跳动的意思。动脉有规则的周期性扩张和收缩叫作"脉搏"。脉搏的跳动是一个人生命的象征。

"搏"从"手"，手是人体最灵活的器官之一，手在搏击中发挥着重要的作用。然而，搏击时单凭一双手还不能取得胜利，这里的"手"其实泛指所有人体用于攻击的器官，如跆拳道中绝大部分的攻击都是用腿来完成的。泰拳以拳、腿、肘、膝的全方位立体进攻赢得"八条腿的运动"的美称。博大精深的中国传统搏击术更是以"浑身无点不杀器"著称，如：形意拳有七星打法，头、肩、手、肘、膝、胯、足都可以用于攻击和防守。南派拳术，如咏春、白眉等都以拳法著称；北派拳术，如弹腿、戳脚等都凭腿法扬名，这就是所谓的"南拳北腿"。但一些南派名拳，如蔡李佛、地术犬法等也有许多精妙的腿法，北派的通背、螳螂、翻子、劈挂等的手法也堪称精绝。在搏击中，人是一个有机的整体，不能只练习局部的攻击，这样易为人所乘，每一拳一脚的发动都是在整体的支配下运行的，如太极拳就有"上下相随人难进"的拳论。中国的拳法讲究整体力、浑圆力的修炼，这是高出域外搏击术的地方。

"搏"从"甫"，是古代对男子的美称。男子在生理上，较女子更为健壮有力，古时的狩猎打仗基本都是由男子来完成的，但并不是说女子就不能参与搏击。《木兰辞》就讲述了花木兰替父从军的故事。宋代农民起义军将领李全的妻子杨妙真"二十年梨花枪，天下无敌手"。晚清的武林高手五梅师太、咏春拳创始人严咏春、白鹤拳创始人方七娘都是女性，可见在搏击领域中，巾帼亦不让须眉。

"搏"从"寸"，表示分寸、法度的意思，由此可见搏击术是有规律可循的。《汉书·艺文志》中的《手搏六篇》，就是阐发搏击规律的，可惜已经亡佚。早在春秋时期，越女就对"剑道"有了精妙的论述。儒家六艺中的"御"就是讲搏击术的。明代抗倭名将戚继光《纪效新书》中的《拳经捷要篇》也对当时的各家拳法进行了总结提炼。俞大猷的《剑经》就阐述了完整的棍术理法。此外，各拳种的理论著作更是不胜枚举，比如吴殳的

《手臂录》、程冲斗的《少林棍法阐宗》、黄百家的《内家拳法》、王宗岳的《太极拳论》等。

完整的搏击术由理、法、术、功组成，要在明理知法的基础上修术练功，才能有所收获。在搏击的过程中也要有所法度，如果对手是穷凶极恶、祸国殃民之徒，一定不要手下留情，要凭借自己的功夫替天行道，就如《内家绝手十八纲·胆纲》所说："临敌要有杀人心，胆壮心狠胜敌人，发时不怕头落地，死里求生肝胆真。"在现代搏击擂台赛中，选手须选取合适的拳套、护具等来保护自己。搏击的分寸还在于，它的目的是强身健体，防身制敌，保家卫国，而不是恃强凌弱。在需要通过搏击解决问题的时候，要挺身而出，不要优柔寡断，像近现代的王子平、韩慕侠、蔡龙云等武术名家，就是凭着精湛的搏击术打败外国大力士，从而为国家争得荣誉。假如凭借功夫去欺压无辜，就是缺乏武德的表现，必然会遭人唾弃，也会受到正义力量的惩罚。晋代的周处依仗着过人的武功横行乡里，人们把他和南山猛虎、北海蛟龙并称为"三害"，后来周处幡然悔悟，杀死了猛虎和蛟龙，自己也戒除了恶习，这就是"自除三害"的典故。热爱搏击的朋友们定要以此为鉴才是。

饮食

西医看相同的病，吃相同的药；中医视不同的人，开不同的方。

饮 【飲】
yǐn yìn

"饮"，繁体为"飲"。会意字。

"食"为粮食，又表示进食，包括吃、喝两方面；"欠"为欠缺、缺少。"食""欠"为"飲"，可视为是米少水多。汤水过多，则为液体；又可视为因粮食欠缺，以液体求得饱腹。"欠"又为打哈欠时身体上引的动作。人在进餐时，吃为低头弯腰的动作；而喝则要抬头并身体上引，此即"欠""食"。因此"饮"主要是针对喝的动作而言。

"饮"后来引申指可喝的东西，如冷饮、饮料、饮食，也表示含、忍之意，如饮恨、饮誉。"饮"读"yìn"时，有两种意思：一是把水给人或牲畜喝，二是用酒食款待。前者如陈琳《饮马长城窟行》："饮马长城窟，水寒伤马骨。"后者如岑参《白雪歌送武判官归京》："中军置酒饮归客，胡琴琵琶与羌笛。""饮"直接关系着生命的健康与延续。

庾信《征调曲》："落其实者思其树，饮其流者怀其源。"后人取其意，比喻不能忘本，也作"饮水知源"、"饮水思源"。《后汉书·霍谞传》："譬犹疗饥于附子，止渴于鸩毒，未入肠胃，已绝咽喉。"后以"饮鸩止渴"比喻只图解决目前的困难，不顾后果。"饮"在特定条件下指喝酒。如卢象《乡试后自巩还田家，因谢邻友见过之作》："浮名知何用，岁晏不成欢。置酒共君饮，当歌聊自宽。"元稹《先醉》："今日樽前败饮名，三杯未尽不能倾。怪来花下长先醉，半是春风荡酒情。"

"饮"是把液体类的食物吞进肚子里，由此引申为吞没、隐没。《吕氏春秋·精通》："养由基射兕中石，矢乃饮羽。"射箭能手养由基射犀牛时，箭穿透犀牛后又射中石头，箭没石中、连箭尾的羽毛都看不见了。

"饮"于养生有重要的作用。从维持生命的重要性上说，水是最重要的营养素。在没有任何食物的情况下，只要有水，人的生命可以维持两周至三周；而在缺水的情况下，一个人的生命连一周都难以维持。适当饮水，尤其是饮用茶水，可以利尿、排毒，稀释血液，代谢物质，还可以润肠通便，预防泌尿系统感染，调节机体各种生理机能。饮茶的保健功能可谓众所周知。中医认为，茶味苦微甘，可除垢，涤秽，解热，助消化，去痰，止渴，生津，提神醒脑，解酒，解毒，明目，利尿，减肥等。饮茶的好处虽多，但也要以适度为宜。饮茶过量，会使体内水分增多，加重心肾等器官的负担；饮浓茶过量，还会导致兴奋过度、心跳加快、失眠等症状。

中医重视汤的食疗保健作用，认为喝汤是保持和恢复体力最有效的办法。用各种原料熬成的汤不但能健身，还能防治多种疾病。糜粥养生也是历代养生家提倡的饮食养生原则。食粥既能增加大量水分，促进新陈代谢，还能强脾健胃，增进食欲。另外，适量饮用母乳、动物奶、豆奶皆有养生保健之功效。值得一提的是饮酒的养生功效。酒为百药之长。《本草备要》提倡适量饮酒："少饮则和血运气，壮神御寒，遣兴消愁，避邪逐秽，暖水脏，行药势。"但是，逢年过节、亲朋相聚，举杯畅饮，以酒助兴，虽是人之常情，但喝得酩酊大醉，轻则损伤身体，重则危及性命，切记慎之。

shí sì

 甲骨文 金文  小篆

"食"，会意字。从人，从良。甲骨文的"食"上边是个口朝下的盖子，下边是个盛满了饭的器皿。金文、篆体皆从亼（盖子），从皀（盛饭器皿）。本义是饭，后泛指食物，并演变为上"人"下"良"为"食"。"食"从"人"表示与人有关；"良"可视为"粮"字省"米"，喻指人的食物应以五谷杂粮为主食；"良"又为良好、精良。"食"意为人要养

成良好的饮食习惯，人要选精良的谷米为食。食要精良，不良者不足为食；食有癖好，不净者不食；食有气节，廉者不受嗟来之食；食之习性，良者不暴饮暴食；食有义，食君之禄，解君之忧；食有志，鲲鹏不与鸥鹝争腐鼠之食；食有修养，孔子曰："食不言，寝不语。"

有粮食吃，能填饱肚子，就解决了基本的生存问题。但人对饮食还是赋予更多的意义。冯谖弹剑而歌："长铗归来乎，食无鱼！"冯谖是战国时著名的四君之一——孟尝君的食客，他抱怨孟尝君给自己的伙食差，于是弹着随身佩带的长剑唱到："长铗啊，咱们还是回去吧，吃饭没有鱼！"食无鱼意味着伙食差，也意味着孟尝君对冯谖不尊重，没有看到他的才能。

"食"用作动词，表示拿东西供养、喂养。"食"作此义解时读"sì"，后用"饲"表示。龟卜术语"食墨"亦简称"食"。古代龟卜，卜兆与墨画重合叫"食墨"，为吉兆。"食"有缺损的意思，特指日食、月食。传说是天狗吞食日月，才引起日食和月食。《易经》："日中则昃，月盈则食。"太阳行到正当空就会偏斜，而月亮圆了必然会慢慢缺损，即变为弦月。由吃食之意，"食"又引申出吞没、背弃之意。如"食言"是指说话不算数，把自己说出的话又吃了下去，"食言"二字可谓妙也。"食"中之"良"又可理解为良心。地球是人类和其他生物共同居住的家园，是人类赖以生存的物质载体。天地生养万物，就像母亲哺育自己的孩子一样，给人类带来食物等生命所需的一切。

因此，人类对大地母亲要怀着一颗感恩之心，要善待地球，珍惜资源。如果人类贪欲放肆，饕餮天物，为所欲为，破坏了自然生养万物的能力和条件，就会导致生态系统的失衡和恶化，这无异于自毁家园。

民以食为天，食以素为先。饮食要讲究原则，即早食应当早，晚食不宜迟；宜细嚼缓咽，忌狼吞虎咽；宜淡食，宜暖食，宜熟软。合理的饮食习惯首先表现为膳食平衡：即膳食中所供给的营养素种类齐全，数量充足，比例适当，一方面能保证机体摄入合理的营养，有助于机体的健康；另一方面有助于防病治病。其次，食物讲究搭配。如荤素搭配、生熟搭配，以保证体内的营养吸收以及体内酸碱的平衡。传统保健观认为，食物有寒、热、温、凉之性，有辛、甘、酸、苦、咸之味。人的疾病有表里、寒热、虚实之别。食物的性、味要与疾病的属性相适应，才能起到保健作用，此为"宜"，反之则为"忌"。"辛、酸、苦、甘、咸"五味，贵在调和适宜，气血方能畅通。如果食用不当或偏食，都将会损害腑脏，影响健康。再次，饮食要有节。

宋代养生学家娄居中在其《食无求饱》篇中讲到："食无求饱，谓食物无务于多，贵在能节，所以保冲和而顺颐养也。若贪食务饱，淤塞难消，徒积暗伤，以召疾患……如能节满意之食、省爽口之味，长不至于饱甚者，即顿顿必无伤，物物皆为益，精粗变化，早晚溲便，按时毕精，和一上下，津液蓄神，含藏内守，荣卫外护，邪毒不能犯，疾病无由作。"

此外，许多食物都是具有治疗作用的药物。例如，多吃芹菜可防治高血压；多吃萝卜可健胃助消化、顺气宽胸、化痰止咳；多吃山药能补脾健胃。因此，药补不如食补，养生保健就要注意食补的重要性。

冷暖

若要小儿安，三分饥和寒。

冷 lěng

 小篆

"冷"，形声字，从仌，令声。

"仌"为"冰"的古字，冰为极寒之物，可意指寒冷；"令"为使、让，又为时令、天气。"冷"的字形为使水结为冰的天气，或像冰一样的温度。"冷"本义为寒冷。《说文·仌部》："冷，寒也。""令"亦有法令、刑法之意。五行学说认为西方主刑令，则"冷"可视为西风刮起的时候，天气就开始冷了。

可将"冷"视作从仌，从亼，从マ。"仌"为冰；"亼"为聚集之意；"マ"为"卩"之变体，形状像人屈曲跪倒之形。三者为"冷"，可理解为人在冰寒交迫之时瑟缩颤抖。《庄子·则阳》："夫冷者假衣于春，暍者反冬乎冷风。"唐代白居易《长恨歌》："鸳鸯瓦冷霜华重，翡翠衾寒谁与共？"这里的"冷"都是寒、凉之意。

"冷"由寒、凉引申为天气寒冷，也形容身体冰凉。温度低使人感到寒冷，人的态度不热情也让人感到冷，因此"冷"有冷静、冷淡、不热情之义。"冷遇"是指遭受到冷漠的待遇。"冷若冰霜"形容待人极为冷漠，毫无热情，这种人也常被称为"冷血动物"。"冷眼"指用冷静理智的眼光来看问题。元代杨显之《临江驿潇湘秋夜雨》第四折："常将冷眼看螃蟹，看你横行得几时？"

"冷"也形容环境冷清、寂静。清代黄燮《吴江姬》："村荒景色冷，老柳何垂垂。"唐代白居易《琵琶行》："门前冷落鞍马稀，老大嫁作商人妇。""冷场"指在舞台演出表演中出现的显著的停顿，而且常是尴尬的停顿，也指开会没有人发言时的场面。"冷"由环境冷清还引申出受到冷落之意，如失去皇帝恩宠的后妃们居住的宫殿称为"冷宫"。受到冷落之人所做的事情或所担任的职位必定不是关键的，"冷"还有闲散、清闲的意思，"冷官"就是职位不重要，清闲受冷落的官。宋代苏轼《九月二十日微雪怀子由第二首》："短日送寒砧杵急，冷官无事屋庐深。"

"冷幽默"指淡淡的、在不经意间自然流露的幽默，常常带有一点黑色幽默的成分，但又有别于黑色幽默。这种幽默的意图不很明显，当事人似乎并没有刻意地要达到幽默的效果，先是让人发愣、不解，在深思之后恍然大悟，感到回味无穷。"冷兵器"是与火器相对而言的，指不带有火药或其他燃烧物，在战斗中直接杀伤敌人、保护自己的近战武器。广义的冷兵器指冷兵器时代所有的作战装备。冷兵器按材质分为石、骨、蚌、竹、木、皮革、青铜、钢铁等兵器；按用途分为进攻性兵器和防护装具；按作战方式分为步战兵器、车战兵器、骑战兵器、水战兵器和攻守城器械等；按结构形制分为短兵器、长兵器、抛射兵器、系兵器、护体装具、战车、战船等。

"冷"的反义词是暖和热，"冷暖自知"指水的冷暖，只有自己知道，泛指自己经历的事，自己知道甘苦。唐代裴休《黄蘗山断际禅师传心法要》："明于言下忽然默契，便礼拜云：'如人饮水，冷暖自知，某甲在五祖会中，枉用三十年工夫。'"宋代岳珂《桯史·记龙眠海会图》："至于有法无法，有相无相，如鱼饮水，冷暖自知。""春江水暖鸭先知"比喻有亲身的体会或是不言自明的东西。唐代慧能《六祖大师法宝坛经》："今蒙指示，如人饮水，冷暖自知。"现在常说的"冷调"是指颜色引起凉爽之感，特指从蓝色到绿色之间的一种浅紫色。一个人让对方产生冷的感觉，那就不好了。尤其是身处服务部门的人员，他们的态度冷暖直接影响着与他们接触的客户。人本身就是情感动物，在与人交往的过程中，都希望获取温暖或是得到认可。一个冷冰冰的人是很难给他人带来欢乐的。为了生活中充满更多的阳光与热情，大家要好好关心一下自己身旁的人。"冷"还有生僻、不常见的意思。"冷字"指生僻不常见的字；"冷着"即冷招，指意想不到的招数和法子；"冷业"指冷僻的行业。"冷"由此还引申出不畅销的意思，如"冷书"。清代刘鹗《老残游记》："这《千家诗》还算一半是冷货，一年不过百把部。"

意想不到或突然的动作，如乘人不备的暗算，往往让别人慌乱，以至于身上发冷，寒毛竖立，因此"冷"有突然、乘人不备的意思。"冷箭"指乘人不防暗地射出的箭，比喻暗地设计害人。清代曹雪芹《红楼梦》第九十一回："冷不防外面往里一吹，把薛蟠唬了一大跳。"

"冷"作动词用是冷冻的意思，使温度变低。"制冷"是用人工方法取得低温。"冷"还有轻蔑、鄙视、讥刺之义。"冷言冷语"是指冷冰冰的含有讥讽意味的话。

暖 【煗】
nuǎn

煗 （煗）小篆

"暖"，异体为"煗"。形声字，从日，爱声，异体字从火。

"日"为太阳，以光热温暖人间。"爱"甲骨文像两手以物相援引，意寓拉伸或舒张。"日""爱"为"暖"，表示气候温暖，河水解冻，万物复苏。将"爱"视为"缓"省，意为缓柔，正是"暖"给人的感觉，即慵懒放松。《说文·火部》："煗，温也。"清代朱骏声《说文通训定声》云："煗，字亦作暖。""暖"本义为天气不冷不热，即温暖、暖和；引申为伸出热情的双手援助，使人心生暖意。

王安石《元日》："爆竹声中一岁除，春风送暖入屠苏。"爆竹声中又一年成为过去，温暖的春风吹入百姓家中。百姓想肚子吃得饱，衣服穿得暖，这个朴实的愿望在中国历史上从未实现过，千百年来他们就是在饥寒交迫的穷苦日子里日复一日、年复一年地受煎熬。按照《孟子·尽心上》："五十非帛不暖，七十非肉不饱，不暖不饱，谓之冻馁"的标准，人到五十岁若不穿棉布身体就不会暖和，七十岁不吃肉就不会饱食，既不暖，又不饱，这样的情况称为饥寒。孟子的意思是，理想社会就是要做到老有所养。然而时至今日，由于贫穷和战乱，饥寒交迫、流离失所的群体依然庞大，尤其是老幼病残，更是凄凉悲惨，令人心酸。

"暖"指气候或天气。春暖夏热，秋凉冬寒，最为舒适宜人的季节就是春季。当是时，万物萌动，大地回春，草生木长，生机勃勃，大自然呈现出一派欣欣向荣的景象。然而，一年四季，只有春季温暖，自然的造化，可谓美中不足。三九严寒，取暖成为生活中的大事。古时候，取暖也如今天的汽车和自行车，赤裸裸地显示着贫富的差别。穷苦百姓衣不蔽体，食不果腹，屋不挡风，缺柴少炭，过冬如同炼狱，只能采取搓手、跺脚、推碾、拉磨等办法取暖；富足之家出则穿皮衣、戴皮帽、登皮靴，入则暖屋热炕、炉火烧旺、烧酒滚烫，惬意得如居天堂。悲天悯人的白居易曾生动地描述了卖炭翁的凄惨境遇，"可怜身上衣正单，心忧炭贱愿天寒。"不但如此，光天化日之下，还遭到官宦的变相抢劫。面对这样的世道，老翁感觉不到丝毫温暖，天冷让他瑟瑟发抖，无奈使他彻骨心寒。可见，古代社会不但穷人温饱无望，而且社会极不和谐。现在，取暖的方法越来越多，如水暖、电暖、风暖等等，烧炭取暖的方式由于极不环保已经渐渐被取消了。

中医认为，世界是个大宇宙，需要阴阳平衡，方可生生不息。人体与之相应，是个小宇宙，也需阴阳冷热平衡。人体平衡的重要表现就是体温，体温恒定在 36 － 37 度之间，暖而不热，才会感觉安然舒适。所以，中医经常通过暖手、暖身、暖胃等办法调理身体。暖胃可以祛阴散寒，而甘味食物多具有这样的功效，如大枣、山药、糯米、高粱、薏米、豇豆、红薯、桂圆等等。

此外，颜色也有冷暖之分。不同的色彩可以使人产生不同的心理感受，一般来说，红色、橙色、黄色为暖色，容易使人联想到太阳、火焰等物质；绿色、蓝色等为冷色，可使人联想到森林、大海、蓝天。暖色调给人活泼、愉快、兴奋的感受，冷色调则让人感到安静、沉稳、踏实。

畅怀

心中有火，吃的是火；心中有气，吃的是气。

畅 【暢】
chàng

"畅"，繁体为"暢"。形声字，从申，易声。

"申"通"伸"，即伸展、舒张之意；"易"古同"陽"（阳），意为太阳、阳光。"申""易"为"暢"，表示阳光充足，万物在阳光的照耀下尽情舒展、茁壮成长。"申"字中的一"丨"穿田而过，上通天，下通地，为通天地之形；"易"为上"旦"下"月"：上阳下阴，一昼一夜，阴阳互化，天地相通。又，"申"上通食道，以示进食；下至肛门，以示排泄。"易"可视为"肠"的省字。肠道是消化系统的重要组成部分。左右相合，"畅"意为肠道通畅，消化流畅，代谢顺畅。"畅"字说明了健康的基本标准：吃得香，排得畅。

"畅"的本义是畅通，无阻碍，无遮拦。通畅、顺畅则气顺，气顺则心情舒畅。由此，"畅"又有精神舒畅的意思。把心中的想法、打算一股脑全倒出来，自然畅快；心里的郁气少了，自然轻快。由此，"畅"又有尽情、痛快之意，指动作行为的酣畅淋漓。"畅饮"指痛快地喝酒；"畅所欲言"指痛痛快快地说出想说的话；"酣畅"则指畅快。李白《答王十二寒夜独酌有怀》："人生飘忽百年内，且须酣畅万古情。君不能狸膏金距学斗鸡，坐令鼻息吹虹霓。君不能学哥舒横行青海夜带刀，西屠石堡取紫袍。吟诗作赋北窗里，万言不直一杯水。""酣畅"又特指畅饮。陆游《饮酒》："陆生学道欠力量，胸次未能和盎盎。百年自笑足悲欢，万事聊须付酣畅。""畅"又有语言流畅、言辞敏捷、不迟疑、不拖拉的意思。如"畅利"指话语自在、流利。"畅"还可引申为通晓。诸葛亮《出师表》中说："将军向宠，性行淑均，晓畅军事，试用于昔日，先帝称之曰能。"将军向宠品性淑德公正，又精通军事，很得先帝称赏。植物的生长依赖体内水分和各类营养，营养输送通畅，植物就能更好地成长。所以"畅"又可引申为茂盛。

"畅"的一通一达，看似简单易通，实则玄妙无穷。人倘能做到心境通达，自然万事顺畅。"畅"对于人生的意义，需要长时间的感悟，甚至需要一生的时间去领略其中无限的玄机。我国传统医学认为，气畅、血畅，方可神畅、体畅。而"气血畅通"直接受人的情绪的影响。人处于郁抑当中，必会导致气滞血瘀的病症。中医认为五脏中的肝主疏泄，喜条达，一旦情志不舒，首先便会侵害肝脏。而肝脏的疏泄功能发生障碍，必然会导致脏腑气机郁滞，从而影响其他脏腑的功能。然而，人有七情六欲，自然不能避免情绪上的苦闷郁结。而情绪的畅通，在一定的条件下，是保证气血畅通的前提。这就要求人们要学会稳定情绪，懂得自我调节。

怀 【懷】
huái

（懷）金文　　　（懷）小篆

"怀"，繁体为"懷"。汉字简化前，"懷"与"怀"的意义并不相同。

"懷"为形声字，从心，褱声。"懷"从"心"，表示其意义与心脏、心思相关；"褱"为夹衣，为人所穿，可代指人的身体。"懷"即人体表面心脏所处的部位，意为胸前、胸怀。衣服亦可代指人的外表、样貌，则"懷"的字形为心中想念着对方的音容笑貌，是思念、怀念之意。《说文·心部》："懷，念思也。"

简体"怀"为形声字，从心，不声。"心"为内心，也指心脏；"不"表示否定、拒绝、不认同。"心""不"，意为"怀"不是心，更不是心脏。"怀"是心所能包容的范围，因此，"怀"有胸怀、心怀、怀抱等意。"不"可通"丕"，意为尊奉，怀念人是将其尊奉在心，故云。多忧伤神，多思伤志，怀人之情以忧、思为多，于人有损，故应有节制，不可因怀人而伤神志，故"怀"从"不"。

怀的本义是想念、怀念。怀念老朋友和往事称为"怀旧"。"怀古"是追念古代的事，古人都是通过写诗或作文来悼念前人，或是叹咏或是讽刺。人出门在外要怀念故乡和亲人，唐代张九龄《望月怀远》："海上生明月，天涯共此时。情人怨遥夜，竟夕起相思。灭烛怜光满，披衣觉露滋。不堪盈手赠，还寝梦佳期。"月光如昼的夜晚，我和远方的亲人一样仰望同一轮明月来寄托相思之情。有情人总是抱怨夜太长，而我却无心欣赏美好月色，只好入睡，希望在梦中能和亲人相会。唐代李白《春思》："当君怀归日，是妾断肠时。"当你心里想起回家的日子，是我因思念你而肝肠寸断的时候。

"怀"又为关怀。"安老怀少"意思是尊重老人，使其安逸；关怀年轻人，使其信服。"安"为安顿；"怀"为关怀。《论语·公冶长》："子路曰：'愿闻子之志。'子曰：'老者安之，朋友信之，少者怀之。'"

"怀"由胸前、胸部的意思引申为胸怀、抱负之义。清代顾炎武《赠于副将元剀》："乃知鸿鹄怀，燕雀安能伴。"鸿鹄的胸怀，燕雀怎能比得上。"怀"亦有心里存有、怀藏之义。成语"怀瑾握瑜"指人具有高尚的品德和非凡的才能。成语"怀恨在心"指的是深藏于内心的怨恨。成语"怀才不遇"指有才学而未遇其时，不得重用。

"素怀"是佛学术语，指平素的希望，多就念佛行者的期待往生而言。《续高僧传》卷二十二《智首传》："时过三载，方遂素怀。""怀橘"是中国古代的二十四孝之一。典出西晋陈寿《三国志·吴志·陆绩传》："绩年六岁，于九江见袁术。术出橘，绩怀三枚，去，拜辞堕地，术谓曰：'陆郎作宾客而怀橘乎？'绩跪答曰：'欲归遗母。'术大奇之。"陆绩回答袁术的话，表现了封建孝道，因此倍受赞誉。后以怀橘表示孝敬父母。唐代骆宾王《畴昔篇》："茹荼空有叹，怀橘独伤心。"

"怀"由怀里、胸前又引申为包容、包围之义。《文选·文赋》："水怀珠而川媚。""怀"亦有安抚之义。"怀柔"指用政治上笼络的手段使之归附。"怀"亦指妇女或雌性哺乳动物受精有胎，"身怀六甲"指女子怀孕。

看开

怀着感恩之心，吃什么都是甜的。

看 kàn kān

看 小篆

"看"，会意字，从手，从目。

"看"的字形为以手加额，遮于目上，是手搭凉棚的动作，其目的是远望。"看"的本义为远望、遥望，读为"kàn"。《说文·目部》："看，睎也。"

唐代李白《望庐山瀑布》："日照香炉生紫烟，遥看瀑布挂前川。飞流直下三千尺，疑是银河落九天。"远远地望去，瀑布像是在眼前是山川上挂着，让人怀疑是银河从九重天上落了下来。"看"由远看之义引申为瞅、瞧、观察。"矮人看场"比喻只知道附和别人，自己没有主见，也比喻见识不广。《朱子语类》卷二十七："正如矮人看戏一般，见前面人笑，他也笑，他虽眼不曾见，想必是好笑，便随他笑。""看台"指建筑在场地旁边或周围，供观众看比赛或表演的台子。"看中"指观察后感觉满意。"看相"指通过观察人的相貌、骨骼或手掌的纹路来判断人的命运的好坏。"看日"旧指选定吉日，一般请风水先生看或查皇历。"看破红尘"指看透了繁华的人世而出家，现在常指对个人前途失掉信心，对理想、事业不感兴趣。"中看不中吃"比喻外表好看，其实不中用。"走马看花"指骑在奔跑的马上看花，原形容事情如意，心境愉快，后多指大略地观察一下。唐代孟郊《登科后》："春风得意马蹄疾，一日看尽长安花。""看朱成碧"的意思是将红的看成绿的，形容眼睛发花，视觉模糊。南朝梁王僧孺《夜愁示诸宾》："谁知心眼乱，看朱忽成碧。""看风使帆"指看风向掌握船帆，比喻随机应变，看情况办事。宋代释普济《五灯会元·天依怀禅师法嗣·法云法秀禅师》："看风使帆，正是随波逐浪。"

"看多"指投资者看好股市大盘或个币行情的未来。"看麦娘"又名山高粱，为禾本科看麦娘属植物，以全草入药，性淡、凉，主治利湿消肿、解毒。

对陌生的人或事情，人们总是通过观察、了解之后再决定如何对待，故"看"由观察引申为对待、看待。"看人下菜"比喻对不同的人用不同的方式对待；"刮目相看"指要用新眼光看待某人。《三国志·吕蒙传》注："（鲁）肃拊蒙背曰：'吾谓大弟但有武略耳。至于今者，学识英博，非复吴下阿蒙。'蒙曰：'士别三日，即更刮目相待。'"

古代交通很不发达，相距很远的亲人、朋友要隔很久才能见一次面，故"看"由远看引申为探望、访问。"看病人"指探望病人，"看师傅"指访问师傅。

"看"还可作助词，表示试一试，观察它的结果，是"看怎么样"的省略。《水浒全传》："赵能道：'说的是，再仔细搜一搜看。'""看"还有小心、当心之义。清代曹雪芹《红楼梦》："你倒是去罢，这里有老虎，看吃了你。"

"看"读"kān"时，有照料守护之义。"看小孩"指照顾小孩子；"看陵"指看守皇帝陵墓；"看坡"指看守庄稼。"看"由看守之义引申为看押、监视以防逃跑，如："看住小偷，别让他溜了。"

开 【開】
kāi

開 小篆

"开"，繁体为"開"。会意字，古文从門，从収。

"門"为门闩，是使门闭合的装置；"収"的篆文是双手的象形。"開"为双手取去门闩，会开门之意。《说文·门部》："開，张也。""张"即敞开。故"開"的本义为开门。简化字"开"省"門"为"一"，像门闩之形；其下之"廾"是"収"的变形。"开"即双手取闩开门之意，引申为把关闭的东西打开或使之通畅。

单就开门来说，双手打开门闩，是为了使门内、门外相通。因此"开"可引申为开通、开导、开悟的意思，如"开窍"就是打通窍道，使人思想灵活。《庄子·应帝王》中有个关于开窍的故事：南海帝王和北海帝王为了感谢混沌，主动帮混沌开窍，开到第七个窍的时候，混沌就死了。这个故事告诉我们，天然的混沌状态不可破坏，大自然的平衡要维护。

"开"由开门之意引申为开掘、开采。人类的能源主要来自于对矿藏的开采。随着科技的高速发展，越来越多的矿藏被开掘出来，陆地上的石油开采得差不多了，就到海底去开采。矿藏的开采为人类生活和经济发展提供了必需的能源，但是近年来，由于过度的开采没有及时得到制止，很多原本就稀有的资源消耗殆尽，自然生态也受到严重的破坏。为了子孙的幸福和人类的可持续发展，这扇打开的矿藏之门，应该适时地关闭。确实，有的门应该尽快打开，打开通往未知世界的大门，将有另一个斑斓多彩的世界。但有一些门是不可以任意打开的，正如那最初的"潘多拉盒子"一样，一旦触动了不该触动的开关，只能给自己甚至是人类带来伤害和灾难。

"开"又引申为开拓、开扩之意。从远古社会开始，人类就因为这种坚毅不辍的锐意开拓精神而不断进化、绵延发展。"开"中之手，是人类为了生存而繁忙耕种的双手，是人类为了更好地生存而创造发明的双手，是人类为了后代之幸福生活、人类之持续向前而探索的双手。正是这双手，为人类的发展和延续打开了通往未来的门，开辟了通往理想的路。

一个国家的开始、开创叫做"开国"，此处的"开"是设置、建立的意思。有"开国"便有开国功臣，但这些开国功臣一般都很难长久享受他们开国的硕果。对此，古人的解释是："狡兔死，走狗烹。高鸟尽，良弓藏。"历代开国之君往往要诛杀开国之臣，只有宋太祖赵匡胤稍显仁慈，选择了"杯酒释兵权"，仅此一点即足可为后人称道。

"开斋"一般指吃素的人恢复吃荤，而在伊斯兰教中"开斋"则有着特殊的意义。"开斋节"是伊斯兰教的节日。伊斯兰教历九月封斋后的第二十九天黄昏时，如果望见新月，第二天就过"开斋节"，否则就推迟一天。"开斋节"被视为一年中最尊贵的吉庆之月、和平之月,据传安拉在这个月颁降了将人们引向正道的《古兰经》。凡是在这个月里做一件善事,就可获得安拉成倍的报答。经过一个月的封斋,月终望见了新月,意味着斋期结束,回族群众自然欢欣鼓舞,都以无比喜悦的心情迎接"开斋节"的到来。

在中国历史上有几个"盛世",其中之一就是"开元盛世"。开元是唐玄宗李隆基的年号(公元713—741年),在开元年间,唐王朝在各方面都达到了极高的水平,国力空前强盛,人口大幅度增长,商业发达,国内交通四通八达,城市更为繁华,对外贸易不断增长,波斯、大食商人纷至沓来,使中国的封建社会达到了全盛阶段。诗人杜甫在《忆昔》中写到:"忆昔开元全盛日,小邑犹藏万家室。稻米流脂粟米白,公私仓廪俱丰实。"

古代民俗中有"开脸"。开脸就是去除面部的汗毛,剪齐额发和鬓角的仪式。这是女子嫁人的标志之一,又称绞面、绞脸。开脸有在上轿前在女家进行的,也有娶到男家后进行的。开脸人须是父母子女双全的妇人。用具有新镊子、五色丝线或钱币等施行。开脸后,要给开脸人赏封。

国家成立后,为了长治久安,为了让百姓安居乐业,必然要发展经济,与世界接轨,这就要打开国门,学习他国的先进经验,与其他国家友好结盟。"开"又为开放,即开放国门,这几个字对中国人来说意义特殊。当年清政府的闭关锁国使中华民族陷入了长达百年的外来侵略和侮辱,并在不公平的条件下被迫开放国门。整个外在环境的巨大冲击使中国人意识到必须"开眼看世界",所以中国现在的政策是开放性的。这种开放,不仅是物质的流通,更是精神的对外交流,是文明共进的必然举措。

另外,从"开"字本义开门来说,是内与外的对应,开的目的是指向外的,所以把自己拥有的财产付出也可称作"开",比如"开销"、"开支",都是财富的外向流动。"开"也引申出支付的意思。这一行为的完成,古人用"孔方兄",现在人用钞票,而更前端的人则直接采取用转账的方式,比如"开支票",这里的"开"则要理解为列举、写出。

最后,"开"字还可以放在动词后,表示效果,如"躲开"、"闪开"、"踢开"等。

匀调

修身先要修行，健身务必节欲。

匀 yún

匀 金文　　匀 小篆

"匀"，会意字，从勹，从二。

"勹"像包裹之形；"二"为所包裹之物。"勹""二"表示所包裹之物不多，"匀"的本义为少。《说文·勹部》云："匀，少也。"因为所包裹之物不多，所以需要均分，"匀"因而又有均匀、均分的意思。"匀"的字形就像将囊中之物一分为二。"匀"由均匀之意又可引申为遍布。《广韵》中说："匀，遍也。"

宋代文学家苏轼谪居海南岛时，曾经给一个卖馓子的人写过一首诗："纤手搓来玉色匀，碧油煎出嫩黄深。衣来春睡知轻重，压扁佳人缠臂金。"短短二十几个字，就把馓子这种地方小吃质地匀细、色泽鲜亮、口感酥脆的特点和形似美人的形象描写得淋漓尽致，读来令人垂涎欲滴。其中的"匀"字，是均匀之意，表示馓子具有优良的品质。用料、厚薄、加工力道均匀与否，都关系到成品的质量。匀，在饮食中是一个基本的要求，尤其是在配料过程中。虽然各种小料，比如盐和胡椒的比例并不一样，但在混合的过程中却必须要均匀，否则盐在一块，胡椒在一块，做出来的成品便一口咸得要命，一口辣得喷火了。

"匀"又是中国人审美的重要组成部分。唐代杜甫在《丽人行》里描写杨玉环的美貌是："态浓意远淑且真，肌理细腻骨肉匀。"大意为骨头和肉的构成非常匀称，既不太肥，也不很瘦，比例恰到好处。"匀称"的意思是均匀相称，如"身材匀称"；"匀净"的意思是匀称洁净，也是对美的褒扬。而追根溯源，这跟对称美学是有很大关联的。中国人对对称情有独钟，这一点在建筑中体现得尤为明显。甚至在精神层面上也追求中庸之道，不能太偏于左，也不能太偏于右，人必须以均匀的方式生活着。中国人深信，这样更有利于自己的事业和家庭。

"匀脸"是古代女子脸部化妆的方法，指把脸上的妆粉抹匀。古代诗词中描写闺阁女子时经常写到"匀脸"或"匀面"。如宋代苏轼《江城子》："腻红匀脸衬檀唇。晚妆新。暗伤春。"宋代晏几道《木兰花》："画眉匀脸不知愁，殢酒熏香偏称小。"

既然是均匀，分出的各个部分就应分量相等，因此"匀"又有平均、使平均的意思。人类处在原始氏族部落时期，平均体现在生活的各个细节中。但伴随着生产力的发展，剩余生活资料的出现打破了这种可贵的平均。强者占有了多余的生活资料，从此平均成了人类的一种理想。明朝末年，农民起义军的领袖李自成喊出了"均田"的口号，意思是把天下所有的田地平均分给天下百姓，这种无比的诱惑产生了巨大的力量，帮助李自成以更快的速度攻城克地，进驻北京城。然而"均田"并没有实现。根据物竞天择、适者生存的最高原则，人类至少不可能在现有的生产力状态下实现平均的梦想。这一点，中国人最具发言权，因为现在的繁荣就是从过去平均主义的失误中走过来的。极端的平均要有绝对的公正、公平为前提，但人类的私欲并没有被铲除，连控制也是个问题，所以目前再谈平均，非常无稽。至于未来如何，那要经过时间的验证，现在去讨论是没有实际意义的。

"匀"由平均的意思，也可以引申为抽出一部分给别人或做别用。这就如十个人吃九碗饭，必须从每碗中拿出一点，凑出第十碗出来才能开饭，这就叫"匀"。战国时曾有"二桃杀三士"的悲剧，如果那三个勇士采取一点"匀"的方式，悲剧就不会出现了。

调

【調】

diào tiáo

調 小篆

"调"，繁体为"調"。形声字，从言，周声。

"言"为言语、言词；"周"为周全、周到。"言""周"为"调"是指经过周详的思考，采取周到的方式，通过周全的语言，进行周旋与沟通，协调原本不和谐的状态，以达到调和之目的。"调"是使人、事、物和谐的一种手段、方式。故《说文·言部》云："调，和也。"本义为声音调和、协调，读为"tiáo"。"调"有调整、调和、调理、调养、调心、调身、调息等。

"调"又读作"diào"，表示安排、处置之意，即通过周详的调查，制定周密的方案，通过周全的语言，实施周到的安排，达到调遣、调动、调换、调度之目的。"言"又为书面语言，表示文字。计划方案、调兵遣将首先要经过严格的部署，然后根据相关文件、文案等进行调动、调查、调配等行为。故调动的行为是以协调为前提，首先要有言行的统一、谐和，才会顺利、成功地调动、调配，而调动的目的又是为了使整体达到谐调、调和。

调解、调和是处理矛盾的一种方法。人与人交往，由于"情"或"利"的不一致而产生矛盾，常需要中间人去调解、调和，以使双方最终消除矛盾或纠纷。调解、劝说须要兼顾到双方的利益、情绪，这就是周全、周到。"调和"也指将两种或多种因素相合之后所呈现出来的一种和谐状态。如各种声音调谐得当，可以形成优美的曲调；多种颜色调配得当，可以产生丰富的色彩。刘禹锡《陋室铭》："可以调素琴，阅金经。"虽是陋室，但却可以弹弹琴，读读书，怡然而自乐。这里的"调"表示使琴音和谐悦耳。由这个意义引申出来的还有调剂、调配等，均是为达到"和"之目的。

"言""周"为"调"，又指发出的声音适宜、协调，所以"调"也专指音乐中的曲调。音调有高低，曲调有长短，由此"调"也用来说明人的才气、风格、情趣、人品等的高低好坏。如人们在评价文章时常说到的格调高雅、论调激昂等。

养生中的"调"是有意识的、积极地调理身心，以达到气血和畅、平衡，调节的过程即是一种积极适应的过程，调节的最终目的是要达到"和"的境界。中华养生讲究"三调"，即对身体、呼吸和心灵的调节。"三调"以"气"为媒介，人有意识地控制呼吸长短、深浅，深吸缓吐，即为调气。通过气的调节，形体与精神的调节才能得以进行。

"三调"中"调心"尤为重要。《新语·道基》说的"调气养性，仁者寿长"，强调的即是精神的调养。精神调养，关键是道德修养。所谓"大德必得其寿"，从生理上来讲，道德高尚、光明磊落、性格豁达、心理宁静，有利于神志安定、气血调和，有利于人体生理机能正常而有规律地运转，进而身轻神清，耳聪目明，精神饱满，情操高雅。

生活

在这个喧嚣浮华的世界上，要给自己筑起一处心灵的舞台。

生 shēng

甲骨文　　金文　　小篆

"生"，象形字。

"生"的甲骨文字形，上面像是土中长出的嫩芽形，意指草木刚刚破土；下面是地面或土壤。"生"为长出、生长、滋生之意。《说文》："生，进也。像草木生出土上。""生"由此引申泛指新生命及新生事物的诞生，如生育、出生、产生；又指活着，如生存、生活、生命。将"生"视作"土"上面一个"人"。"土"为土地、大地，滋养着万物生长，将万物兼收并育。"人"是人类的泛称：人生于土，终将归于土，与大地相融，又重新孕育新生命。如此循环不断，生生不息，生命便成永恒。

活在世间的人，无不以土为生。大地用它广阔的胸怀为人类提供御寒的衣服、充饥的食物。同时，生活在土地上的人们，依靠自己的智慧和汗水，又为土地带来了无限的生机与活力。人与土地相互依存。人生于土地，又归于土地。人因为生活在广袤的土地上，才得以繁衍而生生不息；大地也因为有人这个万物之灵的存在，才得以繁荣而生气勃勃。

《诗·大雅·卷阿》："梧桐生矣，于比彼朝阳。"梧桐树萌出新枝，互相排列着面向太阳。"生"由动植物的生长引申为人的出生以及父母对子女的养育。我们常说的"生辰"、"生日"、"生肖"中的"生"都是指人的出生。古代重男轻女，生男曰"弄璋"；生女称"弄瓦"。古代流传下来的有关小孩的图画、雕塑，也很少有女孩的，大都是男孩。但是也有例外。白居易《长恨歌》："遂令天下父母心，不重生男重生女。"杜甫《兵车行》："信知生男恶，反是生女好。"一个是因为唐玄宗的宠爱令杨玉环全家鸡犬升天，权势炙手可热，父母们都希望凭借裙带关系换取荣华富贵；一个是因为百姓苦于沉重的兵役，男孩子被征去打仗，充当炮灰，反而不如女儿能厮守在膝下。不合理的现象和制度甚至使根深蒂固的传统观念都发生了逆转。

"生"为生命。《荀子·王制》："水火有气而无生，草木有生而无知。"孙思邈《养性延命录序》："生者神之本，形者神之具。"这些诗文里的"生"都是生命的意思。每一个生命都是奇迹，每一个生命都来之不易。因为我们每一个人都是集天地万物之精华的神奇产物，所以应当热爱生命，尊重生命，珍惜生命，回报生命。正如苏东坡在《和陶咏三良》中所言："此生泰山重，勿作鸿毛轻。"

生与死是两个完全不同的世界。如果说时空的阻隔还能克服的话，生死两分、阴阳相隔则是不可逾越的障碍。多少有情人在生离死别中咀嚼着思恋和绝望，多少相爱者不得不在痛苦的追忆中打发时光。苏轼《江城子》："十年生死两茫茫，不思量，自难忘。千里孤坟，无处话凄凉。"读之不禁令人悲从中来，茫然凄楚。

"生"与"死"相对。一个是人生的起点，一个是人生的终点。生是偶然的，死是必然的。从偶然到必然的过程，会精彩，也会黯淡；有高峰，也有低谷；有物质的享受，也有精神的寄托。生与死又是融为一体的，生是死的起跑点，死是生的冲刺线。李清照《夏日绝句》："生当作人杰，死亦为鬼雄。"生命的长短并不重要，重要的是生命的意义。人活着要有自尊，有操行，有气节，宁肯站着死，绝不跪着生。锦衣玉食、饮膏餍肥，固然也算是人生的乐趣。但是一个人能够享受的物质毕竟有限，真正无限的是功业、理想。追求物质、权势容易让人厌倦，而对理想的不懈追求才会让人永不言倦，才会让人感到生之可贵、生之美好。人的出生由不得自己，但生存和生活却掌握在自己手中。生存充满艰辛，生活痛苦无奈，但同时人生也多姿多彩，生命也美好神奇。如果只看到艰难和苦涩，就会失去进取之心、快乐之道；如果只想着顺利和甜蜜，则会不断碰壁和失望。所谓"苦乐年华"，人生本来有阴霾也有丽日，有暮色也有晨曦。多彩多姿才是真正的生活和生命。

活

huó guō

小篆

　　"活"，形声字，从水，昏声。

　　"水"为流水；"昏"为将口卡住，"活"表示水被阻塞时所发出的声音。《说文·水部》："活，水流声。"本义是流水的声音，读作"guō"。

　　今体"活"从水，从舌："水"是无色无味透明的液体，性柔顺，具有流动性，是维持生命的重要物质，是人赖以生存的基础，是一切生命的源泉；"舌"为舌头，是人或动物口里辨别滋味、帮助咀嚼和发音的器官，柔软而灵活。"活"是"舌"边有"水"，即精、津，是生存的源头，有水才能存活、生活、复活；"活"是如水般流动，如舌般灵动，此为灵活、活动、活泼。"舌"可视为由"千""口"组成。"千"为大数；"口"用于吃、喝、说。"活"字从水，从千，从口，强调了能吃、能喝、能说会道，代表着生命的存活，也代表着这些是使生命活跃的基本因素。

　　人可一日不食，但不可一日无水，无水则不能活。动植物也一样，要依赖水的滋养才能生存。"活"从水，水的根在于其源头。古人有诗："问渠哪得清如许？为有源头活水来。"此为"活"之灵活、灵便之意。水性柔，随物塑形；水性刚，开堤决坝；水性活，刚柔相济。所以"活"表现的是一种灵动，如故事讲得活灵活现，小孩儿活泼好动，舞台上的人活力四射，战士们生龙活虎等。"活"的生机、动感跃然纸上。

　　"活"与"死"相对，为活着、生存。生命的存活和延续是自然界的最高法则。雌螳螂在交配后会吃掉雄螳螂，因为它要获得充足的营养物质以确保下一代正常发育。狼把活着的同类当成是好伴侣，它们组成阵容强大的团队，具有很强的攻击力。可是死掉或是伤残的狼只能掉队，或者被其他饥饿的同类争抢分食。为了活下去，自然界中的生物无时无刻不在为生存而斗争，强者生存、弱者被淘汰，这就是"物竞天择"的自然法则。这虽然有一点残酷，但却是在更高层次上对生命的尊重。地球是一切生命赖以存活的空间，人类为了自我的存活，甚至为了一己的享受或者贪欲，而破坏其他物种的生存环境，其实就是在摧毁自己的生活天地。俗话说："天作孽，犹可恕；自作孽，不可活。"人类所遭受的众多灾难，多数咎由自取。所以，人类要更好地存活，就必须与自然万物和谐共处。

从古至今，生死问题一直是人类探讨的话题。人类对于"死"与"活"孰易孰难的争论，也一直是仁者见仁，智者见智。若说"死难活易"，春秋时期晋国的程婴、公孙杵臼二人为保护赵氏孤儿，争着去死，不愿独活，是何缘故？若说"活难死易"，为何俗世中人却恋生惧死？生活是美好的，人人都想活着，但人又不能仅仅只为自己而活。追求自由的人为了让更多的人过上幸福的生活，不惜抛头颅洒热血，牺牲自己的生命，他们虽死犹生，永垂不朽。相反，那些为自己活着而不惜践踏他人生命的人，那些自私自利、损人利己的人，虽然拥有生命，却毫无价值和意义。

肉体的死亡固然令人畏惧，精神和灵魂的死亡才是最可怕的。正如现代诗人臧克家在《有的人》中所写的那样："有的人活着，他已经死了；有的人死了，他还活着……有的人，他活着别人就不能活；有的人，他活着为了多数人更好活……他活着为了多数人更好地活着的人，群众把他抬举得很高，很高。"面对短暂的人生，既然无法延伸它的长度，那就提高它的质量。

后　记

　　古老的汉字，在中华大地上已经延续了四五千年，至今犹保持着旺盛的生命力，而世界上与其同样性质的其他几种古文字都早已消失。作为象形表意文字，汉字在人类文化宝库中可谓硕果仅存。汉字不仅是汉语的书写符号，而且是一种文化信息载体，这是汉字独有的文化特色。经过数千年的沿革和发展，汉字积蓄了极其丰厚的文化底蕴，这是拼音文字所无法比拟的。汉字本身已经成为一种公认的文化系统。书法、碑刻、篆印、诗词、楹联、灯谜，乃至识字、解字、说字、测字等，无不发散着浓厚的传统文化气息。汉字蕴藏了中华民族的价值观念、思维方式、审美情趣、历史渊源、风俗习惯等诸多文化信息。说汉字是中华传统文化的基因，一点也不为过。

　　《土生说字》在融汇前人成果的基础上，引入社会、历史、人文和逻辑理念，对每个字予以独特、新颖和全面的阐述。它上溯字源，下掘新意；纵谈万事万物，直抒人文人生；既具知识性、学术性，又具艺术性、趣味性，即不割断历史，又不脱离现实，可谓熔社会、历史、文化、人生于一炉，创一家之言，兼百家之长。为方便读者更好的了解汉字，从汉字中汲取智慧，今分类出版《土生说字·养生之道》、《土生说字·修身之道》、《土生说字·求学之道》、《土生说字·经商之道》、《土生说字·为官之道》五册，收录养生、修身、求学、经商、为官的关键汉字解析，希望读者能从中得到启迪。

图书在版编目（CIP）数据

土生说字. 养生之道 / 李土生著. -- 北京 ：中央
文献出版社，2014.10
ISBN 978-7-5073-4171-3

Ⅰ．①土… Ⅱ．①李… Ⅲ．①汉字－通俗读物 Ⅳ.
①H12-49

中国版本图书馆CIP数据核字(2014)第239483号

土生说字·养生之道

作　　者：李土生

责任编辑：彭　勇

责任印制：寇　炫　郑　刚

出版发行　中央文献出版社

地　　址　北京西四北大街前毛家湾1号

邮　　编：100017

网　　址：www.zywxpress.com

邮　　箱：zywx5073@126.com

销售热线：010—63097018、66183303

经　　销：新华书店

排　　版：北京宏扬意创图文设计制作中心

印　　刷：北京汇林印务有限公司

710×1000mm　1/16　15.25印张　234千字
2015年10月第1版　2015年10月第1次印刷

ISBN 978-7-5073-4171-3　定价：25.00元